Jaime Ángel de Casas Puig

TRILOGÍA NÉMESIS
TOMO I

LA GUERRA DEL
CAPITÁN MEINHOF

MÉXICO

2015

Puede contactar con el autor en el correo:
Gabrieldealarcon2014@gmail.com

Contacto en facebook: Jaime Castilla Portugal

Título de la obra: La guerra del capitán Meinhof
(Trilogía Némesis, Tomo I)

Diseño de portada:
José de Jesús Valle García

ISBN: 978-84-608-2715-3
Primera Edición, diciembre 2015

Trazos

En esta su primera novela de la Trilogía Némesis, Jaime de Casas Puig (Madrid-1956) continúa su carrera de escritor que conjuga con su dedicación a la poesía y a la composición musical.

Antaño secretario de ayuntamiento, en pueblos de Ciudad Real y Cuenca (España), luego abogado, empresario, y funcionario del Estado en diversos destinos como la Biblioteca Nacional de España o la Consejería de Educación de la Embajada de España en México, Jaime acariciaba desde hace tiempo la idea de escribir una novela enmarcada en la Segunda Guerra Mundial, donde pudiera volcar, con rigor, sus conocimientos y su visión sobre diversos temas que, a pesar del tiempo transcurrido desde el final del conflicto, siguen siendo de gran interés en la actualidad.

El ejercicio abyecto del poder político, tan frecuente en toda época; el adoctrinamiento de los más jóvenes; la crueldad de la guerra; la traición a los camaradas; el abuso de poder, disfrazado de racionalidad; o el odio a lo diferente y a los diferentes, se contraponen en su novela al valor, la camaradería, el patriotismo, la unidad de la familia o el afán por la justicia.

Nota del autor

Querido lector, la presente novela, *La guerra del capitán Meinhof*, es la primera de la trilogía Némesis, que continúa con *La conjura de los vencidos* y finaliza con *El peso de la conciencia*. Cada obra es autónoma y puede ser leída de forma independiente, toda vez que en la segunda y tercera novelas he introducido, como si se tratase de un primer capítulo, una breve recapitulación de lo anterior.

No obstante, con el fin de disfrutar más de la lectura y de todos sus matices y personajes, recomiendo empezar por la primera novela de la trilogía. De esta manera se enriquecerá sin duda la comprensión y el conocimiento de una época tan apasionante como las décadas de los años 30 y 40 del siglo XX.

En cada capítulo, con el ánimo de dar más fuerza al texto, he optado por emplear algunas palabras alemanas y francesas. Pero el lector no debe de incomodarse, pues en la mayoría de los casos, la traducción acompaña a cada palabra extranjera mediante paréntesis o guiones. He preferido no utilizar notas a pie de página para mantener el ritmo de la lectura.

Muchas gracias

Agradecimientos

La elaboración de una novela suele ser larga y dificultosa. La inspiración es el 1%, la transpiración, el 99%. Por ello, las ayudas recibidas son siempre bienvenidas y muy valoradas, permitiendo al autor disponer de puntos de vista diversos, y enriquecer el contenido de su obra.

En especial, quiero reconocer a Ana Elías, erudita de Arte, sus correcciones ortográficas y de estilo, y el apoyo entusiasta que me ha brindado en todo momento; a Pedro Barbabosa Escudero, miembro de la Academia Mexicana de Genealogía y Heráldica, sus inteligentes y sabios consejos para la impresión y publicación de la novela, y sobre todo, sus buenos oficios para entrar en contacto con la región mexicana de los Altos de Jalisco y sus gentes, orgullo del mundo hispánico por la heroicidad demostrada en diversos momentos de su historia.

A mis colegas y cómplices en esta aventura, Francisco Alcalá Barba y Francisco Gallegos Franco, cronistas oficiales de la ciudad de Tepatitlán de Morelos, y a la psicóloga Anny Alejandre Cortés, agradezco su comprensión y contribuciones inestimables para la terminación y difusión de esta novela.

Asimismo, en esta primera edición en España, quiero agradecer, muy especialmente, la ayuda recibida por parte de Ander Barinaga-Rementeria Arano, gestor de la industria cinematográfica.

A todos ellos agradezco sus aportaciones que he tratado de integrar en *La guerra del capitán Meinhof.*.

Madrid, a 10 de noviembre de 2015

El autor

Prólogo

Tomé en mis manos el libro La guerra del capitán Meinhof, de Jaime de Casas Puig, con un poco de escepticismo y otro poco de prevención. Después de haber disfrutado, o sufrido según fuera el caso, más de un centenar de obras sobre la Segunda Guerra Mundial, me dije: ¿otra novela sobre el tema? Pues bueno... pero según fui adentrándome en la trama, bogando por corrientes históricas expuestas con un lenguaje diáfano, directo, sin adornos innecesarios y sin exceso de expletivos ni marcada ideología, ya no solté el libro y me lo bebí de un jalón, que al cabo —me dije— no tiene más de 280 páginas.

Después, lamenté su brevedad y hubiera deseado que se alargara un poco más, porque un buen libro, si grueso y bueno, doblemente bueno, contrario a lo que pasa con los discursos: si breves y buenos, doblemente buenos. Definitivamente, el autor fue avaro en agotar los tesoros históricos que porta en su escarcela.

Dije que no tiene marcada ideología, pero ésta se trasluce a través de la obra, porque un autor no puede por menos que, así sea involuntariamente, dejar entrever sus procesos mentales, y lo felicito porque así sea. Yo coincido con sus apreciaciones.

Afortunadamente, promete, y ya se avizoran en la colección Némesis, otras dos obras que serán continuación del tema, y con casi todos los personajes que quedaron con vida en esa destrucción y aniquilamiento que La Segunda Guerra Mundial se llamó.

Además de felicitar a Jaime nos felicitamos cuantos tengamos la fortuna de leerlo; y al final de cuentas me pregunté: ¿Cómo es que un español apenas menciona, o lo hace marginalmente, la epopeya gloriosa de la División Azul, que penetró más de 1000 kilómetros en el corazón de la Rusia Soviética?

Ahí queda mi pregunta...

Francisco Gallegos Franco

Miembro del Consejo de Cronistas de Tepatitlán

A mi hija, Lidia, que me ha inspirado mucho para uno de los personajes clave de esta novela.

«Si todo el mundo hiciera lo que puede, el mundo, con certeza, sería mejor»

(José Saramago, en *El viaje del elefante*)

Alemania 1935

La noche del sábado 23 de noviembre de 1935, Gustav Meinhof conducía veloz hacia su casa de las afueras de Karlsruhe, una ciudad del sur de Alemania, para festejar su 54 cumpleaños en el calor de la familia. Unas horas antes, a mediodía, Gustav había ofrecido una comida a los 8 empleados de la sociedad de construcción que regentaba en la misma ciudad, y toda la plantilla había respondido a su invitación. Compartir unos momentos de expansión con sus colaboradores, interesarse por sus proyectos de vida y dejar de ser el responsable de la empresa, al menos por unas horas, para convertirse en un juerguista más, era algo que *Herr* Meinhof no podía hacer con mucha frecuencia... y le encantaba. A los trabajadores también les gustaba, porque se sentían parte de un proyecto, eran tratados como personas y veían que el empresario, en el fondo, se consideraba uno más de ellos.

Pero ahora le esperaba lo mejor: festejar el aniversario con sus seres queridos. Mientras recorría la ciudad, iluminando las calles con los potentes faros de su Mercedes Benz 130, Gustav repasaba lo que había sido su vida: su niñez, tan dura; su adolescencia, marcada por las necesidades de su madre y su hermana; y por fin, su matrimonio, que le abrió muchas puertas, sin que él lo buscara intencionadamente. Luego la Gran Guerra, de la que prefería no acordarse, y todas las dificultades posteriores, incluida la depresión económica provocada por el crack de Wall Street de 1929. Finalmente, desde hacía unos años, el éxito en los negocios. En esa vida, plagada de dificultades, donde no se lo habían puesto nada fácil, lo que más le enorgullecía era haber podido formar una familia, sólida como una roca, sin la cual él, probablemente, por su forma de ser y sus tendencias, no habría conseguido ni la mitad de lo que tenía ahora, no sólo en el plano material... sino sobre todo en cariño... en apoyo..., en ilusión por conseguir nuevas metas.

Al llegar a la vía principal de la colonia, donde se encontraba la mansión que con tanta ilusión construyera unos años antes, le extrañó no ver ninguna luz. El terreno era llano y el frente de la casa lindaba con un camino de tierra y un enorme campo de centeno, donde a Gustav le agradaba volar la cometa los domingos con sus dos hijos, o lanzar los planeadores que, de vez en cuando, le regalaba su sobrino Gerhardt. Normalmente, cuando enfilaba la recta final de la carretera adoquinada, siempre divisaba a lo lejos los inconfundibles faroles del jardín.

Es verdad que aquel día libraba el servicio, pero eso no significaba que no hubiera nadie en casa. Sin darle al hecho mayor importancia, al llegar a la altura del camino de tierra, giró a su izquierda y, a unos treinta metros, detuvo el automóvil delante del portón de la verja que conducía directamente al garaje. Éste era una construcción de dos plantas, con fábrica de ladrillos huecos de cemento, que también se usaba como taller y desván. Después de guardar el coche, Gustav tomó el caminito de baldosas de piedra rústica que llevaba a la cocina. Tras dejar a su izquierda la *Waschküche* —la lavandería—, un pequeño cuarto en cuyo frente, sobre el césped, había instalada una barra fija para hacer gimnasia, accedió al interior de la casa. La entrada *solemne* a la mansión se encontraba a unos diez metros de la puerta de la cocina, pero no solía utilizarse, aunque sin duda era el rincón más bonito de la finca. Un pequeño estanque con pececitos de colores, donde chisporroteaba el agua de una fuente en cascada, guardada por la estatua de piedra de un elfo sonriente; un frondoso sauce llorón, cuyas ramas casi rozaban la pequeña alberca; y una hierba muy cuidada y salpicada de flores, rodeándolo todo, daban fe de ello.

En la cocina, ahora desierta, siempre había alguien; era el lugar preferido de encuentro para los Meinhof. Desde su amplio ventanal se divisaba casi toda la colonia y, antes de acostarse, era un placer apagar la luz y platicar un buen rato sobre lo divino y lo humano, o sobre lo que había hecho éste o aquel vecino, en medio de un silencio apenas roto por el motor de algún coche rezagado que regresaba de la ciudad y sesgaba con sus faros la penumbra de la noche.

A Gustav, muy cansado, no se le pasó por la cabeza que todo pudiera deberse a una sorpresa preparada para su *Geburstag* —cumpleaños—. Después de cruzar el cuarto de estar, donde tampoco había nadie, se dirigió por un ancho pasillo hacia el salón de la casa. Nomás irrumpió en él, las potentes luces de sus lámparas se encendieron y le cegaron. Al mismo tiempo, toda la familia, que se hallaba escondida y en silencio, se puso a cantar el cumpleaños feliz... y la sorpresa le supo a gloria.

Él estaba elegantísimo. En la oficina había cambiado su traje diario por un smoking, con cuello alto y pajarita. Ciertamente el atuendo era ya algo *démodé*, pero eso, a un hombre que había vivido intensamente el final del siglo XIX y los principios del XX con su Belle Époque, le tenía sin cuidado. Parado ahora entre una bailarina Joséphine Baker, de Karl Hagenauer, y un Pierrot en marfil, de Otto Hofmann, que adornaban la entrada a la gran estancia, la escena no podía resultar más cinematográfica. Tras escuchar la canción y después de los aplausos, su hija Erika le leyó el discurso que tenía preparado, y le entregó un dibujo de Mickey Mouse, con dedicatoria incluida. Éste era el mejor regalo que podían hacerle pues Gustav era un admirador de Walt Disney. Después de pronunciar unas sencillas palabras de salutación, y sobre todo de agradecimiento, por acompañarle otro año más, Gustav abrazó y besó, uno por uno, a todos los miembros de su familia.

El salón-comedor que les acogía, de techos altos y molduras laureadas, recordaba a una de esas salas palaciegas de los pasos perdidos, que cautivan y relajan al visitante antes de una audiencia distinguida. En el centro de la habitación se alzaba una gran mesa de caoba, bellamente aderezada con flores y servida con abundante comida y bebida. Colgando del techo, una araña art decó parecía querer sumarse a la fiesta derramando sobre los reunidos sus abundantes lágrimas de cristal que, semejando a las faldas cortas de los locos años 20, envolvían la luminosidad de las bombillas eléctricas. En dos esquinas del comedor, unas lámparas con pies de bronce y tulipas de cristal irisado, aposentadas sobre veladores estilo Imperio, proyectaban su haz de luz hacia el techo creando una atmósfera acogedora y relajante.

En uno de los extremos de la sala rectangular, una clásica radio Philco, con forma de catedral, reposaba encima de un mueble bar deleitando con su música a los presentes. Junto a él, un gran piano de cola negro contrastaba con el color anaranjado de las paredes. En el lado opuesto, separada por una puerta corredera que en esos momentos estaba abierta, se encontraba el rincón preferido del homenajeado: una gran biblioteca con un cómodo sofá de cuero y dos grandes sillones de orejeras a juego. Allí pasaba Gustav gran parte del poco tiempo libre que le dejaban sus negocios y, a veces, se quedaba profundamente dormido, como un niño, con un libro abierto en sus manos, que luego su esposa Edith le retiraba amorosamente. Pero en aquella época del año, muriendo ya el otoño, el ambiente agradable se debía, sobre todo, a tres sólidos radiadores, cubiertos con repisa de mármol y celosías de madera, que dejaban fluir su calidez por todo el salón. Mientras, en el exterior, el viento frío y seco ululaba, y la negrura, que se apoderaba de las calles desiertas de la colonia, era apenas suavizada por los leves reflejos de una luna casi nueva.

Vivir un año más, junto a la persona que había conseguido, con éxito, mantener unida a la familia, era motivo de gran satisfacción y agradecimiento para los presentes cuyos rostros irradiaban felicidad. Lo cierto es que al cabeza de familia, sin hacer grandes alardes, no le costaba mucho atemperar su autoridad patriarcal, entregándose con dedicación y generosidad hacia sus seres queridos. Convertir sus sueños en realidad, dar más que recibir, era lo que a él le llenaba de verdad.

Mientras la bella melodía de la canción Liebe (amor) interpretada por la orquesta Die Goldene Sieben —los Siete de Oro—, expandía sus notas melancólicas por todo el comedor, Gustav, que presidía la mesa, como correspondía a la tradición, paseó su mirada por cada uno de los presentes y les dedicó unos pensamientos. La primera por la derecha era su esposa, tan fiel y entregada, anteponiendo siempre el bienestar, la unión y la armonía familiar, por encima de cualquier otra consideración. En esta ocasión, Edith vestía un bello traje largo de satén negro salpicado de lentejuelas blancas, combinado con unos pendientes y un collar de perlas del mismo color. A continuación, Erika, su hija pequeña, que empezaba ya con sólo diez años a mostrar un temperamento decidido y a veces díscolo. Ahora se sentaba junto a su madre, que la había peinado durante más de una hora, hasta conseguir dos largas trenzas de cuatro mechones, recogidas graciosamente en su cabeza y coronadas por una cinta blanca con nudo de mariposa. Luego Willy, su hijo mayor. Cursaba estudios de Derecho en Colonia y había retornado a casa unos días, para estar junto a su padre en unas fechas tan marcadas. Sin reparar en los ojos de su progenitor, que le escrutaban con una mezcla de profundidad y orgullo, Willy estaba ensimismado en el color rubí del vino español que rebosaba en su copa, un Rioja Paternina, cosecha de 1928, adquirido cuatro años antes para celebrar el 50 cumpleaños de su padre.

En el lado izquierdo de la mesa se sentaban, primero, Brunhilde, la querida hermana de Gustav, huérfana de padre desde los ocho años; luego su marido Hermann, un empleado del Reichsbahn—el Ferrocarril del Reich—; y finalmente, su sobrino Gerhardt, que con 18 años acababa de conseguir lo que más deseaba: ingresar en la escuela de aviación civil de Braunschweig.

Finalmente, delante de Gustav y al otro extremo de la mesa se hallaba su madre. En su mente, la verdadera estrella de la fiesta. Cuando detuvo sus ojos en ella, *Mutti*, como él acostumbraba a llamarla cariñosamente, le sonrió y le sostuvo la mirada durante unos segundos. Parecía querer decirle: «Hijo, a pesar de todas las dificultades y los sinsabores, el resultado de tu medio siglo de vida ha sido magnífico». A él le hubiera gustado compartir esa sensación placentera con su suegra, siempre tan atenta y tan parecida a su esposa... pero había fallecido el año anterior, haciendo aún más intensa la emoción del reencuentro familiar. Al término de su recorrido... de su evocación gozosa, Gustav, con rabia e impotencia contenidas, no pudo dejar de pensar por unos instantes en las sombras que se cernían, inmisericordes, sobre su querida patria alemana.

Hitler, después de acariciarlo durante largos años, había conseguido hacerse por fin con el poder en enero de 1933. Ahora, casi tres años después, el objetivo era consolidar su diabólica doctrina en un país que se le había rendido sin oponer gran resistencia, quizás en parte porque toda resistencia era inútil frente a la inmensa maquinaria de un aparato nacionalsocialista que lo gobernaba todo. En ese ambiente opresor, no faltaban sin embargo las voces críticas de quienes, casi siempre en privado, dudaban de las intenciones de un régimen que no se detenía ante nada, ni ante nadie, para diseñar y ejecutar su visión delirante y geométrica de la nueva Alemania. El objetivo *sagrado* de los nazis era la recreación de un pueblo alemán ario, genéticamente

14

sano, e ideológicamente identificado con la visión imperialista, nacionalista, racista y socialista del autor del Mein Kampf —Mi lucha—, el *catecismo* de todo *buen alemán* en aquella época.

Después de cuatro horas de alegre festejo, en el que los invitados disfrutaron de un pequeño concierto de piano ejecutado por Erika, y de algún que otro baile en el amplio salón, una parte de la familia se dispuso a abandonar la casa. Gustav se despidió de su madre, que vivía con su hermana Brunhilde; de ésta y de su cuñado Hermann, que ya empezaba a bostezar sin disimulo; y de su sobrino Gerhardt que no quería irse, pues se hallaba de lo más bien platicando largo con Willy, quien se mostraba admirado por el ingreso de aquél en la escuela de pilotos.

—¿Papá, *Onkel* Hermann (tío Hermann), por qué no se queda Gerhardt a dormir?

—No puede ser, Willy —le contestó *Tante* Brunhilde (tía Brunhilde)—, mañana domingo, Gerhardt tiene que ir a trabajar a la huerta. Nos prometió que lo haría durante tres meses si le apoyábamos para ingresar en la escuela de pilotos de Braunschweig. Ya sabes lo difícil que es entrar ahí.

—Ya lo sé, pero son tan pocas las veces que nos vemos. ¿No puedes hacer una excepción? —Pero esta vez fue su tío quien zanjó la cuestión:

—Si quieres, en verano, tu primo puede venir a pasar unas semanas contigo, pero ahora no puede quedarse. Debe acostumbrarse a cumplir su palabra, como un hombre de honor.

Gerhardt, que no se había atrevido a despegar los labios, obedeció mansamente los dictados de sus mayores, aunque le tomó la palabra a su padre y consoló a Willy:

—Es mejor así —le dijo en un aparte—. Creo que salimos ganando. Nos lo vamos a pasar bomba: iremos de caza, a bañarnos en el lago, y luego al baile, a pellizcar a las chicas. —Con estos pensamientos, los dos primos se dijeron adiós.

Tras la despedida, Gustav, muy relajado, se sentó de nuevo a la mesa para conversar con Willy y Erika a quien, excepcionalmente y en premio por su bello concierto y su maravilloso dibujo, le había permitido acostarse más tarde. Poco a poco, casi sin darse cuenta, la plática se fue adentrando en las fangosas arenas de la actualidad de un país que, recuperado de la terrible crisis de Wall Street, encaraba ahora un porvenir incierto y preocupante, con más sombras que claros, sobre todo para las personas que no se habían dejado seducir por las nuevas doctrinas nacionalsocialistas.

—Papá, ¿has leído las últimas noticias? —preguntó Willy, sin levantar la cara del segundo plato de gelatina verde, bañado en salsa de vainilla, que se aprestaba a comer.

—¿Te refieres al congreso de Núremberg, hijo? —le respondió Gustav, mientras prendía fuego a su habano con un largo cerillo de madera.

—No, papá, a las pequeñas noticias. Ayer me enteré que la librería Kaiserlage ha cerrado. Es increíble. ¿Te acuerdas cuando me llevabas a ojear las últimas novedades que se habían publicado y platicábamos con Georg, el dueño?

—¡Cómo no me voy a acordar, hijo! Para él sus libros eran la sal de la vida, leer, leer, y leer. Lo bueno del caso es que nos contagiaba su amor por la lectura. Ya sabes que es lo que más me gusta, después del trabajo en la empresa. Por lo menos nos ha ayudado a formar una buena biblioteca... y a disfrutarla, que es lo más importante.

—Pues tengo otra mala noticia, han cerrado también el periódico de Manfred Welow, el Sontagnachrichten —Las Noticias del Domingo—. Parece ser que hace unos días publicó un chiste sobre el régimen que la censura ha considerado ofensivo.

—Ya veo. No me hace ninguna gracia, ya sabes cómo pienso. Sin libertad de prensa, los sicarios del régimen tendrán todavía menos problemas para cometer sus fechorías.

—¿Por qué no dejáis ya de hablar de política? —interrumpió Edith, que estaba en la cocina preparando un té perfumado, y colocando unas pastas y unas porciones de tarta de grosella sobre una bandeja.

—¡Vaya por Dios, hasta las paredes oyen! —exclamó Gustav contrariado.

—Es que creo que no es el momento. Además, ¿por qué os preocupáis tanto? No nos falta de nada —remató Edith, a la que sin gustarle lo que estaba pasando en Alemania, trataba de alejar a su marido y a sus hijos de todo lo que pudiera hacerles daño.

—Sabes, Edith, se empieza por cerrar una librería, luego un periódico, y se acaba cerrando las bocas, y la gente... ni pío.

—No deberías hablar así, papá —intervino sorpresivamente la pequeña Erika, poniendo cara de enfado.

—¿Y a ti, mocosa, quién te ha dado permiso para hablar? —le demandó Willy, frunciendo el ceño.

—Déjala, Willy, hoy es un día especial —terció su padre—. Además, me ha gustado tanto su concierto —añadió Gustav, mirando a Erika con la cara embobada, y admirando que su hija fuera ya capaz de contestarle y de sublevarse.

—Soy pequeña, pero ya me doy cuenta de algunas cosas. En el colegio, leemos recortes de prensa, vemos los noticiarios, y también nos ponen los discursos del *Führer*. Deberíais oírlos, son ¡tan bonitos! ¡Qué bien habla nuestro amado *Führer*!

—¿Con quién lo hace, hija? —preguntó, muy preocupado por lo que Erika acababa de decir.

—No entiendo, papi.

—Tú dialogas, incluso discutes con tus amigas, ¿no es así?

—Pues claro.

—Pues eso debería hacer el jefe.

—Pero él es diferente, él siempre tiene razón.

—¿Nunca se equivoca?

—Nos dicen que no, que siempre debemos hacerle caso y sospechar de las personas que platican en contra de él, porque son malas.

—Entonces yo soy malo, hija.

—Papá, por favor, me sonrojas.

—¿Y qué piensan las religiosas de tu colegio?

—En clase hablan bien de Hitler. Además, nos han entregado a cada una de nosotras un ejemplar gratuito del Mein Kampf. Me siento muy orgullosa.

—¿Qué dicen de los judíos?

—Son como ratas. ¡Es que no te enteras!

—¡Déjalo ya, hija, son personas como nosotros! Las hay buenas y malas.

—¡Qué bah!, ¿has visto qué narices tienen y lo que hacen?

—No hacen nada, hija, sólo se ocupan de sus asuntos y tienen niñitos como tú.

—Gustav, ¿por qué no dejas a la niña en paz? —le cuestionó Edith con enfado—. Te vas a meter en problemas.

—¿Qué quieres decir?

—Es mejor que hablemos tú y yo solos, papá —intervino Willy en ese momento, echando un capote a su padre, mientras miraba entristecido a su hermana Erika.

—Sí, hijo, será lo mejor. Ya ves cómo están las cosas, y lo que va a venir, te lo aseguro. Ayer discutí con Franz, mi amigo de toda la vida. Él, un socialdemócrata convencido que va ahora y me cuenta que está muy contento en la fábrica, que los obreros trabajan muy bien... y que todo eso se lo debemos a Hitler. Le he intentado abrir los ojos, pero ha sido inútil. Me ha dicho que tenga mucho cuidado, que no vaya por ahí criticando al régimen, que hay espías por todas partes.

—La verdad es que los negocios van bien, papá —le matizó Willy—, aunque ya sabes que a mí no me gusta este sectarismo galopante, esa doctrina falsa sobre la superioridad de la raza y la exclusión de lo extranjero... y sobre todo, tanta inhumanidad.

—¡Que se lo digan a Joseph Weinhaus, nuestro contable! ¡Está acongojado! ¿Sabes que a sus hijos les han prohibido ir a su colegio de toda la vida?

—Lo que faltaba, ¿y qué van a hacer los pobres?

—Están acudiendo a escuelas judías, bajo supervisión de la autoridad.

—Otro error más. A este paso, acabaremos todos desfilando al paso de la oca.

—Ya lo estamos haciendo, hijo. Se habla de obligar a todos los niños, el año que viene, a entrar en las Juventudes Hitlerianas... también a las niñas.

—¡De la que me he librado! —suspiró Willy.

—No te creas, cuando acabes la carrera tendrás que afiliarte a una corporación profesional y acatar las reglas que te impongan. Si no, no tienes nada que hacer. Además, ya sabes que, desde este año, el servicio militar es obligatorio.

—También me dirán cómo tengo que vestir, dónde tengo que fumar, con quién he de relacionarme, etc., etc. Entonces, ¿no hay escapatoria?

—Hijo, estoy orgulloso de ti, porque lo ves claro, igual que yo. Pero la población en general está contenta; tienen la jornada de ocho horas; casi todas las familias poseen al menos una radio; ven cómo Alemania se llena de autopistas y se tecnifica a marchas forzadas; y cómo la economía se recupera y el paro disminuye. Si el invento de la televisión se abaratase, pronto os hartaríais de ver a Hitler hasta en la sopa.

—¡Por favor, papá!, ¡no hables así del *Führer*! —volvió Erika a la carga, interrumpiéndoles.

—Perdona, hija, es mejor que te vayas ya a la cama. Estas son conversaciones de mayores. ¿Sabes que estás muy guapa?

Erika se levantó entonces, sonrió a su padre, le dio un beso y, muy obediente, se fue a su cuarto.

—¿Y qué podemos hacer? —preguntó Willy, retomando el hilo de la conversación.

—Nada, callarnos y trabajar, refugiarnos en nuestros pensamientos, que no nos los pueden quitar, y también rezar para que la cosa no vaya a mayores. Esperemos que esta situación sólo sea una locura pasajera.

—Pues ya dura casi tres años y no parece que disminuya, sino todo lo contrario. Encima, ahora, a ese otro loco de Mussolini le da por invadir Abisinia. Creo que quiere reconstruir el Imperio Romano, ¿te imaginas? ¡Qué barbaridad!

—Dios los hace y ellos se juntan. Lo peor del caso es que nuestro *Führer* quiere imitarle con el Reich de los mil años. Además, nos tienen hasta el gorro con toda su propaganda. ¿Por qué no se irán a ver Una noche en la ópera o La novia de Frankenstein? ¡Qué buenas películas!

—A propósito, papá, ¿te has enterado que Fred Astaire y Ginger Rogers han protagonizado un nuevo film? Se llama Sombrero de copa. Tengo muchas ganas de verlo, ya sabes que soy un admirador de los dos.

—A vosotros, los jóvenes, lo que os gusta son esos ritmos locos, ese swing, ese tap dancing, o como se llame, y la velocidad. A mí, y no digamos a tu madre, quien me gustaba era Douglas Fairbanks, Mary Pickford y también Rodolfo Valentino, ese sí que era un galán. ¡Qué pena que se haya muerto tan joven!

—Papá, estás desfasado. Como Carole Lombard, no hay nadie. ¿Has visto La comedia de la vida? Está increíble.

En ese momento, sonó el teléfono.

—¡Willy, te llama Kuno Altmann! —exclamó su madre, que había salido un momento de la cocina para contestar a la llamada.

—¿Y qué querrá ese imbécil ahora?

Kuno era delegado de las juventudes nacionalsocialistas en la clase de Willy, en la universidad. Una de sus *altas funciones* consistía en organizar los actos de adoctrinamiento y exaltación nacionalista que tenían lugar periódicamente, y a los que todos los estudiantes debían acudir para evitarse problemas. Willy se levantó con cara de enfado y se fue al cuarto donde estaba el teléfono. Al volver a la mesa, frunció el ceño y su cara se tornó sombría.

—Lo que me temía.

—¿Qué pasa, hijo?

—Tengo que volver mañana a Colonia. Tenemos una concentración en el palacio de los deportes y no puedo faltar. Se trata del *Gauleiter* (el gobernador de la región). Quiere exponernos las nuevas líneas de actuación en la facultad.

—¿Y quién es ese pendejo, Willy?

—¡Baja la voz, papá! Te lo tengo dicho, si algún vecino te escuchara tendrías problemas.

—Entonces diría que soy un ferviente admirador del *Führer*, pero aquí, en familia, no me puedo reprimir. Hoy no hay peligro de que nos escuche nadie. Ni Gudrun ni Helga (la cocinera y la sirvienta) han venido a trabajar. Si ni siquiera en mi casa puedo ser libre, apaga y vámonos.

—Sólo quiero que tomes precauciones, papá. Los tiempos han cambiado; ya no estamos en la República de Weimar.

—Desgraciadamente, hijo, desgraciadamente para nosotros y creo que también para Alemania. A veces es mejor lo malo conocido que lo bueno por conocer.

—Pues no veas en la facultad, ¡qué entusiasmo ponen muchos de mis compañeros de clase en el nuevo régimen! Para los imbéciles, no hay nada como la exaltación nacionalista con unas gotas de socialismo. Es una combinación maravillosa.

—A mí, hijo, lo que más me subleva es tener que soportar las payasadas de unos advenedizos de la política, que sólo saben imponer, nada más.

—Ya lo sé, papá, ¿qué quieres que te diga? Tienes toda la razón.

Entonces, Gustav echó mano de su ironía:

—Todavía, si fuesen buenos cómicos, me reiría, pero es que a Chaplin no le llegan ni a la altura de los zapatos. Por cierto, no sé a qué espera Charlot para ridiculizarles en una película sonora.

Mientras los dos hombres de la familia continuaban platicando, ya en tono humorístico, y Gustav aprovechaba para poner un disco de Joseph Schmidt, su tenor preferido junto con Franz Völker, Edith se encontraba en el cuarto de Erika. Después de acostarla, le leyó un cuento de los hermanos Grimm. Pero en esta ocasión, le dijo además que su padre era muy bueno, que la quería mucho y que, a pesar de todo lo que le contaran en el colegio, él era la persona más importante de su vida, más que el *Führer*.

—¿Sí, mami?

—Sí, mi vida. Ya te darás cuenta cuando crezcas. Ahora vamos a rezar juntas por él, por la familia, y por Alemania.

—¿Sabes una cosa, mamá?

—¿Qué pasa, *mein Schatz* (mi tesoro)?

—En el colegio, nos han dicho que los alemanes tenemos que comportarnos como héroes y que, si es preciso, si hay una guerra, tenemos que dar la vida por la patria.

—¡Cómo piensas eso, hija! Duérmete y sueña con los angelitos –le requirió Edith dulcemente, mientras a duras penas contenía sus lágrimas para evitar que su hija, con la luz aún encendida, la viese llorar.

—¡Ojalá no pase nada, mamá! Me siento tan bien con vosotros. ¡No hay nada como estar en casa!

***

Historia de la familia Meinhof

En realidad, Editha, como se llamaba la madre de Erika Meinhof, había tenido mucha suerte en la vida. Quizás por ello no acababa de entender ciertos comportamientos o actitudes de su hijo Willy. Ella procedía de una acomodada familia vienense. Hacia 1900, su padre Heinrich decidió trasladarse con toda la familia a la ciudad de Karlsruhe, en el Gran Ducado de Baden, al sur de Alemania. Tras la consecución de su unidad, en 1871, corrían buenos tiempos para la nación germana. La construcción era uno de los sectores con más futuro y el abuelo de Willy, arquitecto de profesión, no quería quedarse al margen de las posibilidades que le brindaba el intenso desarrollo urbanístico de las ciudades alemanas, y la incipiente expansión colonial en el suroeste de África.

A su esposa Hanna, el traslado también le llenaba de ilusión y esperanza. Pensaba que su amor por la música y su actividad como profesora de piano se verían mejor correspondidos en Alemania que en Austria. En Viena, la gran competencia en este campo hacía muy difícil prosperar. Por otra parte, sólo excepcionalmente algunas mujeres de su generación habían alcanzado los estudios universitarios. En Alemania, el acceso de las féminas a la mayoría de las universidades se permitiría a partir de 1900, potenciándose durante la República de Weimar. En este escenario, después del colegio (y en ocasiones de la educación secundaria), las mujeres debían conformarse con las pocas salidas que, según las costumbres de una sociedad patriarcal y muy conservadora de las tradiciones, se les ofrecía. El hecho es que, en Karlsruhe, las circunstancias le fueron propicias. La única hija del matrimonio, que se llamaba Editha, o Edith, como le decían cariñosamente, estudió en los mejores colegios, y al finalizar su bachillerato, recibió adicionalmente clases de música, de cocina y de costura. En su juventud, frecuentaba los lugares donde se reunían las clases acomodadas del Gran Ducado de Baden. En uno de esos encuentros, recién cumplidos los 18 años, conoció a Gustav Meinhof, el futuro padre de Willy.

Nadie acertaba a comprender —así ocurre con frecuencia— cómo Edith se había podido fijar en él. Lo cierto es que, muy pronto, ambos sintieron que no podían ya vivir el uno sin el otro y un día del verano de 1913, obtenido el consentimiento de sus familias, contrajeron matrimonio.

Gustav se asoció con su suegro y entró en la empresa de construcción que éste regentaba, pero no pudo dedicarse mucho a ella. En 1914, el atentado y muerte, junto a su esposa, del Archiduque Francisco Fernando de Austria, heredero de la Corona en el Imperio Austrohúngaro, desencadenó lo que primero se llamaría la Gran Guerra y, más modernamente, la Primera Guerra Mundial.

Gustav fue movilizado y luchó en un batallón de pioneros, en el frente de Francia, en la sucia guerra de posiciones o guerra de las trincheras, donde fue condecorado y ascendido a teniente. A principios de 1918, cuando con tres soldados más se hallaba de patrulla en un pueblo francés, supuestamente abandonado, y habían dejado sus fusiles apoyados en el murete de un pequeño pozo, fue rodeado por los ingleses y hecho prisionero.

Trasladado a la Gran Bretaña, permaneció en un campo de concentración hasta el final del conflicto. Allí, después de unos primeros meses durísimos, se las agenció para ejercer primero de boxeador y luego de cocinero, con lo que su suerte mejoró sensiblemente. Firmado el Armisticio de Réthondes, el 11 de noviembre de 1918, y posteriormente el Tratado de Versalles, el 28 de junio de 1919, en condiciones consideradas muy deshonrosas por los alemanes, Gustav Meinhof fue repatriado.

Luego vinieron los terribles años de la hiperinflación de 1923, en los que la devaluación monetaria llegó en el país germano a extremos increíbles. Para comprar unos kilos de patatas, se llegaba a transportar en carretilla fajos de billetes de millones de marcos. Superada la crisis económica, las aguas volvieron a su cauce y los negocios de su suegro empezaron a prosperar de nuevo.

El padre de Willy no había tenido mucho tiempo para refinamientos. Se había centrado más en la supervivencia que en otras cosas, y lo había conseguido con éxito, luchando día a día. No había meta que él se trazase y no alcanzara, o al menos no hiciera todo lo posible por lograrla. A ello ayudaba un temperamento a prueba de bombas, un control de sí mismo fuera de lo común, y un carácter muy realista: Gustav tenía los pies en tierra y no divagaba mucho.

Cuando a los 12 años quedó huérfano de padre, tuvo que contribuir a la economía familiar, pues además era el vástago de la familia. Eso lo tenía a mucha honra. A menudo recordaba cómo, en ese período tan difícil para él, pero aún más para su madre y su hermana Brunhilde, se había empleado en todo tipo de trabajos fuera del colegio, desde chico de los recados, hasta vendedor de confetis durante el carnaval, pasando por ayudante en algunas obras.

A los 14 años tuvo que dejar la escuela y se puso a trabajar. Aquí, en el teatro de la vida, donde el toma y daca es la regla, obtuvo las mejores calificaciones. Frecuentó a los más insignes maestros, a los de mayores éxitos, es decir, en general: a los que engañan más y mejor y tienen menos escrúpulos. Estos, con sus malas artes, le maltrataron y le desengañaron rápidamente; y gracias a ellos aprendió a separar la paja del grano, a diferenciar a los malos de los buenos, a distinguir, antes de tiempo, entre aquéllos en quienes se puede confiar y los que te van a vender nada más darles la espalda, mientras te ponen una sonrisa hipócrita o fingen interesarse falsamente por tu porvenir o por tu bienestar. Aprendió también que su mejor amigo era él mismo y unos pocos más; que, en resumidas cuentas, el hombre nace con su soledad, permanece con ella y muere solo; pues los demás humanos no son capaces de entrar en los abismos insondables del alma.

Eso significaba que aun teniendo múltiples relaciones y algunos afectos, debía contar ante todo con sus propias fuerzas y el apoyo de sus más allegados. Pero sobre estos, tampoco se hacía demasiadas ilusiones. Su experiencia de vida le había llenado de prudencia y escepticismo, aceptando la inconsistencia de la condición humana, donde en un caos algo ordenado se mezclan lo emocional y lo racional: el yo, el ello y el superyó; el consciente y el subconsciente, en una evolución inacabada que plantea muchos problemas.

Al mismo tiempo, la escuela empírica de la vida, con sus luces y sombras, sus sabores dulces y amargos, fue forjando un tipo de hombre responsable, trabajador y de carácter fuerte y alegre, pero con extremos también negativos, como todas las personas. La familia, sobre todo Erika, la menor de sus dos hijos, y algún amigo de verdad, constituían su remanso de paz.

La relación con su esposa respondía al modelo clásico de la época dentro del estrato social de la pujante alta burguesía católica a la que el matrimonio pertenecía. Mientras Gustav aportaba los recursos necesarios, *Frau* Meinhof era la reina del hogar y lo llevaba muy bien, pues una sirvienta y una cocinera le ayudaban en las labores domésticas. Ello le dejaba tiempo para dedicarlo a su pasión por la música y a las clases de piano, que daba tanto en su propia casa como en el conservatorio de la ciudad, al igual que había hecho antes su madre. Por lo demás, Edith organizaba pequeñas veladas con sus amigas, casadas con hombres de los círculos profesionales y sociales a los que pertenecía su marido. Durante ellas, se jugaba a las cartas, se conversaba y se cotilleaba sobre lo divino y lo humano, dentro de una vida cómoda y provinciana, donde nada era ajeno y casi todo permanecía cubierto por un barniz de superficialidad y conformismo, que a veces era francamente tedioso.

Pero como ya hemos anticipado, Gustav Meinhof no era precisamente un querubín; tenía también su lado oscuro e inconfesable. En sus ratos de ocio le gustaba acudir a los cabarets de la época, pues esos ambientes no le eran nada extraños y... le atraían. Durante una etapa de su vida, se había *educado* mucho en la calle —esa gran escuela que a veces es preciso evitar si no se quiere incurrir en demasiados riesgos—.

Por otro lado estaba la guerra: casi cuatro años en las sórdidas trincheras francesas no habían dulcificado su carácter, sino todo lo contrario. En ese horror, había presenciado las mayores miserias humanas; había visto la muerte y el sufrimiento demasiado cerca; y sobre todo, había sido capaz de sobrevivir. Esas heridas emocionales le dejaron huella, tanto en sus actitudes como en su comportamiento. Era un hombre muy curtido, aunque en el fondo escondiese un corazón tierno que compartía a ratos con su mujer y casi siempre con su hija Erika, a quien adoraba. Una fuerte sordera en el oído derecho, causada por una bomba de mortero que le había estallado a escasos metros y roto el tímpano, explicaba también una cierta tendencia al aislamiento, que muchos no comprendían llegando incluso a despreciarle.

Con su hijo Willy, la relación que mantenía estaba llena de exigencias. La disciplina y la autoridad eran casi inevitables en el esquema clásico y tradicional de la familia de clase media alemana de aquel tiempo, donde el hombre estaba llamado a superarse y a afrontar sus responsabilidades. El acento se ponía especialmente en el cultivo del autocontrol y de la fuerza de voluntad, fraguado en la escuela, dentro de la familia, y luego en la universidad.

En este entorno, el grado de confianza y espontaneidad en el trato con Willy eran limitados. A veces, Gustav lo elogiaba, sobre todo si estaba delante de amigos, de familiares o de visitas; pero muy raramente cuando se encontraban solos los dos. Por el contrario, Edith tenía muy desarrollado su sentido familiar. Es lo que había *mamado*, lo que había vivido en su niñez, con un padre dedicadísimo y del que no tenía queja alguna. Educada en las costumbres más refinadas y cosmopolitas de Viena, y con una vida no excesivamente torturada por los avatares de la existencia, Edith echaba en cara a Gustav la excesiva dureza que éste ponía en la educación de su hijo:

«Gustav —le decía—, no todo es trabajo, estudio o deporte. Bajo ese barniz de aparente distanciamiento, Willy es un chico muy sensible y cariñoso. En eso ha salido más a mí que a ti... y tú lo sabes. Está bien que se prepare intensamente para la vida; pero creo que deberías disfrutar más de tu hijo y no estar siempre sometiéndole a esta o a aquella prueba. El tiempo pasa rápido, ¿sabes?, y nosotros somos una familia que tenemos que vivir el presente. Nos ha tocado vivir una era convulsa, ¡no la hagas todavía más dura! Pronto nuestro hijo entrará en la universidad, se separará de nosotros, y lo veremos muy poco... ¡Piensa en ello, Gustav!».

**

Durante la Gran Depresión, cuyo desencadenante fue el Crack de Wall Street de 1929, Alemania se sumió de nuevo en una crisis económica de gran magnitud, con 6 millones de parados. Ello propició, junto con otros factores, el advenimiento de Hitler al poder en 1933. En aquel entonces, los alemanes decidieron —nunca mejor dicho— agarrarse a un clavo ardiendo, para no naufragar en el desastre, recuperarse de la humillación que había supuesto la derrota de la Gran Guerra, y superar las condiciones ominosas del Tratado de Versalles.

Los años prebélicos del nazismo, caracterizados por una intensa recuperación económica, fueron muy propicios para Gustav Meinhof, que tras la muerte de su suegro había asumido toda la responsabilidad en la empresa de construcción. En 1934, cuando Willy acababa de ingresar en la Universidad de Colonia para cursar estudios de Derecho, su padre ya hacía planes sobre su futuro, pues tenía puestas grandes esperanzas en él, como todos los padres. Quería que prosiguiera y engrandeciera la empresa familiar, sobre la base de una perspectiva teórica más amplia que la que él había podido forjarse. Las dificultades de su niñez, y la dedicación absorbente a la compañía de construcción, no habían permitido a Gustav formarse como hubiera deseado.

Sin embargo, en esos convulsos y a la vez apasionantes Años 30, la situación mundial distaba de ser una balsa de aceite. En Europa, soplaban de nuevo vientos de guerra, truncando los proyectos vitales y demostrando, una vez más, la pequeñez e insignificancia del ser humano, que casi siempre es más objeto que sujeto de los acontecimientos.

El auge simultáneo del comunismo y del fascismo enmarca una época en la que las dictaduras autoritarias o totalitarias se van adueñando del continente europeo, donde los regímenes democráticos tratan a duras penas de subsistir.

En Rusia, con la muerte de Lenin en 1924, Stalin accede al poder afianzando el régimen comunista. En Italia, Mussolini, después de la marcha sobre Roma de octubre de 1922, instaura un gobierno fascista. Sus doctrinas imperialistas, cuyo fin último es refundar el Imperio Romano, le conducen a recuperar antiguos proyectos expansionistas ocupando Etiopía en 1935 y anexionándose Albania en 1939. Luego le llega el turno a Alemania, con el ascenso democrático de Adolfo Hitler al poder, el 30 de enero de 1933. En esa fecha, el anciano presidente Von Hindenburg le nombra canciller y el *Führer,* que no se caracteriza por la indecisión, se vuelca en la instauración del nacionalsocialismo: un régimen populista, nacionalista, racista, totalitario y de masas, inspirado en parte en el fascismo italiano.

A partir de aquí, el desarrollo del nazismo y de sus ideas será frenético, también su éxito entre la población alemana, que en las elecciones del 5 de marzo de 1933 otorgará el 44% de sus votos a Hitler. Luego, en el plebiscito de 19 de agosto de 1934, con más de un 90% de votos afirmativos sobre los emitidos, los electores aprobarán abrumadoramente la Ermächtigungsgesetzt o Ley de Plenos Poderes, que Hitler necesitaba para llevar a cabo su política totalitaria: Alemania se le acababa de rendir.

En 1935, el 13 de enero, gracias a otra consulta popular, realizada fuera del país germano y de nuevo favorable por un 90% de los votos, Alemania recupera el Sarre, región que había tenido que ceder a causa de su derrota en la Gran Guerra y del Tratado de Versalles.

El 15 de marzo de 1938, se produce la *Wiedervereinigung* —la reunificación— con Austria, el denominado también *Anschluss*, que Hitler declara ese mismo día en la Heldenplatz de Viena. Luego, el 1 de octubre del mismo año, tras los claudicantes acuerdos de Múnich, Alemania se anexiona los Sudetes —Sudetenland—, poblados mayoritariamente por alemanes pero con una fuerte minoría checoeslovaca.

Finalmente, el 14 de marzo de 1939, la Wehrmacht invadirá el resto de Checoslovaquia, y desde el Castillo de Praga, el *Führer* proclamará al día siguiente el protectorado de Bohemia y Moravia, convirtiendo, al mismo tiempo, al resto de la antigua Checoeslovaquia en un nuevo Estado eslovaco, satélite de Alemania.

En España, 1939 es el año de la victoria de Franco y sus tropas, ayudado por las potencias fascistas. Así, Italia y

Alemania enviaron tropas, como la Legión Cóndor, en apoyo de los insurrectos. Por su parte, las fuerzas de la República fueron respaldadas, principalmente, por el gobierno comunista de la Unión Soviética, y recibieron también la ayuda de las Brigadas Internacionales. Es de destacar que, durante la Segunda Guerra Mundial, la España del régimen franquista envió al Frente del Este un ejército de voluntarios, llamado La División Azul.

En una espiral que la acercaba al precipicio, Europa se había polarizado y los regímenes democráticos, fundamentalmente Francia e Inglaterra, trataban de evitar lo peor... sin conseguirlo.

**

El padre de Willy no congeniaba con las ideas del nacionalsocialismo. Sabía lo que era una guerra. Había vivido muchos cambios y tratado a muchas personas de razas, credos, e ideas políticas diferentes: una gran vacuna contra la enfermedad de los nacionalismos excluyentes. Tenía demasiado mundo tras de sí y una muy desarrollada capacidad de análisis, como para creerse todas las patrañas de Hitler. En ese aspecto coincidía de lleno con su hijo que, a pesar de su juventud, era consciente de la peligrosa deriva de Alemania. Ambos no podían disimular su desprecio hacia las nuevas doctrinas que Adolfo Hitler había plasmado en el Mein Kampf —Mi lucha— el libro de cabecera de todo *buen nacionalsocialista*. Tampoco simpatizaban con el comunismo, por su igualitarismo productor de mediocridad y su destrucción sistemática de la individualidad humana, en lo que no tenía nada que envidiar al régimen hitleriano. Esta ideología conducía además al desastre en el terreno económico: sustituir la economía de mercado por un centralismo en la producción y el consumo acababan provocando, tarde o temprano e irremediablemente, el empobrecimiento y envilecimiento de la población, que para subsistir tenía que acudir al mercado negro, una forma de capitalismo salvaje.

«Este Hitler—le decía Gustav a su hijo en 1938— conducirá de nuevo a Alemania hacia su destrucción, y nosotros, Willy, asistiremos impotentes a ello sin que podamos hacer nada para evitarlo. No te puedes imaginar lo eufóricos que están en la empresa los obreros que, sólo hace unos años, bebían de las fuentes de Marx, Engels y Lenin. Ahora se empachan de nacionalsocialismo. Los extremos se tocan, ¡la transformación ha sido completa! la *Gleichschaltung*— proceso de homogeneización llevado a cabo por los nazis a partir de 1933— ha sido ¡todo un éxito!».

Finalmente con cara de preocupación y anticipando lo que había de venir, añadía: «Los nazis pueden estar muy contentos, ¡lo han conseguido! Han creado su *hombre nuevo,* pero Alemania, es decir su pueblo, al que en su mayoría y en el fondo le importa un pimiento la democracia, lo pagará muy caro, sobre todo los pobres judíos».

Gustav Meinhof, por su trabajo y su forma de ser, firme pero abierta y muy humana, mantenía buenas relaciones con sus compatriotas hebreos y era una persona muy informada. En particular, el asunto Liebermann le había llamado mucho la atención. Max Liebermann, famoso pintor realista e impresionista, miembro de una de las familias industriales más exitosas de Alemania —su primo Emil Rathenau era el fundador de la AEG y cofundador de Telefunken— había sido obligado a renunciar, en mayo de 1933, a su dignidad de *Ehrenpräsident* —Presidente de Honor— de la Academia Prusiana de las Artes, después de 12 años de ostentar el cargo y de 30 de pertenencia a la prestigiosa institución. Su condición de miembro de la comunidad judía, su relevancia social, y su forma de pintar, considerada primero como *Schmutzmalerei* —pintura sucia— y luego, ya en la época nazi, como *Entartete Kunst* (arte degenerado), le pusieron, junto a otros muchos artistas, en el punto de mira de los nazis. Estos, nada más llegar al poder, se aplicaron en su labor de limpieza y de homogeneización de la sociedad alemana. Había que controlar la expresión artística, sobre todo por lo que ésta representaba: la libertad de expresión y de pensamiento... la diferencia.

A menudo, Gustav, en presencia de su esposa y de su hijo, no de Erika, demasiado influenciada por las nuevas doctrinas, recordaba la figura de Max Liebermann, a quien admiraba como artista y como persona. En particular, le impresionaba su famosa frase, que había corrido como la pólvora en determinados círculos: «*Ich kann gar nicht so viel fressen, wie ich kotzen möchte*» —Me es imposible tragar tanto como quisiera vomitar— que el insigne artista había pronunciado, al ver como las hordas nazis de las SA, los camisas pardas, desfilaban frente a su casa, el 30 de enero de 1933, celebrando la llegada de Hitler al poder.

A estas consideraciones no eran ajenas las creencias católicas de Gustav Meinhof que, con todas las imperfecciones del ser humano, había tratado de mantener y transmitir a sus hijos. Ante todo les aconsejaba que, aunque fuese necesario e inteligente adaptarse al entorno, había que mantener los principios y no sacrificarlo todo a los objetivos, porque entonces perderíamos el honor y sobre todo el alma, que es lo más importante; lo que trasciende y nos acompaña toda la eternidad.

Cuando a Willy le llamaron a filas, su padre no atravesaba por sus mejores momentos. La entrada de su hijo en el ejército fue una pésima noticia, en particular para alguien que conocía de primera mano los desastres bélicos. Al ver cómo las tropas de la Wehrmacht —el Ejército— desfilaban orgullosas al paso de la oca y al son de las vibrantes marchas militares, no podía dejar de recordar los pueblos de Francia arrasados por las bombas. Tampoco los inmensos campos de cruces de uno u otro bando, esparcidos por aquel bello país como verdaderos testigos mudos de la crueldad y de la barbarie de la guerra, que no distingue entre amigos o enemigos.

Pero al lado de estos pensamientos, Gustav Meinhof sentía la pertenencia a la patria y el orgullo de formar parte de una nación que había conseguido los mayores logros económicos y sociales, superando todas las crisis que le habían sobrevenido, y convirtiéndose en la mayor potencia económica de Europa.

«La guerra es un asco, ¡no te quepa la menor duda! —le decía su padre a Willy en 1939, poco antes de partir éste hacia Berlín, donde estaban reagrupando a las tropas para unas maniobras sin importancia, según se decía en los últimos comunicados radiofónicos—. Pero también quiero que tengas muy claro que tú no eres ni un cobarde, ni un traidor a la patria. Si ésta, por encima de los regímenes políticos del momento, te reclama, debes acudir como yo lo hice en la Gran Guerra. Una vez en el ejército, cumplirás tus misiones con la mayor eficacia, ayudando a tus compañeros. Crearás unos vínculos indelebles de *Kameradschaft* —camaradería— que te harán más fuerte y tú, a su vez, cuando ejerzas funciones de mando, que si hay guerra y ésta se prolonga no te tardarán en llegar, harás más fuertes a los demás».

«No abuses nunca del poder que te dé tu grado en el ejército, pues lo importante, como en nuestra empresa, son las personas —muy por encima de los procedimientos y los reglamentos— y luego, que todo funcione a la perfección, sin fisuras, sin cuellos de botella, a través de la mejor comunicación y del ejemplo que siempre debes dar. Has de mostrarte muy próximo a tus hombres, pues sabes, hijo —concluyó mirándole fijamente a los ojos— al final todos venimos de la tropa, ¡que no se te olvide nunca!».

A Willy le impresionaron mucho las palabras de su padre, a quien por aquel entonces—como suele ocurrir cuando se empiezan a asumir responsabilidades en el duro camino trágico y cómico de la vida— había empezado a conocer y valorar de verdad. Pero de nuevo, la cruda realidad, cual buitre de aceradas garras, se abatió sobre la familia justo antes de la invasión de Polonia. Parecía como si el destino hubiera querido exonerar a Gustav Meinhof de ver cómo se verificaban sus peores augurios.

Un día del mes de agosto de 1939, mientras platicaba amigablemente en las oficinas de la empresa con su contable y amigo judío, Joseph Weinhaus, al que quería y protegía —aunque poco después, éste sería arrestado por los nazis y deportado al campo de Teresienstadt, donde perecería— así como con dos de sus más apreciados empleados, que ya habían recibido la notificación de su movilización militar, un infarto fulminante le causó la muerte en pocos minutos.

La vida no había sido fácil para el padre de Willy. Dejaba un patrimonio saneado y bien administrado pero, ante todo, una esposa muy entera y con los pies en tierra. También un hijo fuerte, educado en el respeto, la disciplina y la empatía. En suma, una persona capaz de enfrentarse al futuro por sí mismo, al estar anclada en sólidos valores.

El eslabón más débil de la cadena era su hija. Erika no había podido completar su formación en vida del padre, que no había tenido tiempo suficiente para transmitirle todo su caudal de experiencia. Las últimas palabras de Gustav Meinhof, mientras aún estaba vivo, fueron para ella y para su madre, que les había *abandonado* el año anterior.

***

Erika Meinhof

El fallecimiento de Gustav Meinhof golpeó brutalmente a Willy, como si una enorme losa de mármol hubiese caído sobre él y le estuviese ahogando, cuando más necesitaba del consejo y apoyo de su padre, y en unos tiempos que, en Alemania y el resto de Europa, eran tremendamente convulsos. Pero sin duda, la más afectada por su muerte fue Erika, su queridísima hija, la luz de su vida, aquélla por y para quien él en realidad vivía, aquélla que portaba su sangre y que él adoraba como padre amantísimo y muy sacrificado. Lo cierto es que Erika formaba parte de una nueva generación de alemanes educados, mal que le pesara a su progenitor, en las ideas del nacionalsocialismo.

Cuando Hitler ascendió al poder, ella sólo tenía ocho años. Estudiaba en un colegio católico de Karlsruhe, pronto invadido por las creencias de los nazis. Estos ponían mucho empeño en adoctrinar a sus *polluelos* sobre las *virtudes* del régimen. A partir de 1933, la moda obligatoria en Alemania era hacer profesión de fe con las nuevas ideas. Erika no era inmune a ello, aunque su padre trataba de desarrollar su espíritu crítico, incluso contra el sistema recién instaurado.

El nazismo se había convertido en un movimiento entusiasta. Lo invadía todo y tenía gran aceptación entre la población más joven, la más inmadura y manipulable, la más fácilmente impresionable. El régimen —como cualquier régimen que quiera perpetuarse en el poder— sabía perfectamente lo que hacía. Alienaba al eslabón más débil de la cadena pretendiendo, entre otros objetivos, alejarlo de las *decadentes doctrinas liberales* o de los influjos del comunismo. Los desfiles, los encuentros deportivos, las concentraciones multitudinarias, con todo el colorido y la parafernalia del nacionalsocialismo, junto con una cuidadosa y atrayente puesta en escena —donde el líder aparecía en los momentos álgidos de las ceremonias— sumían a la juventud en una especie de hipnosis colectiva en la que la imagen y los anclajes psicológicos eran utilizados magistralmente para su adoctrinamiento incondicional. Además, egoístamente, a muchas familias alemanas les venía muy bien que el Estado mantuviera ocupados a sus hijos y les descargase, en gran parte, de las obligaciones inherentes a la educación paternal.

A ello contribuía también un ambiente en el que la población era presa del miedo, de la comodidad o de la indiferencia, dejando que los esbirros del régimen campasen a sus anchas. Pero también había una buena parte, la mayoría, que manifestaba su clara admiración y apoyo al nuevo sistema que iba a redimir a Alemania, llegando a colaborar con entusiasmo. El arrobamiento, sobre todo de las mujeres, hacia Adolfo Hitler, el *Führer,* el *redentor de Alemania*, era palpable en todas las manifestaciones y en los actos de adhesión y exaltación que el régimen, para ganarse a las masas, organizaba profusamente.

Por lo demás, había que tener cuidado, ¡mucho cuidado!, con lo que se decía o hacía, pues en casos extremos, los hijos, animados por los educadores y por la propaganda del sistema, eran capaces de denunciar a sus propios padres si mostraban desafección al nacionalsocialismo.

Todo el mundo estaba bajo sospecha. Las noticias y los rumores circulaban como la pólvora. En especial, los crímenes cometidos por la SIPO, la Policía de Seguridad del Reich, dirigida con mano de hierro por Reinhard Heidrich. Éste, apodado más tarde el Carnicero de Praga, fue el artífice fundamental, con Adolph Eichmann, entre otros, del exterminio industrial y sistemático de los judíos en Europa, proceso criminal al que el régimen nazi denominó eufemísticamente *Die Endlösung der Juden Frage* —La solución final a la cuestión judía— en la Conferencia de Wahnsee de 20 de enero de 1942. Pero antes de la conferencia, los asesinatos en masa ya se habían puesto en práctica en el campo de exterminio de Chelmno, en diciembre de 1941. También mediante las acciones sistemáticas de los *Einsatzgruppen*—grupos de acción— de las SS durante la invasión de la Unión Soviética. En Alemania, las personas de ascendencia judía, los gitanos, los opositores al régimen y los homosexuales, eran reprimidos y maltratados sin la menor consideración y en muchos casos, sin previo juicio, desaparecían.

Los teléfonos se podían intervenir con gran facilidad, a través del Instituto de Investigación Hermann Goering, creado en 1933. En el instituto, las conversaciones de personajes relevantes o de extranjeros conocidos, así como las de todos los que se considerasen sospechosos para el régimen, eran sistemáticamente escuchadas, además de realizarse muestreos aleatorios y grabarse su contenido, cuando se consideraba necesario. La Gestapo, la policía del régimen, llegaba a instalar aparatos de escucha y grabación en los domicilios particulares de los sospechosos. Por otro lado, los ingenios de fichas perforadas, verdaderos cerebros electrónicos o computadoras de la época, con tecnología de la empresa IBM procedente de Estados Unidos, controlaban perfectamente a la población.

Además de las posibilidades que brindaba el uso de la tecnología, el partido también se ocupaba de la vigilancia sobre el terreno, con su propia estructura jerárquica. A los típicos soplones y delatores se sumaban los *Blocklwart*, el último eslabón en la organización del Partido, verdaderos delegados o comisarios políticos de base en los bloques de viviendas. Su *alta* misión consistía en controlar un número de entre 40 y 60 hogares, espiando, denunciando, avisando, dando *consejos* o realizando *propuestas*, en el estilo más mafioso que, a menudo, no se podían rechazar. En especial, tenían encomendado el mantenimiento de un archivo de fichas, las denominadas *Haushaltskarten,* acerca de los hogares que controlaban, evaluando las actitudes de cada ciudadano hacia el Partido Nazi y el Estado

De todos estos modos, el Estado alemán se confundía con el Partido Nacionalsocialista, en una unión diabólica que permitiría cometer los mayores desmanes. El artículo 1 de la Ley de 1 de diciembre de 1933, denominada *Gesetz zur Sicherung der Einheit von Partei und Staat* — Ley para el Aseguramiento de la Unidad del Partido y del Estado— no dejaba lugar a dudas:

«Nach dem Sieg der nationalsozialistischen Revolution ist die Nationalsozialistische Deutsche Arbeiterpartei die Trägerin des deutschen Staatsgedankens und mit dem Staat unlöslich verbunden. Sie ist eine Körperschaft des öffentlichen Rechts. Ihre Satzung bestimmt der Führer».

«Después de la victoria de la revolución nacionalsocialista, el Partido Nacional Socialista se ha convertido en el representante de la idea del Estado alemán y está indisolublemente unido al Estado. Es una entidad de Derecho Público. Su estatuto lo establece el *Führer*».

En este espeso caldo de cultivo orweliano que impregnaba su infancia y su adolescencia —alcanzada justo al iniciarse la guerra—, las emociones de Erika se repartían entre un fuerte afecto hacia sus padres, y el culto debido al *Führer* y al Tercer Reich. La labor de zapa no se realizaba únicamente en el colegio, sino también a través de la Organización Juvenil de las Jóvenes Alemanas: el Bund der Deutschen Mädel, la rama femenina de las Hitler Jugend — las Juventudes Hitlerianas— donde era obligatorio afiliarse a partir de diciembre de 1936.

Es verdad que en la organización femenina se fomentaba mucho la camaradería y el espíritu de equipo. También se aprendían cosas prácticas y útiles para la vida, y se llevaban a cabo actividades muy divertidas y atrayentes para las jóvenes. Buen ejemplo de ello eran los juegos al aire libre, las excursiones de fin de semana, los fuegos de campamento, los bailes populares, el tiro con arco o la gimnasia rítmica. Asimismo, los juegos de táctica sobre el terreno fomentaban el espíritu de pertenencia a la comunidad y al grupo, conceptos fundamentales para el nacionalsocialismo. Sin embargo, el precio que había que pagar era el de ser adoctrinado en la máxima identificación con las tesis nacionalistas y racistas del nuevo régimen.

Pero la hermana de Willy, una persona muy despierta, fue también descubriendo, en la medida que se hacía mayor, la verdadera naturaleza perversa del régimen, que se desvelaba en pequeños detalles de la vida diaria.

**

Fue en 1941, durante su estancia en el París ocupado por las tropas alemanas, cuando, con 16 años recién cumplidos, Erika iniciaría su metamorfosis ideológica. Avezada deportista, la menor de los Meinhof había dado un gran estirón de los 15 a los 16 años. Su hermano le decía, medio en serio, medio en broma, que pronto le alcanzaría. Sus ojos, de color gris-azulado, y su pelo castaño, ligeramente rizado, eran iguales que los de su padre. En una de sus mejillas, cuando sonreía, se le dibujaba un gracioso hoyuelo que le daba un toque de originalidad. En su cara, de finas facciones, destacaban unos labios carnosos y bien dibujados, unas cejas que ella cuidaba mucho, y una dentadura perfecta, herencia de su madre y de su abuela, quienes sólo en contadísimas ocasiones habían tenido que ir al dentista. Dos pequeñas cicatrices, una en la parte superior de la nariz, casi en la frente, y otra encima de unas de las cejas, sólo visibles cuando uno se fijaba mucho, revelaban un temperamento inquieto y nervioso que, durante su niñez, le había jugado algunas malas pasadas. Tenía un cuerpo vigoroso —no como el de su madre que era menuda y frágil— y bastante fuerza en los brazos.

El conjunto era muy atractivo y a ello contribuía una elegancia innata, que Erika expresaba y cultivaba en la elección de su ropa y en la forma de vestirse, algo a lo que Edith, a quien no convencían nada los uniformes de las juventudes hitlerianas, prestaba mucha atención. Pero lo que más cautivaba de ella era su sonrisa abierta y fotogénica. Por eso a su padre no le gustaba que, teniendo una sonrisa tan bonita, estuviese a menudo tan seria.

Gustav admiraba el temperamento prudente de Erika y su madurez, excepcional para una edad tan temprana, pero al mismo tiempo le preocupaba su excesivo amor propio y el afán perfeccionista que ponía en todo lo que hacía. Pensaba que era muy competitiva, quizás demasiado. Por ello, cuando no alcanzaba sus objetivos o cuando pensaba que no los había alcanzado suficientemente, su padre estaba siempre ahí, quitando importancia a las cosas. Le insistía en que más que superar a los demás —pues siempre hay alguien que lo hace mejor que nosotros— lo valioso de verdad es superarse a sí mismo, vencer los propios miedos, las angustias, y escoger el camino de la sencillez, que es el que abre más puertas en la vida, permite reconocer los propios errores, y sobre todo corregirlos.

En otro orden de cosas, ir de compras era una de sus aficiones preferidas. En especial le gustaban los grandes centros comerciales, a pesar de las reservas ideológicas del nacionalsocialismo que los consideraba *inventos judíos*. Cuando su padre viajaba por motivo de negocios a Berlín, Erika siempre quería acompañarle, para visitar los grandes almacenes Karstadt con sus nueve plantas y sus dos torres de más de cincuenta metros. Otra de sus grandes pasiones eran los deportes de equipo, tan en boga en la Alemania de los años 30, y el esquí. También le gustaba mucho ir al cine. En esa época, Hollywood realizaba grandes superproducciones que llenaban las salas de Europa y de Alemania, aunque debidamente censuradas o prohibidas, cuando se consi-

deraba necesario, por el Reichsministerium für Volksauf-
klärung und Propaganda —el Ministerio del Reich para la
Instrucción Pública y la Propaganda— presidido por el doctor Joseph Goebbels.

Gustav Meinhof siempre había querido que su hija
aprendiera a hablar la lengua de Rabelais y de Molière, de
una cultura que admiraba. Es por ello que en el colegio
asistía a clases de francés, aunque el nivel dejara mucho que
desear. En 1941, habiendo finalizado su etapa escolar, su
madre le propuso que fuera a París a pasar un año entero
para perfeccionar el bello idioma. Allí vivía Elsa Meier, una
buena amiga del círculo social que Edith solía frecuentar, y
que ya conocía a Erika antes de establecerse en Francia.

—¿Qué te parece, hija? Elsa te recibirá con los brazos
abiertos. Tiene un departamento muy bonito en el bulevar
Saint Antoine, en el barrio de Marais, una de las zonas más
antiguas y típicas de París. Te puede buscar una academia
para extranjeros y también darte clases particulares. A tu
padre le habría encantado; él siempre quería que llegaras a
hablar como una francesa.

—Mami, me encantaría—le respondió entusiasmada
Erika—, es un idioma, ¡tan bonito! ¡Suena tan bien! Además, en París ya no hay ningún peligro. ¿Te acuerdas, el año
pasado, en el Wochenschau (el semanario cinematográ-
fico)? Nuestras tropas desfilaban victoriosas por la avenida
Foche. Además, papá estaría muy de acuerdo. No hay día
que no piense en él, con su sentido práctico de la vida. No sé
por qué no se metió en el partido ¡Con todas las cosas
buenas que nuestro amado *Führer* está haciendo por Alemania!

—Para que veas, precisamente, esas cosas buenas (!)
que hace tu Hitler, sería conveniente que viajaras a un país
ocupado, ¿o más bien liberado de las decadentes doctrinas
demócratas y liberales? Como decís vosotros.

—No te burles, mamá, el tema es muy serio. Además estamos en guerra y todos los alemanes debemos permanecer muy unidos.

—¿Eso también reza para los judíos, los gitanos, los eslavos y los negros?, o se trata de personas... perdón, quiero decir, de *seres diferentes*... ¿Quizás *Untermenschen* (infrahumanos) como los llamáis vosotros?

—Está claro, mami, ¡tienes que reeducarte! Alemania es un Estado Nacionalsocialista basado en la raza, en nuestra raza aria, en nuestra raza superior, llamada a liberar al mundo de las insidias y conspiraciones del judaísmo, del capitalismo internacional y de los regímenes liberales corruptos, que tanto daño han hecho a nuestra patria. ¿Parece mentira que no seas consciente de la situación?

—Me entero demasiado bien, hija... pero sabes una cosa, ¡te quiero mucho! Y quiero lo mejor para ti y también para nuestra sagrada Alemania.

—Por mí, podemos empezar a organizar el viaje... pero, mami, os voy a echar mucho de menos a ti y a Willy. Ahora que no está papá... sois lo más valioso que tengo —confesó enternecida, empezando sus ojos a derramar lágrimas.

—Tú y Willy, también lo sois todo para mí, pero tienes que formarte y aprender más, como quería tu padre. Además, ¡no te vas tan lejos! ¡Nos haremos visitas!, y estaremos también en contacto por teléfono.

—Entonces, ¡no se hable más! Pediremos permiso a las autoridades y a la BDM (Bund der Deutschen Mädel). Estoy deseando llegar a París.

La realidad es que Edith, persona preparada e inteligente, había permanecido durante mucho tiempo un tanto ajena a la realidad que le circundaba. Sin embargo, desde la muerte de su marido, hacía casi dos años, su vida había cambiado mucho. En ese trance doloroso, tuvo que abrir bien los ojos y asumir tareas que, hasta entonces, le eran completamente desconocidas. A pesar de su aparente inmersión en el régimen, más por inteligencia y adaptación que por convencimiento, cuando veía los desmanes que se cometían en nombre del nacionalismo y de la raza, se llevaba las manos a la cabeza y pensaba en Gustav, en la razón que tenía para despreciar a los nazis.

Por eso, aunque no se lo dijera abiertamente a su hija, el viaje a París tenía varios objetivos. No se trataba sólo de mejorar el idioma, sino también de conocer otra cultura, otras gentes, otros puntos de vista. «De esta manera —pensaba Edith— la desligaré, al menos temporalmente, de todo el adoctrinamiento erróneo que está recibiendo y que maldita la gracia que me hace». Por otra parte, el viaje y la estancia en Francia eran un lujo que la familia, gracias a Dios, se podía permitir.

A Willy, que en abril de 1941 estaba en casa de permiso, la idea le pareció fantástica. Conocía París, donde había desfilado con la Wehrmacht en junio del año anterior. La consideraba una ciudad muy atrayente, a pesar de la ocupación, y le alegraba mucho que su hermana pudiera vivir en ella durante una temporada. Le dijo que iría a visitarla desde Amsterdam, donde estaba destinado su regimiento. No sabía aún que, en breve, su idílica estancia en los Países Bajos iba a finalizar de manera expeditiva.

**

Culminadas las exitosas campañas de Dinamarca, Noruega, y Francia con el armisticio de 22 de junio de 1940, Alemania tenía bajo control a gran parte de Europa. Entonces, volvió sus ojos hacia Inglaterra, la única potencia que todavía le hacía frente en el Oeste, sobre todo por su poderosa Royal Navy —la Marina Real Británica—.

Considerada imposible una invasión anfibia de la Gran Bretaña, sin eliminar a la RAF, la Royal Air Force —

Fuerza Aérea Real—, Goering, el entusiasmado jefe de la hasta entonces   invicta Luftwaffe —Fuerza del Aire—, prometió al *Führer* que acabaría con la aviación inglesa en pocos días. Así, en julio de 1940, comenzó la Batalla de Inglaterra, donde el terco Winston Churchill pronunció, el 20 de agosto del mismo año, una de sus frases más célebres :«Nunca en la historia del conflicto humano tantos debieron tanto a tan pocos».

Lo cierto es que, en noviembre de 1940, cuatro meses después de iniciada la ofensiva aérea y a pesar del voluntarismo de Hermann Goering, Alemania no había conseguido el dominio del aire que tanto deseaba. La Operación León Marino para la invasión de la isla, se consideró entonces inviable y se postergó *sine die*. Tampoco se había logrado el permiso de Franco para ocupar Gibraltar y los preparativos de la Operación Félix fueron abandonados.

Además de las dificultades expresadas, la verdadera razón que daba al traste con las mencionadas acciones se encontraba en la compleja mente de Hitler, que obsesionado con su teoría del *Lebensraum* —el espacio vital— propugnaba la conquista de territorios en el este de Europa para la expansión de la raza aria. El Alto Mando del Ejército, muy sometido al *Führer*, se centró entonces febrilmente en la planificación de la Operación Barbarroja, para la invasión de Rusia. La decisión iba a cambiar radicalmente el rumbo de la guerra que se trasladaba ahora del occidente al oriente europeo. Hitler se desligaba así, de manera radical, del tratado de no agresión que su Ministro de Asuntos Exteriores, Von Ribbentrop, había firmado con la Unión Soviética el 23 de agosto de 1939, días antes de iniciarse la Segunda Guerra Mundial.

Sin embargo, la nueva ofensiva, prevista inicialmente para el 15 de mayo de 1941, tuvo que ser postergada hasta el 22 de junio. Las sucesivas derrotas de Mussolini en Grecia y en África, que hicieron a Hitler acudir en su ayuda, junto con la intervención en Yugoslavia y las fuertes lluvias de primavera, retrasaron la tan anhelada Operación Barbarroja.

Antes de iniciarse la invasión, numerosas tropas fueron desplazadas a las fronteras con la Unión Soviética. Así ocurrió con la sección del entonces teniente Wilhelm Meinhof, que se sumergió de nuevo en una campaña bélica, mucho más larga y cruel que las llevadas a cabo por la Wehrmacht hasta ese momento.

***

El encuentro

Erika aguardaba impaciente el día de la partida hacia su nuevo destino. Por fin, una noche, a principios del mes de junio de 1941, la adolescente subía ilusionada a un vagón de primera clase del tren expreso que la llevaría a París. No era la primera vez que salía de Alemania, pero una cosa eran unas vacaciones en Dinamarca o en Holanda, y otra muy distinta desplazarse a un país no ario, en la terminología del partido, para permanecer en él un año entero. A la mañana siguiente, en la concurrida Gare du Nord, la Estación del Norte parisina, *Tante Elsa* —tía Elsa—, como Erika le llamaba cariñosamente desde pequeña, estaba esperándola sobre el andén.

Elsa Meier era una mujer rubia y de mediana edad, todavía atractiva, aunque los estragos inmisericordes del tiempo ya se dejaban notar en sus facciones, sobre todo en la frente, alrededor de los ojos, y en unos pechos abundantes que empezaban a declinar. Su alta estatura para una mujer de la época, algo más de un metro setenta, disimulaba algo el efecto pernicioso de la gravedad.

A pesar de haber mantenido sucesivas relaciones, Elsa había permanecido deliberadamente soltera. Su estilo de vida y sus inquietudes no se lo ponían nada fácil a la hora de plantearse la formación de un hogar, de tipo tradicional. En realidad, ella era una adelantada a su tiempo, sin la notoriedad de la aviadora Hanna Reitsch o de la cineasta Leni Riefenstahl —que en este sentido se llevaban la palma— pero con un estilo de vida muy independiente e inusual para la época.

Licenciada en filosofía y luego en filología francesa por la Universidad de Colonia, había participado como traductora en diversas misiones del Ministerio de Asuntos

Exteriores del Reich... pero Elsa no era una adicta al régimen. Al poco de acceder Hitler al poder, decidió que lo mejor era cambiar de aires para, en palabras suyas: «Alejarse de las nuevas tendencias y no contaminarse demasiado». Desgraciadamente, el plan—como suele ocurrir—no salió como estaba previsto. Afincada en París desde 1936, donde impartía cursos de alemán para diversas instituciones, y daba clases de francés a alemanes que residían en la ciudad, fue testigo impotente de los terribles acontecimientos que tuvieron allí lugar durante la primavera y el verano de 1940.

La invasión de Francia, en el mes de mayo, el éxodo de la población parisina y la posterior ocupación de la capital por las tropas germanas, el 14 de junio, cambiaron de nuevo el escenario de su vida. Ella, que lo que quería era distanciarse de toda esa doctrina nacionalsocialista, del sectarismo, el delirio ideológico y el militarismo galopante, se vio inmersa de nuevo en la pesadilla. −A veces, el destino es implacable con las personas que pugnan por apartarse de sus designios−.

Lo cierto es que Elsa se sentía profundamente alemana, pero alemana de Goethe y de Beethoven, de Luthero, de Kant y de Schiller, el denominado *Poeta de la Libertad*, a quienes admiraba. Había estado en diversos países y conocido a las personas más dispares, verdadera cura o vacuna contra los nacionalismos, por naturaleza homogeneizadores y excluyentes. Defendía que todas las personas tenían una misma dignidad inherente al ser humano desde el principio de su existencia, por encima del lugar de nacimiento, de la religión, de la raza o de la ideología. Cuando el tema salía a la palestra —sólo entre amigos o personas de confianza−, Elsa mantenía que ella era nacional, pero no en un sentido racista, como defendían los partidarios del nacionalsocialismo. Por ello, sostenía tesis que se consideraban, cuando menos heterodoxas, como la de no excluir a nadie que fuera interesante y aportase valores o conocimientos al país, o que simplemente ofreciese su fuerza de trabajo.

Cuando Editha telefoneó a su amiga y le propuso que su hija viajara a París y se alojara en su casa, durante un curso entero, Elsa se alegró mucho. La compañía de Erika, por quien siempre había mostrado una inclinación especial, le pareció una idea estupenda. A ese afán contribuía también el deterioro progresivo de las relaciones con sus amigos franceses, a quienes la ocupación había afectado mucho. En los últimos tiempos, Elsa era a menudo presa de esa soledad que no es querida y corroe el alma, aunque no haya más remedio que soportarla:

«Edith, aquí estaremos muy bien las dos —le confesó ilusionada—. Buscaré para tu hija la mejor academia, y yo misma le daré clases particulares de francés. ¡Ya verás qué nivel alcanza! Además —continuó—, las cosas aquí están tranquilas. No hay por qué preocuparse. La guerra es una desgracia, pero ¿qué podemos hacer nosotras? Sólo vivir y ayudar a los que están a nuestro lado. Visitaremos los museos y los palacios, haremos excursiones en bicicleta, iremos a esquiar y montaremos a caballo. También, como alemanas, podemos pedir pases especiales para ir a los *Deutsche Soldatenkinos* (los cines para los miembros de la Wehrmacht). París, aunque ahora esté un poco triste —concluyó—, es una ciudad maravillosa y muy bulliciosa. Erika y yo nos lo vamos a pasar muy bien, ¡ya verás!».

Y así ocurrió, al menos al principio. Los primeros días en la ciudad fueron trepidantes. Antes de empezar propiamente las clases en la academia Berlitz, que habían elegido por su prestigio internacional, Elsa se volcó haciendo de guía turístico para la recién llegada. Una ciudad ¡grandiosa!, ¡siempre grandiosa! Se ofrecía en todo su esplendor a la curiosidad de una adolescente inteligente y ávida de nuevas experiencias, como era Erika Meinhof. En el París del verano de 1941, después de la victoria alemana, el segundo jinete del Apocalipsis, el fantasma de la guerra, estaba presente bajo las más variadas formas. Las limitaciones en el transporte, la escasez y carestía de los alimentos, los cortes en el suministro de luz, así como las restricciones a la libertad de movimientos y los toques de queda, eran el pan nuestro de cada día en la zona ocupada, cuyo centro militar y administrativo era la capital de Francia. Los ocupantes requisaban los suministros en la fuente, de tal manera que lo que llegaba a tiendas y almacenes era poca cosa. Se pasaba hambre, y se tenía que recurrir al mercado negro para conseguir la mayoría de los productos necesarios para la supervivencia. Junto a esas carencias, los colaboradores y los hombres de negocios sin escrúpulos, que se aprovechaban de la situación, vivían a sus anchas. Con todo y con eso, la suerte de Elsa y de Erika era mejor que la de sus vecinos franceses pues, al ser alemanas, disponían de ciertas ventajas.

A raíz de la invasión, el país fue dividido en dos zonas: la Francia ocupada y la Francia denominada eufemísticamente *libre* —también llamada Régimen de Vichy—, colaboracionista de los nazis y gobernada por el mariscal Pétain, héroe de la Gran Guerra y ahora Jefe de Estado, y por Pierre Laval, Presidente del Consejo de Ministros.

Tanto en la Francia ocupada como en la de Vichy, la peor parte se la llevaban los miembros de la resistencia, los opositores políticos, los resistentes y los judíos. Estos últimos estaban sometidos a todo tipo de limitaciones, como en Alemania, donde a partir de la Kristallnacht —la Noche de los Cristales Rotos—, en noviembre de 1938, la persecución antisemita se intensificó de forma ya descaradamente criminal. En particular, era muy hiriente ver cómo se estigmatizaba y se humillaba a los niños judíos, frente a una población que en parte cooperaba con los nazis. Un aparato administrativo y represivo, rendido al régimen de Hitler, completaba este panorama sombrío. El propio Mariscal Pétain, ahora fiel aliado de los alemanes y convencido de las ideas antisemitas, fue uno de los máximos responsables del acoso y aniquilación de las personas que tenían esta condición. Uno de los momentos cumbre de la ola de antisemitismo fueron las redadas de julio y agosto de 1942, que condujeron a miles de familias a los campos de exterminio.

La mayoría de la población francesa, que ni era resistente ni *collabo* —*collaborateurs* o colaboradores— y que luchaba todos los días para sobrevivir con muchas estrecheces, sufría también las consecuencias del estado de guerra y de la política criminal del ocupante. La muerte de militares alemanes, a manos de la resistencia, era pagada con creces por la población civil mediante la ejecución, sin ningún miramiento, de los *ôtages* (rehenes). Uno de los ejemplos más significativos y crueles fue el fusilamiento en Nantes y en Châteaubriand, el 22 de octubre de 1941, de 48 franceses, a consecuencia del atentado contra el teniente coronel Karl Hotz, *Feldkommandant* —comandante de campo— de Nantes.

Otro ejemplo notorio de esta crueldad desmedida se produce, en septiembre de 1942, a raíz del atentado en el cine Rex de París, en el Bulevar de la Poissonnière, contra soldados alemanes. En respuesta a este ataque, el general Otto von Stülpnagel, jefe de las fuerzas de ocupación alemanas y Gobernador Militar de París, ordena la ejecución de 116 rehenes extraídos de la prisión de Romainville y de Burdeos. Los autores del atentado fueron detenidos pocos días después... de los fusilamientos.

Pero sin duda, el episodio más recordado por toda Francia fue la matanza de Oradour sur Glâne, el 10 de junio de 1944, donde 642 personas inocentes fueron asesinadas por miembros de la división, Das Reich, de las Waffen SS. Entre las víctimas se contaban 297 niños ametrallados y quemados en la Iglesia del pueblo. El General Heinz Lammerding, responsable de la división, murió en 1971 en Alemania, después de haber obtenido grandes éxitos empresariales, ya que amparándose en el marco jurídico que impedía su extradición, no pudo ser llevado ante los tribunales franceses.

Lo cierto es que este tipo de *vendettas*, además de su maldad intrínseca, no beneficiaba nada a los alemanes que se ganaban el rechazo y el odio de una gran parte de la población francesa, al tiempo que se incrementaban las filas de la resistencia.

**

La descontaminación ideológica de Erika Meinhof no fue obra de un día, ni de una conversación, sino de una cadena de pequeños acontecimientos que le dejaron, bien a las claras, lo que significaban las doctrinas nacionalsocialistas frente a los derechos de las personas. Las tesis oficiales clasificaban a los seres humanos por su raza y sus ideas. Sobre esta base, se concedía, limitaba, o privaba a las personas de los más elementales derechos, llegando incluso a su exterminación sin ningún miramiento. El fundamento jurídico, o más propiamente, la tapadera de estos atropellos a la dignidad humana consistía, principalmente, en las leyes racistas de Núremberg de 15 de septiembre de 1935, llamadas así al aprobarse por unanimidad durante el Congreso Nacional del Partido Nacional Socialista de los Obreros Alemanes, en la ciudad de Núremberg.

Las clases de francés, tanto las que recibía en la academia como las que le daba Elsa personalmente, eran para Erika su principal objetivo y consumían gran parte de su tiempo. En los ratos de ocio, le gustaba mucho pasear por el bonito y cuidado jardín de la Place des Vosges —la Plaza de los Vosgos— en el barrio de Marais, no muy lejos de Notre Dame y del Quartier Latin—el Barrio Latino—. Allí, sentada frente a la estatua de Luis XV, le gustaba leer a Victor Hugo y a Téophile Gautier, autores que sus profesores le habían recomendado para profundizar en el idioma y que además, habían vivido en casas de la misma plaza. Este barrio de

París, y en especial el Bulevar Saint Antoine, donde Elsa Meier tenía su apartamento, eran sus lugares de paseo preferidos. Las bellas edificaciones abuhardilladas, que no sobrepasaban las cuatro alturas, los artesanos y los comercios tradicionales, creaban un ambiente atractivo y cautivador, muy distinto al de los otros sitios que frecuentaba.

Un día, después de las clases, cuando ensimismada en sus pensamientos descansaba sentada en uno de los bancos de la plaza, sintió de repente que algo le golpeaba en su pierna izquierda. Volvió la mirada; se trataba de una pelota de caucho, lanzada por un niño que estaba jugando a escasos metros.

—¡Ten cuidado! —recriminó en tono autoritario al autor de los hechos—, ¿no ves que estoy sentada? —Pero el niño no le hizo caso y volvió a tirarla contra su pierna—. ¿Dónde están tus padres? —le preguntó mientras cogía la pelota y se levantaba del banco.

—¡Quiero jugar contigo! —le respondió el niño. ¡Eres muy guapa, sabes! Te pareces a mi madre; además me aburro mucho, no hay nadie para jugar conmigo en este parque.

—¿Por qué vienes aquí entonces? —inquirió Erika confusa— . ¡Vete a otro sitio donde haya niños y niñas!

—No es fácil. No me dejan, a veces me miran mal, dicen que es porque soy judío.

Al escuchar estas últimas palabras, Erika, durante unos segundos, se quedó petrificada. Estaba en presencia de uno de los elementos más odiados y vilipendiados por el nacionalsocialismo, ¡horror! ¡Nada menos que un judío! Una rata, según las enseñanzas que había recibido, alguien confabulado con el capitalismo internacional y a quien había que atribuir todos los males que aquejaban a su querida patria. Pero entonces, para sorpresa suya, no sintió ninguna animadversión, aunque tampoco simpatía. «Es sólo un niño», reconoció, y la curiosidad le hizo reanudar la conversación:

—Eso es porque, seguramente, has hecho algo malo. A los niños malos no los quiere la gente, tampoco los demás niños.

—No sé. A veces lloro porque sólo me hacen caso mis padres y las personas que me cuidan. En el colegio —añadió inclinando su carita— algunos se burlan de mí, pero ¡tú me caes bien! ¿Quieres jugar conmigo a la pelota? Nos la podemos pasar, cada vez más lejos, y luego me puedes perseguir, ¡a ver si me pillas!

—¡*Aber Kind!* (¡Pero niño!) ¿A qué te crees que he venido aquí?, ¿cómo te llamas?

—Me llamo David y me gustan mucho los caramelos.

—¡Vaya! ¿No pierdes mucho el tiempo eh?

—Es que... no hay casi —respondió un tanto cabizbajo.

David era un niño de siete años. Tenía una cara redondita, grandes ojos castaños, orejas de soplillo y un pelo rizado y rubio, con grandes bucles que desbordaban sobre su frente. Llevaba pantalones cortos de cuero, al estilo tirolés, y tenía las rodillas muy sucias, de haberse tirado al suelo y jugado con la arena haciendo pequeños hoyos para las canicas. A Erika, la inocencia del niño le hizo recordar su más tierna infancia en Alemania, ajena a las preocupaciones y problemas de los mayores que ella, ahora, empezaba a enfrentar a paso acelerado y de la manera más descarnada.

Al ver que David estaba trabando conversación con una desconocida, una mujer, que parecía la cuidadora de aquél, se acercó hacia el lugar de la escena, y se dirigió a la alemana:

—¡Perdone, señorita! ¿Le está molestando el niño? —preguntó temerosa.

—¡No, que bah! Le estaba conociendo, es muy guapo y muy divertido.

—Por su acento, no parece usted de aquí.

—No, soy alemana —afirmó Erika, con un tono no disimulado de orgullo que tuvo un efecto contraproducente en el inicio de la nueva conversación.

—¡Ah!, entonces... ¡perdone! ¡Nos vamos ahora mismo! —exclamó la desconocida, mirando nerviosa a su alrededor.

—¿Qué le pasa? ¿Es qué no ha visto nunca a una alemana? No nos comemos a nadie, ¿sabe?

Es que... como ahora ocurren tantas cosas. Pero no le molesto más. ¡David! ¡Nos vamos! ¡Despídete ya de esta señorita! —conminó al pequeño con sequedad.

—Yo no quiero irme, ¡yo quiero jugar! —clamó éste lastimeramente, con esa cara enfurruñada que a veces ponen los niños, cuando se encuentran bajo el influjo de una emoción absorbente y no quieren dar su brazo a torcer.

—¡Tienes que hacer los deberes! —le reconvino su acompañante— Además, mamá te está esperando.

—¡Bueno! —asintió resignado, aunque luego pidió a la alemana—: Me gustaría que jugáramos otro día, tú debes de correr mucho.

Erika no sabía qué decir ni qué hacer. Sus pensamientos y sus sentimientos eran contradictorios. El hecho de que David fuera un judío actuaba como un repelente, como el ajo para un vampiro, algo que mentalmente era muy difícil de superar. Pero en su mente, ella no se sentía un vampiro y cuando miraba al niño, sólo veía a una criaturita inocente, ajena a los acontecimientos que se estaban desarrollando a su alrededor y que no acertaba a comprender. ¿Qué daño le podía hacer? Nadie los veía. «Además, ¡qué narices! ¡Si no estoy en Alemania! —pensó— donde jugar con un niño hebreo, si es que encuentras a uno, sería inimaginable en el estado actual de las cosas.»

Al final optó por una tímida resolución. Sonriéndole por primera vez, anunció:

—David, si me ves por aquí otro día, te prometo que jugaremos.

—¡Bien! —exclamó el niño dando saltos de alegría.

Luego, mientras tomaba la mano a su cuidadora, añadió:

—Si vienes a mi casa, te enseñaré mis álbumes de cromos, y cuando se había alejado unos cincuenta metros, se volvió, sonrió candorosamente y gritó a pleno pulmón: ¡Adiós!

—¡Adiós, David!—, gritó Erika a su vez, agitando su mano y sonriendo. En ese momento pensó que quizás nunca más volvería a ver a un niño que le había caído tan bien, a pesar de su pertenencia a la *raza maldita*.

Cuando volvió a casa, comentó a Elsa el *incidente*. Ésta lo abordó de un modo muy natural e hizo como si el hecho no tuviera importancia:

—¡Qué sorpresa! ¿Verdad, Erika? Y sin embargo es algo normal, ¡muy normal! La raza humana tiene a veces estas contradicciones. Por un lado es capaz de los mayores adelantos y heroicidades, por otro, de las mayores locuras. Luego, tomando una de sus manos y mirándola fijamente, añadió—: Son las pequeñas cosas agradables las que hacen que la vida sea llevadera, divertida... sentida. No debemos dejar que nos las roben, ¿no te parece? Pues al final, ¿qué es la vida? Sino un cúmulo, una sucesión de muchas pequeñas vivencias y de sólo algunas grandes, pero todas llenas de sentimiento. No somos máquinas, no somos sólo química o física; están también las emociones, que se entrecruzan y nos afectan desmintiendo a veces nuestras ideas.

—*Tante* Elsa, lo que dices me turba un poco... me inquieta. A veces pienso que me estoy contaminando con otros pensamientos, que mi estancia en París me está confundiendo.

—¡Qué bah, Erika! A mí me ha venido muy bien. No reflexiones tanto y ¡Vive! ¡Vive los pequeños momentos! ¿No te divertiste? ¿Hiciste daño a alguien?

—¡No! Pero... no me sentía cómoda. Notaba que algo dentro de mí se estaba desgarrando.

—No lo analices mucho, simplemente déjalo fluir. Hazme caso, no comentes nada a nadie y... escucha a tu corazón.

***

Metamorfosis

Los días pasaban y Erika, sin dejar de progresar en sus estudios de francés, empezaba a conocer la vida cotidiana del París ocupado. En la ciudad, las bicicletas habían sustituido en gran parte a los coches y ella, con la energía desbordante de sus 16 años, aprovechaba para pasear en ese medio, organizando circuitos cada vez más largos. También le gustaba ir al cine y asistir a los conciertos al aire libre que ofrecían las bandas de música de la Wehrmacht, haciendo las delicias de muchos parisinos, pues la música no distingue entre amigos y enemigos. La seguridad era enorme, así que no había nada que temer. De nuevo, una tarde, volvió a su lugar preferido, a la Place des Vosges. Se sentó y, ¡oh sorpresa! Allí, a sólo unos metros, se encontraba David, acompañado esta vez por una linda niñita que debía de ser su hermana.

—¡Andaaaaa!—dijo el niño acercándose tímidamente—. ¡Estás aquí! ¡Qué bien! Ahora podremos jugar, como me prometiste. —Y Erika, esta vez, no se pudo negar.

Ante los ojos sorprendidos de la mujer que acompañaba a los niños y que asistía, un tanto perpleja, a una situación que en otras épocas más felices habría sido completamente normal; Érica, David y su hermana estuvieron corriendo y tirándose los tres la pelota, hasta la extenuación. Pero como todo lo bueno, también los juegos y las risas se terminan. Cuando ya empezaba a anochecer y había que volver rápidamente a casa, llegó el momento de la despedida. De nuevo el niño y ahora también la niña se resistían:

—¡Tienes que visitarme! —le exigió David con voz lastimera—. Vivo cerca de aquí, en una casa grande. Si vienes te enseñaré mi colección de soldados de plomo, también mi álbum de cromos, y mis juguetes y...

—¡David! —le interrumpió Erika suavemente, al tiempo que acariciaba los bucles de su cabello—. Yo no conozco a tus padres. ¿Qué van a pensar de mí, una desconocida, si me presento en tu casa sin más?

En ese momento, Juliette, la mujer que acompañaba a los niños, y que hasta entonces se había mantenido distante, intervino en la conversación.

—No se preocupe, señorita, nosotros tampoco nos comemos a nadie —se atrevió a decir.

—Ya lo veo, no tiene que darme explicaciones pero, en fin... no me parece correcto.

—El 29 de junio celebramos el cumpleaños de David y estaremos encantados de recibirla. Vivimos en la Rue des Rosiers —la Calle de los Rosales—. No está lejos de aquí y no tiene de qué preocuparse.

—Pero, ¿usted es familia de David o...?

—Soy una amiga de su madre. No tengo hijos, pero quiero mucho a David y a Catherine. Cuando las circunstancias me lo permiten, salgo con ellos a dar una vuelta. Es lo menos que puedo hacer por estos niños, por la familia... que lo está pasando tan mal.

—No le prometo nada; a lo mejor me paso —concluyó Erika.

—¡Qué bien! —exclamó el niño, mientras con sus bracitos se abrazaba a la alemana, que se quedó petrificada sin saber cómo reaccionar.

—¡Vale, David, vale ya! — se quejó... pero no se separó de él.

Finalmente, los tres abandonaron el parque, quedándose Erika llena de angustia pero al mismo tiempo contenta, pues mientras jugaba con los niños, ¡horror! No se había acordado de nada, simplemente había disfrutado, había vivido el presente. «Esa era la clave, pensaba, vivir el presente.» Eso era lo que le habían enseñado esos niños: alejarse de las preocupaciones, los pensamientos condicionados y los prejuicios que tantas veces impiden a las personas relacionarse, y por el contrario, dejar fluir las sensaciones y sobre todo los sentimientos. De vuelta a casa y durante la cena, Erika se lo comentó a Elsa, a quien la idea gustó, aunque ésta también le previno:

—Me parece bien, pero como ya te he advertido antes, no se lo digas a nadie. ¡No hagas ningún comentario! Los miembros de la Gestapo sospechan de los alemanes que congenian con los judíos. ¡Que no se te olvide nunca, Erika! Tú simplemente, apareces por ahí, sin darle mayor importancia —aconsejó, poniéndose muy seria.

—*Tante* Elsa, todo esto me confunde... me rompe los esquemas. Yo pensaba que sería incapaz de hablar con ellos, pero lo cierto es que, por más que lo intento, no siento ningún odio. *Das ist ganz komisch* (Esto es muy gracioso), pero David es un niñito, ¡tan majo! Que el esfuerzo merece la pena.

—Es que no se puede odiar por decreto, que es lo que ha pretendido Hitler con vosotros.

—Me da escalofríos que digas eso. Soy una buena nacionalsocialista.

—¡Dejémoslo, Erika!, ¡no se hable más! Irás a la fiesta de cumpleaños de David y le compraremos un regalo.

El 29 de junio, que caía en domingo, la alemana se presentó en la dirección que le había dado Juliette, en pleno barrio judío. La portera del inmueble le preguntó a donde iba y ella le contestó, con toda naturalidad, que traía un paquete para David de parte de unos conocidos suyos. Subió al piso donde vivían y llamó a la puerta. Una mujer de mediana edad, que debía de ser su madre, la recibió.

—Usted es Erika, ¿verdad? David me ha platicado mucho de los juegos en el parque. Pero, ¡pase!, ¡pase!, ¡no se quede ahí! —exclamó con alegría y firmeza. Una vez dentro, a salvo de los oídos de los vecinos, con quienes era conveniente tener cuidado, añadió—: A David le va a hacer ¡mucha ilusión! que haya venido usted.

En efecto, el niño acudió a saludarla y le dio un beso al tiempo que la abrazaba:

—Ya sabía que ibas a venir. Ahora —continuó cogiéndole de la mano y tirando de ella—, te voy a enseñar mi cuarto y mi colección de recortables. ¿Sabes contar cuentos?

—¡Caray con el niño! Acabo de llegar y ya no me dejas hablar con los demás— le recriminó Erika, en tono cariñoso.

—¡Bueno! Pero luego vienes conmigo y con mi hermanita. Ya soy mayor. He cumplido 8 años, ¿sabes?

La familia Goldenberg estaba formada por cuatro personas: los padres de David, su hermana Catherine y el niño. Aunque hubieran podido abandonar el país años atrás, habían decidido quedarse en París, pues eran franceses y se sentían franceses. Lo cierto es que todavía confiaban en que nada malo les iba a ocurrir, a pesar de la aplicación progresiva y opresiva de unas leyes racistas, que condicionaban y llegaban a limitar hasta las actividades más elementales de la vida diaria.

Al principio temerosas, por la presencia en la celebración de una chica alemana, no judía, las personas que habían acudido a la fiesta se fueron congraciando lentamente con la recién llegada.

—Es una época muy difícil para nosotros aquí en París —reconoció el padre de David, un afamado médico.

Antes no había ningún problema. Nos iba muy bien. Yo trabajaba en el hospital y además tenía una consulta pediátrica en casa. Pero eso ahora es ciencia ficción; desde abril de este año la situación se está agravando mucho. Lo más duro es haberme prohibido ejercer mi profesión y tener que cerrar la consulta. Además —prosiguió—, los movimientos en la cuenta bancaria mía y de mi mujer han sido limitados a la retirada de pequeñas cantidades, sólo para nuestra subsistencia. También nos han confiscado las radios que teníamos. Cuando se acabe el dinero que nos queda, no sé qué vamos a hacer, pero todavía tengo esperanzas de que esto cambie. ¡Menos mal que tenemos el apoyo de algunos amigos de verdad! ¡Franceses como nosotros! —resaltó con orgullo—. Pero tú eres casi una niña y te estoy aburriendo con cosas de mayores... perdona.

—Yo no sé qué decir... La verdad es que ustedes no han hecho nada malo. *Es tut mir so leid* (lo siento tanto) —confesó Erika a la que, por momentos, invadía un sentimiento de culpa.

La velada transcurrió entre cánticos y juegos, con una alegría desbordante que compensaba las miserias de un día a día cada vez más difícil y amenazante. Erika estuvo jugando mucho rato con los niños. Los mayores, más tranquilos, pusieron algunos discos que todavía conservaban los Goldenberg, o que se habían traído para la ocasión. Las canciones de Rina Ketty, en especial el tango Si tu reviens (Si vuelves), o las del tenor Tino Rossi, que entonces estaba muy de moda, como Tristesse (Tristeza), J´attendrai (Esperaré) y la más moderna Belami, emocionaron a más de uno, recordando los tiempos anteriores a la guerra. El Hava Nagila (Alegrémonos) fue cantado por todos ante los ojos sorprendidos de Erika, a quien una melodía, tan optimista y alegre, cautivó. A la hora de irse, le costó mucho despedirse de David y Catherine. Les veía ¡tan felices aquel día! Eran como dos brillantes estrellas del firmamento, y la habían conquistado.

Durante las semanas siguientes, como la cosa más natural del mundo, empezó a visitarlos con asiduidad. Les llevaba fruta fresca; café que había conseguido en el mercado negro y que sustituía a la achicoria; chocolate, y otros alimentos y artículos de primera necesidad o muy difíciles de conseguir. Poco a poco, una red de complicidad se fue tejiendo entre ella y los Goldenberg, con quienes se sentía muy a gusto y compartía los mejores y los peores momentos. ¿Quién iba a decirle a ella que una familia del pueblo hebreo, tan odiado por el régimen, acabaría convirtiéndose, junto con su madre, su hermano Willy y *Tante* Elsa, en el centro de sus afectos?

La vida da a veces tantas vueltas que aquello que menos esperamos, o que incluso rehuimos, ocurre, cambiando nuestros pensamientos por la vía de las emociones.

**

A medida que los meses pasaban, Erika se iba adaptando cada vez mejor a la vida parisina, y trataba de integrarse en nuevos círculos de amistades. Pero su lugar preferido seguía siendo el barrio judío, por donde le gustaba mucho pasear. Si bien al principio, el hecho de que fuese alemana provocaba recelos, luego, poco a poco, los corazones se le fueron abriendo. Siempre que visitaba a los Goldenberg se daba una vuelta por la Calle de los Rosales.

Lo primero que hacía era tomarse un té en la Cafetería Polonesa, en el número 27. Luego visitaba sus tiendas preferidas, con el fin de conseguir algo que llevar a la familia. Entraba en las carnicerías de Adolph, en el número 52, o en la de Kutzinski, esquina con la calle Hospitalières de Saint Gervais, aunque los mostradores tenían poco que ofrecer. Enfrente, se hallaba Chez Marinette, un restaurante *routier* —de viajeros— donde, cuando había viandas, daban bien y barato de comer; entonces Erika aprovechaba para invitar al matrimonio con los niños. Al final de la calle, en la tienda de tabaco que hacía esquina con la Rue du Temple, cuando había algo de picadura, la adquiría para el padre de David. Sin poder trabajar y saliendo poco de casa, el tabaco era una de sus consolaciones. El establecimiento de ultramarinos de Simón, que en el Yom Kippur –el día del arrepentimiento– se especializaba en la venta de carne de ave a todo el barrio, era otro de sus lugares preferidos, pues solía quedarse hablando bastante rato con el dueño, un hombre muy simpático, y sus dependientes. Por último, antes de subir al departamento de sus amigos, iba a visitar a los Finkelsztajn, que regentaban una panadería y una charcutería muy concurridas en el barrio. Todo un universo de vida y de cultura que hacía las delicias de Erika, por su curiosidad innata y por haber disipado de su mente, en gran parte, los prejuicios que le habían inculcado en Alemania contra los judíos.

Uno de los aspectos que más le impresionó era el afán que tenían estos porque la población infantil recibiese una buena educación. El colegio de la calle Hospitalières Saint Gervais, casi esquina a la Calle de los Rosales —desde donde 260 niños serían deportados a los campos de exterminio, entre 1943 y 1944—, y la Escuela Laboral del número 4 de esta calle, daban buena fe de ello.

Pero la situación general de los judíos parisinos, y en particular de la familia de David, se fue complicando. El cerco amenazador de la Hidra nazi, con su aliento venenoso, se iba cerrando poco a poco sobre una población que todavía albergaba algunas esperanzas de que las cosas no fuesen a peor.

El punto de inflexión de este proceso lo constituyó la Ordenanza de 10 de diciembre de 1941, de la Prefectura de Policía de París, denominada eufemísticamente *Ordonnance relative au control des juifs* —Ordenanza relativa al control de los judíos—. En dicha norma, se obliga a todos los judíos del departamento del Sena a someterse a controles periódicos a través de convocatoria pública o individual; a exhibir, cuando sean requeridos, su tarjeta de identidad donde conste sellado y de *manera muy evidente* la palabra *juif;* a declarar los cambios de domicilio y los desplazamientos fuera del departamento, que sólo serán autorizados en casos excepcionales; a comunicar a la prefectura de policía los cambios de la situación familiar: nacimientos, matrimonios, fallecimientos, etc.

Adicionalmente se establecen otras medidas restrictivas, incluso para los no semitas, que deberán declarar sobre la identidad y otros extremos de los judíos que alberguen, etc., etc., etc. Lo que se pretende, en definitiva, es confinarlos y tenerlos localizados en todo momento. La responsabilidad por incumplimiento puede ser sancionada administrativa y penalmente o incluso con medidas de internamiento.

El cerco físico es acompañado de fuertes sanciones económicas, como la establecida por la Ordenanza de 14 de diciembre de 1941, que impone a la población judía francesa una multa de mil millones de francos. Pero ya antes, desde julio de 1940, por orden directa de Hitler y a través del ERR, el *Einsatzstab Reichsleiter Rosenberg* o equipo de intervención del dirigente del Reich Rosenberg —en el segundo nivel político del Partido Nazi—, se habían tomado otras medidas expropiatorias. Entre ellas, el expolio sistemático de las obras de arte, las bibliotecas y las colecciones privadas pertenecientes a los judíos que, en París, son depositadas en el Museo del Louvre y en la Galería Nacional del Jeu de Paume, para luego ser transferidas a Alemania.

Como medida de acompañamiento, una intensa campaña de propaganda antisemita es puesta en marcha por las autoridades de ocupación con la colaboración del Gobierno de Vichy. Éste, a iniciativa propia, ya se había adelantado a los nazis en la aplicación de medidas represivas mediante la aprobación del Estatuto de los Judíos, el 3 de octubre de

1940. Dos ejemplos patentes de la publicidad antijudía son dignos de destacarse: la exhibición del film, El judío Süss, del director alemán Veit Harlan, cuyo estreno mundial tiene lugar en la Bienal de Venecia, el 5 de septiembre de 1940, y la inauguración en París, el 5 de septiembre de 1941, en el Palais Berlitz, situado en el Bulevar de los italianos, de la exposición denominada *Les juifs et la France*, organizada por el Instituto para las Cuestiones Judías.

Al año siguiente, el ambiente hostil se vuelve todavía más asfixiante. Así, la Ordenanza de 7 de febrero de 1942, del Gobernador Militar Alemán para los territorios ocupados, Otto von Stülpnagel, establece el toque de queda para los judíos: desde las ocho de la noche hasta las seis de la mañana del día siguiente, así como la prohibición de cambio de residencia.

Para hacer más visible el escarnio, la Ordenanza de 29 de mayo de 1942 obliga a todos los judíos, a partir de los seis años de edad, a llevar una estrella amarilla de seis puntas, de forma muy visible y a la altura de la parte izquierda del pecho. Además, para que no cupiera ninguna duda sobre la pertenencia de su portador al pueblo hebreo, la palabra *Juif* debía figurar en el centro de la estrella y en color negro. A partir de ese momento, la condición de judío, que en parte se podía ocultar en una gran ciudad como París, se hace pública. De esta manera, se incrementaba el control y se atemorizaba aún más a los perseguidos, facilitándose la acción de los fanáticos y los cobardes, que aprovechan estas situaciones para ensañarse con quienes se hallan en inferioridad de condiciones y no pueden reaccionar.

Erika, por su relación con los Goldenberg, vivía intensamente todos estos cambios, y su adoctrinamiento nacionalsocialista empezaba a hacer agua. Al principio, no podía, o no quería entender lo que estaba pasando. Sus padres, que eran católicos, no le habían enseñado a odiar, y la educación de sus primeros años de vida pesaba mucho. Por eso, y para tranquilizar un poco su conciencia, pensaba que se trataba de medidas pasajeras; que luego el régimen, cuando acabara la guerra, las suprimiría y todo volvería a la normalidad.

—*Tante* Elsa, creo que nos estamos pasando con los hebreos. Yo no veo que hagan mal a nadie. Todo eso que me han enseñado sobre la raza maldita y sus efectos perniciosos, ya no lo siento así. Son personas normales, como nosotros, algunos muy simpáticos, otros serios o antipáticos. Además, son gente culta y pacífica... No se meten con nadie y se ayudan mucho.

—¡Vaya, Erika! Parece que ya te estás dando cuenta de lo que está ocurriendo. Ahora te queda ascender de las emociones a la razón. Pero todo se andará, eres una niña, perdón... quiero decir, una jovencita, ¡muy inteligente! La pena es que no puedas quedarte más tiempo aquí.

—Mamá me necesita y también Willy. Aunque no lo veo mucho, no dejo de pensar en mi hermano. No se pueden hacer planes, *Tante* Elsa. ¿Te acuerdas nada más llegar a París, cuando hablaba con él por teléfono, día sí y día no? Al final no pudimos ni despedirnos. Su unidad partió para el maldito Frente del Este. Ahora sólo sabemos de él por el *Feldpost* —el correo militar—, por sus telegramas, y por lo que me cuenta mamá por teléfono o cuando he podido ir a verla. Pero cada vez que llega una carta o hablo con mami... estoy temblando. ¡Maldita guerra! ¡Cuánta sangre y dolor está provocando!

Como Elsa vio que Erika se ponía muy triste, cambió rápidamente de tema:

—Pronto estarás de vuelta en Alemania. Ya casi tienes 17 años. ¡Podrás reanudar tus estudios! ¿Tienes pensado algo al respecto?

—No hay muchas opciones. Trataré de entrar en la universidad, pero todavía no he decidido lo que voy a estudiar. A papá le hubiese gustado algo relacionado con la economía... pero ya veremos. Ha sido una suerte poder estar aquí contigo... me has enseñado el idioma y no sólo eso, ya sabes...

—Me alegro de que tu estancia haya sido útil. Las dos hemos aprendido y tú, en particular, has madurado en muchos aspectos.

—¡Gracias, *Tante Elsa*! ¡Gracias por todo! Pero no puedo dejar de pensar en David y su familia... Ellos también me necesitan. La comida escasea y ahora, sin trabajo, sin dinero, y sin poder ocultar su condición de judío, cada vez tienen más dificultades.

—Pues eso lo ha hecho tu querido (!) Hitler. Lamento decírtelo, pero es la verdad... Es así.

—No sigas, lo que dices me hace daño. ¡Seamos prácticos! Quiero pedirte un favor muy grande, desde mi corazón. Prométeme que, cuando yo ya no esté en París, vas a ir de vez en cuando a casa de los Goldenberg, a estar un poco con ellos, llevarles comida y lo que necesiten. No me iré tranquila si no me lo aseguras. Pensar que David y Catherine se pudieran morir de hambre, me destroza el alma.

—Te lo prometo. Mientras me sea posible, les ayudaré. Sabes que me caen muy bien; son unos seres humanos alegres y maravillosos, y no es justo lo que les está pasando.

El mes de junio de 1942 estuvo plagado de acontecimientos gozosos en la vida de Erika. Primero fue la celebración de su cumpleaños, el 6 de junio, nada menos que 17 años, toda una mujercita. Luego el de David, el 29 de junio. ¡Cuán rápidamente había pasado el año! ¡Cómo habían cambiado las cosas en el mundo! En cuestión de meses, la situación en Europa, en el norte de África y en el sur del Pacífico, se había transformado radicalmente.

En el Frente del Oeste, después de abandonar Hitler sus planes de invadir Inglaterra, cancelando la Operación León Marino, y suspender la Operación Félix para la ocupación de Gibraltar, las cosas estaban tranquilas. El escenario bélico se había desplazado al sureste de Europa y a África. En estos frentes, las tropas alemanas también salen victoriosas. En febrero de 1941, Rommel, con su Afrikakorps —el cuerpo de ejército para África—, desembarca en Libia. En abril, los alemanes invaden Yugoslavia y Grecia; Atenas es tomada el día 27. La isla de Creta, donde se atrincheran las tropas inglesas, huidas del país helénico, es invadida el 20 de mayo por los paracaidistas del general Student y conquistada en pocos días. Estas ofensivas, que algunos denominan *la Distracción de los Balcanes*, retrasarán las acciones en Rusia que no empiezan hasta el 22 de junio de 1941.

Ese día veraniego, el mundo se estremece de nuevo: la Wehrmacht, inaugurando el Frente del Este, inicia la Operación Barbarroja invadiendo el imperio de Stalin. Al principio, las tropas germanas cosechan grandes éxitos y son casi capaces de tomar Moscú. Lo intenta el cuarto ejército pánzer que, el 21 de noviembre de 1941, se queda a sólo 30 kilómetros de la capital soviética. En diciembre se suspenden las operaciones por la crudeza del invierno, con temperaturas que superan los 40 grados bajo cero. Pero en mayo de 1942, la Wehrmacht reanuda sus operaciones. El 1 de julio, las tropas de Von Manstein conquistan Sebastopol. En Crimea, el 21 de agosto, los cazadores alpinos de Von Kleist escalan el monte Elbrus en el Cáucaso; el 27 de agosto, alcanzan el río Térek, a 120 kilómetros del Mar Caspio: su máximo avance. En septiembre, el Sexto Ejército del general Friedrich von Paulus inicia su ataque contra Stalingrado. 1942 será, de este modo, el año de las últimas grandes victorias de las fuerzas del Eje.

En el Océano Pacífico, los japoneses, que ya ocupaban

Indochina y parte de China, atacan a Estados Unidos el 7 de diciembre de 1941, en la base naval de Pearl Harbor, provocando que estos les declaren la guerra. Inicialmente, la expansión del ejército imperial es imparable. Las Islas Filipinas, Hong Kong y Malasia son atacadas simultáneamente. Tailandia es ocupada sin prácticamente resistencia. Hong Kong es tomado el 25 de diciembre. El 15 de febrero de 1942 cae Singapur y el orgullo del Imperio Británico es mancillado de nuevo con una severa derrota que, además, con el hundimiento de los acorazados Prince of Wales y Repulse, implica la práctica desaparición de la flota británica en esas latitudes. En mayo del mismo año, Estados Unidos capitula en Corregidor y las Islas Filipinas caen en poder de los japoneses. La siguiente ficha en el dominó será Nueva Guinea y después Australia, pero primero la batalla del Mar del Coral, y luego, el 4 de junio de 1942, la batalla de Midway, frenan la expansión del Japón. A pesar de ello, el Imperio del Sol Naciente ocupa la mayor parte de las antiguas colonias occidentales del Mar del Pacífico, habiéndose adherido al Pacto de Acero entre Alemania e Italia, el 27 de septiembre de 1940. Con este tratado, el Japón formaliza su hegemonía para establecer un nuevo orden en Asia Oriental.

**

Aunque Erika no podía disimular su orgullo por el avance de los invictos ejércitos alemanes, la otra cara de la moneda, la de la persecución y la represión, que ahora ella en París empezaba a ver con claridad, le turbaba llegando incluso a poner en cuestión su adhesión entusiasta al régimen. Ya no estaba tan convencida y se estaba desengañando. Lo que empezaba a importarle de verdad era lo que pasaba a su alrededor, más que las soflamas patrióticas, las grandes y vistosas ceremonias, o los documentales cinematográficos. El más importante de estos era el Deutsche Wochenschau, noticiario alemán que semanalmente era proyectado en los muchos y grandes cines que había en

París y, por supuesto, en los *Soldatenkinos* —los cines para soldados alemanes.

El segundo cumpleaños de David no fue tan alegre como el primero. Erika sentía ya próxima su vuelta a Alemania y, aunque estaba ilusionada, no podía evitar que una parte de su corazón se quedase en Francia, con *Tante* Elsa y la familia Goldenberg, a la que se sentía muy próxima. Cuando llegó la hora de despedirse, lo pasó muy mal. No quería que David y Catherine la viesen llorar; así que trató de contenerse y aparentar la mayor naturalidad:

—Ahora, David, tienes que ser un niño muy fuerte. Ya tienes nueve años, ¡qué barbaridad! Tus padres están orgullosos de ti, y yo también. Me tengo que volver a Alemania con mi mami, pero te voy a echar mucho, mucho de menos...

—¡No quiero que te vayas! —le interrumpió David, enfadado—. ¡Se lo voy a decir a mamá! Tú no te puedes ir, Erika. ¡Quiero hacer los deberes contigo! Ahora, si hay que estar de vuelta en casa antes de las ocho de la tarde, ¿con quién voy a jugar?

—Pueden venir otros niños y niñas. Además está Juliette.

—No es lo mismo; tú corres mucho y me cuentas unos cuentos muy bonitos. Además me has regalado un tren eléctrico Märklin, tenemos que viajar mucho con él.

—Te prometo que voy a volver a verte, ¡pronto!, ¡muy pronto! —recalcó Erika que, a duras penas, podía contener la gran tristeza que le atenazaba—. Te voy a escribir y contar las cosas que hago en Alemania, mis cartas te las traerá una amiga mía. ¡Volaremos juntos con nuestra imaginación! Tienes todos los cuentos que te he contado. Allí estoy yo... estamos los dos y tu hermanita. Cuando quieras verme, te metes en uno de ellos y hablamos. Entonces, serás feliz.

Pero todos los intentos fueron en vano. David y Catherine, que rompió a llorar la primera, no querían separarse de su amiga. Finalmente, sus padres tuvieron que intervenir: los hicieron callar y despedirse cortésmente de la alemana, agradeciéndole sus atenciones.

Al abandonar la casa, a Erika, que lloraba desconsolada, le dio un vuelco el corazón y, por un instante, pensó desesperanzada que ya nunca más volvería a ver a los niños, a la familia Goldenberg... a sus amigos de la Calle de los Rosales.

**

El 8 julio de 1942, estando la menor de los Meinhof ya de vuelta en Alemania, las últimas medidas restrictivas, *las últimas vueltas de tuerca*, se toman en Francia, y particularmente en París, contra los judíos. Concretamente, se les corta el teléfono y sólo se les permite el acceso a los grandes almacenes y tiendas de 3 a 4 de la tarde, cuando prácticamente todos los comercios están cerrados. Son los prolegómenos de la gran tragedia que sucederá unos días después. El 16 y el 17 de julio de 1942, como figura en la placa conmemorativa erigida en el lugar donde estaba el Velódromo de Invierno, se produce en la capital un arresto masivo de hombres, mujeres, y niños judíos de todas las edades. Ese día ominoso recibe el nombre de la Raffle du Vel d´Hiv (la Redada del Velódromo de Invierno).

Sólo en París, más de 13000 personas (exactamente 13152 según las cifras de la policía), entre ellas muchas familias enteras, son forzadas a abandonar sus viviendas en escasos minutos y prácticamente con lo puesto. A instancias de los muy eficaces gendarmes franceses, sobre los que recae el peso principal de toda la operación, cada persona arrestada no puede llevarse más que una manta, un jersey, un par de zapatos y dos camisas. Alrededor de siete mil son confinadas inmediatamente y *sin ninguna contemplación*, en las instalaciones del velódromo. Las demás son trasladadas al campo de concentración de Drancy, un barrio del noroeste de París.

En ambos casos, se trata de la antesala de los campos de exterminio nazis hacia donde, pronto, son deportadas y asesinadas en su casi totalidad. En el velódromo de invierno, antes de la partida hacia su destino fatal, deberán soportar cinco días de tortura: ningún tipo de alimentación, un solo punto de agua, y dos médicos. Algunos hombres y mujeres se suicidan; otros, que intentan escapar, son ejecutados *in situ*.

***

La Compañía 150

El otoño de 1943, la Wehrmacht —el nombre con el que se designaba a las fuerzas armadas alemanas durante la época nacionalsocialista— se encontraba en una situación muy delicada. En el amplísimo Frente del Este, su declive había comenzado ese mismo año. El 2 de febrero, el recién nombrado *Generalfeldmarschall* —General y Mariscal de Campo— Friedrich von Paulus, desobedeciendo las órdenes de Hitler, y después de pagar un altísimo precio en sufrimiento y en vidas humanas, se había rendido a las tropas de Stalin.

Se sellaba así el destino de los restos del Sexto Ejército, que no había protegido adecuadamente sus flancos, siendo rodeado por los rusos en la llamada operación Urano. Es el final de la batalla de Stalingrado, a la que muchos calificarían como un infierno: Die Hölle von Stalingrad —el Infierno de Stalingrado—. En los furiosos combates que allí tuvieron lugar, más de setecientas mil personas perdieron la vida.

Los aproximadamente noventa mil soldados supervivientes, de los trescientos mil que integraban inicialmente el cuerpo de ejército, marcharon en muy malas condiciones hacia un durísimo cautiverio. La antaño orgullosa Wehrmacht, y sobre todo Hitler, habían recibido un golpe material y moral del que ya no podrían reponerse.

En los demás escenarios bélicos, la situación para los alemanes tampoco era muy halagüeña. En mayo de 1943, las tropas de Rommel capitulan en África; El 10 de julio, los aliados desembarcan en Sicilia; el 24 de julio, el Gran Consejo Fascista vota en contra de Mussolini, que es arrestado al día siguiente. La apertura del Frente Sur en la Península Itálica, a la que Churchill denominaba despectivamente *El suave vientre de Europa* —expresión que luego se revelaría desacertada por la encarnizada defensa de las tropas alemanas—, complica, aún más, la angustiosa situación del ejército alemán en las inmensas estepas rusas y ucranianas.

La consecuencia del desembarco es doble: el *Führer* decide poner término a la batalla del saliente de Kursk, en Rusia, donde el ejército germano pierde más de 500 000 hombres y 1000 tanques; en segundo lugar, ordena trasladar algunas divisiones desde aquella zona al nuevo escenario sur europeo. Sobre el terreno, las defensas, ya de por sí muy diseminadas, se espaciaron y debilitaron aún más en un inmenso Frente del Este que se extendía desde los Países Bálticos hasta el Mar Negro. En estas circunstancias, la intendencia experimentaba graves dificultades para abastecer a unas tropas agotadas por los intensos combates que tenían lugar de forma totalmente despiadada.

En el Frente Oriental, los enfrentamientos se caracterizaban por la constante violación de los Acuerdos de Ginebra de 1929 sobre protección a los prisioneros de guerra. La *Kommissar Befehl* —orden de los comisarios— de Hitler, que ordenaba la ejecución inmediata de los comisarios soviéticos prisioneros, era sólo una muestra de la barbarie imperante. También lo era el terror impuesto por Stalin entre sus tropas.

**

A mediados de octubre de 1943, una compañía de infantería no motorizada de la Wehrmacht, la número 150, integrada en la división nº 4 del Grupo de Ejércitos Sur y bajo las órdenes del *Hauptmann* —capitán— Wilhelm Meinhof, se encontraba atrincherada a unos cien kilómetros al sur de Kiev. Las lluvias de otoño habían embarrado los caminos que comunicaban entre sí a las distintas unidades. Las primeras heladas, aún soportables, anticipaban el intenso frío de noviembre cuando el mercurio bajaba de cero.

En la zona donde se encontraba el destacamento, el frente todavía se hallaba tranquilo. Sin embargo, más hacia el Norte, tras los desastres de Stalingrado y Kursk, las tropas alemanas se batían de nuevo en retirada acosadas por los soviéticos, primero en el sector de Smolensko, con el fin de reconquistar Bielorrusia y disminuir la presión sobre Moscú, y luego más al Sur en las orillas del Dniéper. Por orden directa de Stalin, esta última ofensiva, una de las más sangrientas de la guerra, tenía entre sus objetivos principales la toma de Kiev antes del 7 de noviembre, día del aniversario de la Revolución Bolchevique.

La unidad comandada por el oficial Meinhof había sido fuertemente diezmada y varias veces reconstituida, como ocurría con la mayoría de las que luchaban en el Frente Oriental. Si al principio de la Operación Barbarroja contaba con doscientos setenta soldados, ahora sus efectivos habían quedado reducidos casi a la mitad. Sin contar al capitán y al *Oberleutnant* —teniente— Maximilian Engel, herido de gravedad y convaleciente en un hospital de Berlín, la compañía estaba compuesta por 140 hombres, encuadrados en dos secciones que dependían directamente del primero.

Las secciones estaban divididas en pelotones, dirigidos por los *Feldwebel* —sargentos— y cada pelotón contaba con varias escuadras, bajo el mando de los *Gefreiter,* es decir, de los cabos. Con un contingente tan reducido, el protagonismo en la batalla correspondía sobre todo a las escuadras. Aquí es donde se encontraba la fuerza real de la compañía. Su armamento y su distribución sobre el terreno eran claves para abortar un ataque enemigo.

Por insistencia del capitán Wilhelm Meinhof ante sus superiores, en especial frente al coronel Barón Ludwig von Heusenberg, a cuyo regimiento él pertenecía, la compañía había incrementado considerablemente su potencia de fuego. Disponía de un mayor número de escuadras de mando, con morteros de 50 y 80 milímetros, y de otras, dotadas de lanzagranadas y elementos antitanque, como las minas y los famosos *Panzerfaust,* armas portátiles que disparaban proyectiles capaces de perforar la coraza de los temibles carros de combate rusos T34.

Sin más oficiales que el propio Wilhelm, la comunicación con la tropa se basaba en el entendimiento con los sargentos y los cabos. Era muy conveniente que la relación personal, en un contexto bélico donde las decisiones tenían un coste en heridos o vidas humanas, fuese la mejor posible. En realidad, la fuerza psicológica de la compañía giraba de forma primordial alrededor del capitán, del *Oberfeldwebel* —sargento mayor— Klaus Zimmermann, que ahora ejercía funciones de teniente, de los sargentos Gerald Funke y Thomas Schulze, y del cabo Walter Schuhmacher.

Dentro de la tropa, eran los *Soldaten* —soldados— Hans Witzcke, Albert Bukovsky y Waldemar Simka, quienes inspiraban mayor confianza, y con quienes se contaba siempre para realizar las misiones más arriesgadas. En conjunto, el capitán Meinhof estaba muy satisfecho con el comportamiento y las prestaciones de su unidad, tan apreciada por otra parte en el cuartel general del regimiento. No en vano, el coronel Von Heusenberg había decidido que la compañía 150 funcionase como una avanzadilla, una especie de destacamento que eventualmente haría las veces de muro de contención y observatorio de la actividad enemiga, aunque tuviera que permanecer relativamente aislada.

Las acciones de patrulla, para vigilar los emplazamientos y movimientos de las tropas soviéticas; la toma de prisioneros, de *lenguas* para obtener información; y el hostigamiento a sus posiciones, en un afán de demostrar la fortaleza de un ejército alemán ya debilitado, eran las misiones que le habían sido asignadas. Estas pequeñas operaciones tenían lugar mientras una gran retirada, que ya se anunciaba inminente en todo el sector del frente, era organizada por el alto mando.

El único oficial al frente de la 150 era un hombre de mediana estatura, mentón prominente, pelo castaño, ojos azules, frente despejada y unas facciones muy proporcionadas. Su nariz, un poco respingona, unos hoyuelos que surgían en sus mejillas cuando sonreía, (y lo hacía a menudo) y sobre todo una mirada franca que no se apartaba de la de su interlocutor, singularizaban un conjunto atractivo que ganaba mucho en las distancias cortas. Todo ello lo coronaba una incipiente calva que le hacía parecer mayor de lo que era. Su cuerpo, de anchas espaldas y fuertes brazos, era el de una persona curtida por los ejercicios físicos, que no se amilanaba si había que arrimar el hombro en las faenas propias del ejército. Su espíritu de equipo, su resistencia a las marchas en las peores condiciones, dando siempre ejemplo de sacrificio y preocupación por el estado de sus hombres, así como su resistencia psicológica, le habían granjeado el respeto y afecto de sus soldados, aunque también la envidia malsana de algunos oficiales de las altas instancias o de compañeros de la misma graduación, que criticaban el excesivo desapego y autonomía de Wilhelm Meinhof. Su talón de Aquiles, que le venía de familia, era un afán perfeccionista, que a menudo le jugaba malas pasadas, junto con una tendencia a la evasión que, aunque controlada, podía desconcertar a los más próximos. Ese punto de enigma y de misterio le convertía en una persona interesante y difícil de clasificar.

Para Wilhelm Meinhof, al que sus allegados llamaban familiarmente Willy, los rangos en el ejército no importaban mucho, aunque fuese necesario mantener la disciplina. Lo que de verdad hacía bullir sus neuronas, lo que en realidad le ocupaba y obsesionaba, era conseguir, en la mejor tradición prusiana, que su compañía funcionase como una máquina bien engrasada, donde nadie sobraba, y donde cada hombre tenía bien asignadas sus tareas y sus funciones.

Obedecer era importante, pero Willy pensaba también que una orden, de por sí, no constituía ninguna ley y que pensar lo contrario era propio de estúpidos. Por eso animaba a sus hombres a tomar iniciativas, que redundaran en beneficio de la unidad, y que él luego valoraba y reconocía.

Su carrera militar había sido fulgurante. Al enfrentar sobre el terreno, con decisión y valentía, las peores situaciones, había sido condecorado en 1940 con la EK 2, la cruz de hierro de segunda clase, tras participar en la campaña de Polonia donde también obtuvo la promoción al empleo de sargento.

Restablecido de las heridas sufridas en la cabeza, que le dejaron una larga cicatriz en la sien izquierda, participó durante los meses de mayo y junio del mismo año en la expeditiva invasión de Francia. Allí forma parte del Heeresgruppe A —el Grupo de Ejércitos A de Von Rundstedt—, y es de nuevo herido en la región de Champaña, esta vez en una pierna, siendo ascendido a teniente por méritos de guerra.

En 1942, ya en Ucrania, obtiene la cruz de hierro de primera clase, la EK1. En agosto del mismo año, es promocionado al grado de Hauptmann —capitán— y es propuesto para la *Ritter Kreuz des eisernen Kreuzes* o cruz de caballero de la cruz de hierro. Así reconocía el ejército su capacidad de organización y la eficacia de sus iniciativas durante la campaña de Rusia, en la que había tomado parte desde su inicio, el 22 de junio de 1941.

Sin embargo, a diferencia de otros oficiales que se pavoneaban con sus condecoraciones, el capitán no era propenso a llamar la atención más de lo preciso. Algunos compañeros de su quinta le decían que se vendía mal, que así no llegaría a ningún sitio. Pero a Willy eso le traía sin cuidado y sólo en contadas ocasiones lucía sus medallas. Él quería, sobre todo, que acabara la maldita guerra, que sus soldados volvieran sanos y salvos a casa, que es de donde nunca debieran haber salido. ¡Esa sería su mejor medalla!

—Klaus, esta situación no me gusta nada —afirmó tajante el capitán Meinhof al dirigirse al *Oberfeldwebel* Zimmermann—. Hace dos días que tenemos averiada la radioemisora, y no entiendo cómo no mandan a alguien para darnos órdenes. Después de lo del oro, no sé a qué están esperando. Es posible que las comunicaciones por carretera hayan sido también interceptadas por el enemigo. Lo que no podemos hacer es quedarnos paralizados, como espantapájaros, a verlas venir.

—Capitán, estoy de acuerdo contigo —declaró el sargento que, a veces, tuteaba así al oficial y éste se lo permitía—. Creo que sería conveniente mandar a alguien al centro de mando del regimiento. Sin radio y sin teléfono, no nos queda otra —añadió mientras negaba con la cabeza.

—Klaus, estoy pensando lo mismo. ¡Ya no podemos esperar más! ¡Que vaya Hans! Es nuestro hombre más resistente. Si tiene que arrastrarse un día entero por el barro, es el que está mejor preparado.

Zimmermann era un holandés de 33 años. Alto y delgado, su mirada pensativa y profunda y su porte esbelto eran de los que llamaban la atención. Su esposa, con la que vivía en un suburbio de Hamburgo, era alemana. El matrimonio tenía dos hijas de corta edad, a las que Klaus adoraba. Cada vez que disfrutaba de uno de los escasos permisos que concedía la Wehrmacht a los combatientes del frente ruso, pasaba con ellas la mayor parte del tiempo.

La guerra le había tomado completamente por sorpresa. Licenciado en química por la Universidad de Leiden, en Holanda, había emigrado a Alemania en 1936, al ser contratado por una empresa especializada en la investigación y fabricación de materiales plásticos. El poliestireno, que empezaba a utilizarse a escala industrial, estaba de moda. Su desarrollo precisaba de técnicos, en especial de químicos debidamente preparados, y Alemania en este campo se llevaba la palma.

Como empleado extranjero, Klaus pensaba que en esta guerra podría escurrir el bulto, pero finalmente, casado con una alemana aria, no tuvo más remedio que presentarse a la oficina de reclutamiento. Las murmuraciones de los vecinos, los comentarios en la empresa, y las presiones de sus familiares alemanes, hacían que su situación fuese insostenible.

Hombre ilustrado, muy inteligente y un tanto escéptico, era sobre todo un amante de la lectura, especialmente de la Historia y de las artes en general. Paradójicamente, la guerra, a pesar de toda su crudeza, le había permitido cultivar su afición artística. Cuando estuvo en París, poco después de la ocupación alemana, que tiene lugar el 14 de junio de 1940, no había semana en que no visitara el museo del Louvre o las galerías donde se exponían las principales obras de los impresionistas. Era un poeta hecho soldado o un soldado-poeta. Disfrutaba de sus momentos de ocio escribiendo versos y pequeños relatos, que le gustaba leer a sus camaradas, y a éstos escucharle.

Maldecía a Hitler en silencio, como muchos alemanes, por haberles metido en una guerra imposible de ganar. Después del desastre de Stalingrado y de la declaración de *Guerra Total* por el Ministro de Propaganda del Reich, Joseph Goebbels, el 18 de febrero de 1943 en el Palacio de Deportes de Berlín, ya nadie se hacía ilusiones sobre la victoria en un conflicto que estaba desangrando al pueblo alemán, llenándolo de viudas y huérfanos.

El *Oberfeldwebel* abandonó la caseta del capitán y recorriendo la trinchera donde se parapetaban los soldados, se dirigió al puesto que ocupaba Hans en un extremo de la posición. La mayoría de la tropa estaba sentada en rústicas banquetas de madera o montículos de piedra, charlando o fumando un pitillo o una pipa. Al mismo tiempo, la música de un gramófono entonaba melodías que no eran precisamente militares, sino más bien sentimentales. Heute

Nacht oder nie (Esta noche o nunca), tan en boga en aquella época, transportaba a los soldados a un pasado que idealizaban. Por su parte, Lili Marleen, en versión de Lale Andersen, causaba furor, no sólo entre las tropas alemanas, sino también entre las aliadas. Esta canción, junto con We´ll meet again (Nos veremos de nuevo) de Vera Lynn, se había convertido casi en un himno romántico que a los soldados de todos los frentes de batalla les gustaba escuchar; aunque Hitler considerase que la melodía no contribuía a incrementar la moral de la tropa, sino todo lo contrario.

Algunos hombres se aprovechaban de la calma reinante para preparar telegramas, escribir a sus familiares, a sus novias, a sus madrinas de guerra, o jugar a las cartas. Otros, finalmente, estaban ensimismados en la lectura o en sus pensamientos, a menudo melancólicos. Entretanto, los vigías de trinchera y los que cubrían puestos avanzados, dotados de periscopios y de potentes gemelos de campaña, observaban sin tregua al enemigo, prestos a avisar de cualquier movimiento sospechoso. Toda precaución era poca, había que evitar sorpresas desagradables en un frente donde lo habitual era exterminar sin piedad al vencido.

Los *Einsatzgruppen*—grupos operativos de las SS—, con la ignorancia, la pasividad del ejército regular, o incluso en algunos casos con su apoyo, eran particularmente crueles con los prisioneros soviéticos. La propaganda de los años anteriores, basada en los delirios racistas del nacionalsocialismo, había sido muy denigratoria contra los eslavos. La consecuencia de esa política era que, en el Frente del Este, no se aplicara ningún tratado internacional para respetar la vida de los soldados. Si caían en manos del enemigo, ya fuese ruso o alemán, se les dejaba a su suerte. A ello se unían las crueles acciones de los partisanos soviéticos, y las correspondientes reacciones, igualmente crueles, de los alemanes.

Hans Witzcke era un *Hannoveraner*, un oriundo de la ciudad de Hannover situada en el noroeste de Alemania, en la Baja Sajonia. Antes de ser movilizado, llevaba varios años viviendo con su familia en el campo, a unos 50 kilómetros de la ciudad. A los 19 años, en abril de 1941, abandonando su trabajo en una tienda de muebles, fue reclutado por la Wehrmacht, al estar preparándose la invasión de Rusia.

Hans era un amante de la naturaleza y, como buen alemán, tenía verdadera pasión por los animales de compañía, en especial por los perros. Su habilidad para la identificación de todo tipo de árboles y plantas, y sobre todo su increíble capacidad para orientarse en las inmensas estepas y bosques rusos, donde los demás se perdían, le convertían en una persona muy útil para sus camaradas. Pero en lo que más destacaba era en ser amigo de sus amigos. Siempre estaba dispuesto a hacer un favor y era excesivamente confiado, por lo que de vez en cuando se llevaba desengaños.

Físicamente, no era de facciones muy agraciadas. Lo cierto es que, por no se sabe qué —como ocurre muchas veces— ejercía un atractivo especial sobre las mujeres. De mediana estatura y anchas espaldas, estaba dotado de unos musculosos brazos y piernas que había desarrollado cargando pesados muebles en la tienda familiar, donde trabajaba con la ahínco desde que dejó la *Volkschule*—la escuela del pueblo— a los 14 años. Su resistencia a las marchas y a la intemperie era portentosa. Siempre que se celebraba una competición militar, él era quien representaba al regimiento y... ganaba.

Cuando el sargento se aproximó al lugar que ocupaba el soldado, al final de la trinchera, Hans estaba medio dormido. Se hallaba en ese estado de placentera semiinconsciencia que permite crear las asociaciones de imágenes y palabras más surrealistas, al tiempo que la vista se cubre de neblina y el cuerpo se va relajando lentamente, entrando en el mundo mágico de los sueños.

—¡Hans!, ¡despierta!, tengo una misión para ti —le espetó el sargento con pocos miramientos y mucha familiaridad.

—¡*Zu Befehl*! —A sus órdenes, mi teniente, quiero decir, mi sargento— respondió el soldado, al que la irrupción de Klaus en su sueño le había pillado desprevenido—. Luego, al ver de quien se trataba, añadió—: Me acabas de joder el sueño. Me imaginaba que estaba en un bosque de la Lüneburgerheide (el brezal de Luneburgo), cerca de mi casa, en Hodenhagen. Recolectaba grosella en lo más profundo del arbolado, para preparar luego una rica mermelada. Harco, mi fox terrier, estaba conmigo. Había olido la madriguera de un conejo, y meneando el rabo, ladraba y escarbaba rabiosamente. En ese momento, estalló una fuerte tormenta de verano y nos pusimos como una sopa. Hallamos refugio en una pequeña cabaña de troncos abandonada que conocíamos. Allí, mi perro y yo esperamos pacientemente a que cesara la lluvia.

«¡De pronto!, vimos cómo un inmenso arco iris atravesaba el techo del bosque y quebraba la oscuridad, derramándose sobre la verdura como un torrente multicolor. Entonces, un calor muy suave, parecido a una caricia femenina, se apoderó de mi cuerpo y me hizo sentir, ¡tan bien!, que empecé a dormirme, acurrucado dentro de la choza. En ese momento —concluyó mientras torcía el gesto mirando al sargento— apareciste tú, como pájaro de mal agüero.

—Muchas gracias Hans, ya veo lo que me aprecias —dijo el sargento en tono irónico a quien era muy amigo suyo—. Ahora tengo que comentarte las últimas malas noticias. Las comunicaciones con el centro de mando están rotas desde hace dos días, y el capitán está muy preocupado. Esperamos órdenes para evacuar o permanecer en la posición, pues el frente en estos momentos es muy inestable. En pocas palabras —continuó—, no sabemos a qué atenernos. Por eso es preciso que vayas al centro de mando del regimiento, tú sólo. Sé que se trata de una misión muy difícil, pero eres la persona más capaz de conseguirlo.

—No te preocupes, Klaus. Por el capitán y la compañía, haré lo que sea. ¿Cuándo salgo?

—Conviene que sea cuanto antes, en cuanto empiece a anochecer, para que los de enfrente no te puedan ver. La luna estará en cuarto menguante. Eso nos favorece. No conviene que cargues mucho. El teniente me ha dicho que te preste su Luger —la pistola semiautomática de reglamento— , con unos cuantos cargadores y unas granadas. Llevarás 4 o 5 raciones de campaña, un poco de pan, dos termos y una cantimplora llena de té. ¡Eso es todo! No es cuestión de que te enfrentes al enemigo, Hans, ¡cuanto más ligero vayas, mejor!

La preocupación del capitán Meinhof era doble. No se trataba sólo de la vida de sus hombres, lo más importante para él en esta guerra, sino también de un cargamento de oro: un total de veinticinco cajas de madera de buen tamaño, repletas de lingotes de 12 kilos de peso, que le habían sido entregadas. Las barras procedían de Kiev, capital de Ucrania, según figuraba en el embalaje y estaba grabado en la parte superior de cada una, al lado del símbolo nazi por excelencia, la *Hakenkreuz* —la cruz gamada—.

El 19 de septiembre de 1941, a los casi tres meses del inicio de la Operación Barbarroja, Kiev fue tomada por el Grupo de Ejércitos Sur, a cuyo frente estaba el *Generalfeldmarschall*—mariscal de campo— Gerd von Rundstedt. Su reconquista por las tropas motorizadas del teniente general del ejército soviético, Pavel Rybalko, se produciría el 5 de noviembre de 1943.

Durante los más de dos años que duró la ocupación nazi de la ciudad, los *Einsatzgruppen* de las SS camparon con total libertad en el ejercicio sistemático del terror. Habían puesto su máximo empeño en el exterminio de la población soviética de origen judío, cuyas pertenencias requisaron como método expeditivo de financiar al Reich... y también de financiarse ellos mismos.

El hecho es que, el martes 12 de octubre, tres días antes de la salida de Hans hacia el cuartel general, un tanque Tigre de las Waffen SS, que remolcaba una especie de furgón blindado donde se transportaba el valioso cargamento de oro, se había averiado a unos escasos 300 metros de la posición ocupada por la compañía 150.

Los automóviles de los jefes de la escolta, dos pequeños *VW-Kubelwagen* —versión militar del Volkswagen— y dos transportes de tropas semioruga SKPZ 251, con sendas escuadras de soldados, carecían de potencia suficiente para trasladar las cajas. Su peso hacía también imposible que los infantes pudieran hacerlo. Por su parte, la unidad del capitán Meinhof no estaba motorizada y tampoco disponía de transporte hipomóvil, ese eufemismo utilizado para referirse a los burros, los caballos, los bueyes o las mulas que hubiesen podido portear la preciada carga.

Con gran renuencia, los mandos de las SS, después de parlamentar entre ellos y de ponerse en contacto por radio y en clave con sus superiores, se resignaron a tomar la única decisión posible: entregar el cargamento en depósito al responsable de la unidad más próxima de la Wehrmacht en este caso la compañía de infantería 150, hasta que desde el centro de mando de la división SS se organizara la recuperación del precioso metal.

Al capitán, la orden de hacerse cargo del oro no le hizo ninguna gracia; pero era un buen profesional y tomó todas las precauciones. Durante el transcurso de las conversaciones, el *Sturmbannführer*—comandante— que mandaba en el convoy de las SS cometió la indiscreción de comentar, jocosamente, que el cargamento procedía de parte del expolio a la población judía ucraniana. Entonces Willy se acordó de Joseph Weinhaus, el contable judío gran amigo de su padre, y también de su hermana Erika y su estancia en París. Sin poder evitar una mirada de asco y de desprecio hacia los SS, firmó el correspondiente recibo quedándose con una copia, que hizo también rubricar a los dos oficiales responsables del transporte. Luego les exigió un informe escrito de lo que había pasado, a lo que, dada la situación, no se negaron. Sólo cuando se cumplieron estos formalismos, el capitán aceptó recibir las valiosas pero peligrosas cajas.

Para Willy Meinhof, las SS en general, y las Waffen SS en particular—el cuerpo militar de las SS— no dejaban de ser algo anómalo y extraño al Heer —el ejército de tierra— en el que su padre también había servido en la Gran Guerra. Sin embargo, era consciente de que los nazis, con su inmenso poder, ya no sólo en Alemania sino en la mayor parte de Europa, eran un quiste que había que soportar con resignación, si uno quería seguir vivo y no tener problemas.

El joven oficial procedía de una familia católica y conservadora de la clase media de Karlsruhe, en el Ducado de Baden, al sur de Alemania. Nunca había formado parte de ningún grupo nazi, ni le había afectado demasiado la *Gleichschaltung* —la sincronización o política homogeneizadora de Hitler— ya que cuando éste llegó al poder en 1933, Willy iniciaba sus estudios de Derecho en la universidad.

Entre otras cuestiones, lo que más le indignaba era la actuación de un régimen totalitario que se creía al cien por cien en posesión de la verdad, y que no reparaba en medios para llevar a cabo su política, llegando al secuestro, la amenaza, la tortura o el asesinato, con la mayor impunidad, pues los cuerpos de élite del nacionalsocialismo gozaban de inmunidad frente a los tribunales ordinarios. Ante la pasividad de la población alemana, salvo excepciones salvajemente reprimidas, se creó un ambiente de terror y desesperación que afectó, principalmente, a las minorías raciales consideradas inferiores, a las personas con enfermedades mentales, aunque fuesen de raza aria, y por supuesto a los disidentes y opositores políticos.

Ya desde el colegio, el adoctrinamiento sistemático en el culto al *Führer*, como encarnación de la unidad entre el pueblo y el Estado e intérprete supremo de éste, constituía otro de los pilares fundamentales del régimen. El nacional-socialismo no tenía nada que envidiar al sistema soviético de Stalin, donde se rendía análogo culto al líder y se cometían también las mayores barbaridades. En particular, la alienación sistemática de la población infantil fue un éxito, y los hijos, en bastantes casos, denunciaban a sus padres por desafección a la ideología nazi.

Las Leyes Raciales de Núremberg, que consistían en la *Gesetz zum Schutz des deutschen Blutes und der deutschen Ehre*—Ley para la Defensa de la Sangre y del Honor alemanes— y la *Reichsbürgergesetz* —Ley de Ciudadanía—, ambas de 15 de septiembre de 1935, con las que el régimen consagraba su antisemitismo, fueron otro de los *grandes logros* del sistema. Con ellas se quería mantener la limpieza de sangre alemana, y con ellas y sus reglamentos se fundamentaba legalmente la persecución, el aniquilamiento y la incautación de los bienes de las personas de raza judía, definidas en la Ley, entre otros casos, como aquéllos que descendían de tres o cuatro abuelos judíos, habían abrazado la religión judía sin descender de judíos, o se habían casado con judíos con posterioridad a la proclamación de la ley.

En la obsesión de Hitler por la pureza racial y la sanidad de la raza, se puso también en práctica el programa de eutanasia activa T4, o Aktion T4, llamado así porque sus oficinas principales estaban situadas en Berlín, en la Tiergartenstrasse 4, o calle del Zoológico 4.

Con base en la *Gesetz zum Schutz der Erbgesundheit des deutschen Volkes* —Ley para la Defensa de la Salud Genética del Pueblo Alemán— sólo entre 1940 y 1941, más de 70.000 personas, calificadas como adultos improductivos o enfermos incurables, por ejemplo personas con un grado determinado de epilepsia o niños con taras hereditarias, fueron sacrificados en el programa de higiene racial. La Aktion T4 fue ampliamente aceptada por la mayor parte de los médicos alemanes, con muy pocas reservas y ninguna resistencia real. Las protestas populares, sobre todo de los familiares afectados y de la Iglesia, determinaron su suspensión *formal* en 1941.

Paralelamente, se puso en marcha el programa Lebensborn —Fuente de Vida— que basándose en la ideología sobre la salud del régimen, pretendía, en esencia, incrementar la tasa de nacimientos de niños y niñas puramente arios. Dependiente directamente del Reichsführer —Gobernador del Reich— Heinrich Himmler, la asociación Lebensborn fue creada el 15 de diciembre de 1935 y formaba parte de la organización de las SS. Se extendió por Europa del Norte y más de 16.000 niños *racialmente puros* nacieron en los hogares-hospitales creados por la organización. La selección de las parejas procreadoras, que debían cumplir con los requisitos de la raza superior (piel blanca, ojos y cabellos claros, y alta estatura), aseguraba el éxito del programa.

Pero en especial, al capitán le repugnaba la inquina antisemita del régimen, verdadera obsesión enfermiza de Hitler, como lo atestiguaba en su libro Mein Kampf —Mi lucha—, publicado en julio de 1925 y verdadero *catecismo del nacionalsocialismo*. Varios amigos suyos de la universidad, con los que había compartido momentos y fiestas inolvidables en compañía de sus familias, eran judíos, y desde hacía años no sabía nada de ellos. Habían desaparecido misteriosamente y todo su patrimonio había sido incautado.

Para Willy, que en la facultad de Derecho había *oído* hablar de un tal Locke, de Montesquieu y su Espíritu de las leyes, de Montaigne, de Benjamín Constant o de Kant, la pretensión que tenía Hitler de constituirse en el máximo intérprete de la voluntad de toda una nación y dotarse de un poder absoluto, resultaba algo inadmisible. Sin embargo, en la vida real, el capitán era pragmático. Sabía, por los rumores y la información que había podido reunir, que cualquier tipo de oposición al *Führer* era sistemáticamente barrida del mapa; sin ninguna contemplación.

La resistencia al régimen era algo más que un acto heroico; era suicida. El último suceso, muy notorio, había sido la ejecución, el 22 de febrero de 1943, de los hermanos Scholl, Hans y Sophie, y de Cristoph Probst. Junto a otros héroes alemanes, como el profesor Kurt Huber y Alexander Schmorell, ejecutados el 13 de julio de 1943; y Willy Graf, ejecutado el 12 de octubre de 1943, todos formaban Die Weisse Rose —La Rosa Blanca—, un grupo de resistencia no violenta frente al régimen. El asesinato de los tres primeros se produjo el mismo día del juicio, presidido, o mejor dicho, dirigido y manipulado por el juez Roland Freisler, un antiguo comisario soviético, ahora, entusiasta presidente del Volksgericht —El Tribunal del Pueblo—.

En esa tesitura, la única consolación era hacer personalmente en su entorno lo que uno pudiera, para evitar o por lo menos paliar los abusos de los nazis... y poco más.

***

Camino del Hauptkommando

Hans Witzke se estaba preparando concienzudamente para cumplir su misión. Cegado por su menosprecio al ejército rojo y su confianza plena en una victoria rápida, Hitler había rechazado suministrar a las tropas uniformes de invierno durante el primer año de la invasión de Rusia, en 1941. Como la victoria no llegaba, el *Führer*, a pesar de su voluntarismo, tuvo que dar su brazo a torcer. Los equipos se empezaron a recibir, también en la compañía, para la campaña de invierno de 1942.

Pero Hans, recurriendo a sus conocimientos naturales y a su ya dilatada experiencia de más de dos años de combate, tomó una precaución adicional que a más de uno le había salvado la vida: se forró por dentro con papel de periódico, especialmente los pies y el pecho, entre la camisa y el jersey. Este sistema constituía un blindaje eficaz contra las bajas temperaturas, que ya empezaban a notarse en esas latitudes. Acto seguido, para dificultar su detección por el enemigo, se embadurnó la cara con betún negro y se cubrió el cabello con un gorro de nieve del mismo color. Luego se enfundó la pistola Luger, que le había prestado el capitán, metió los cargadores en una cartuchera, e introdujo las granadas de mano en una bolsa con cierre por si tuviera que enfrentarse a los rusos. Finalmente, sobre su indumentaria y sus pertrechos, se puso un impermeable oscuro, para protegerse de la lluvia y evitar el reflejo que podían producir las hebillas de los correajes.

El cabo Rudolf Meier, que se encontraba a su lado, no dejaba de mirarle:

—Me sorprende usted, Hans, siempre tan dispuesto a jugarse el pellejo. Debería ir con unos cuantos soldados.

—¿Para qué? Si se trata de no llamar la atención. Además, en el campo me oriento bien. Puedo decir con orgullo que nunca me he perdido.

—Eso es verdad, pero de una de éstas no sale vivo.

—Al menos me quedaré con la conciencia tranquila. He recibido una orden y voy a cumplirla. Lo hago por toda la Compañía y por mí, me gusta fijarme metas, me supero, pero ¿por qué no se ofrece usted como voluntario para acompañarme?

—¿Está de broma, Hans? Tengo un fuerte dolor en el pie derecho que me impide caminar más de dos o tres kilómetros. En estas circunstancias, sólo sería para usted una carga —le respondió el cabo que era todo un experto en escabullirse de las situaciones más comprometidas.

—No sé... Por un momento pensé que su actitud había cambiado. Es mejor que no continuemos con esta conversación, ¿no le parece mi *Gefreiter*?

Después de esta *animada* y *reconfortante* charla y ya anocheciendo, Hans recibió en sobre cerrado y lacrado la carta que tenía que entregar. En ella se informaba al centro de mando sobre la situación de la unidad y el depósito de los lingotes de oro, solicitando órdenes para organizar la retirada y poner a buen recaudo el metal precioso.

El plan trazado para la misión consistía en dirigirse cuatro kilómetros hacia el Este, sobre un terreno despejado, plano, y por ello hasta cierto punto, seguro; pues las patrullas rutinarias no habían detectado ningún enemigo y el terreno ofrecía pocas posibilidades para parapetarse sin ser visto. Luego venía lo más duro: en una zona insegura, al ignorarse si todavía quedaban allí tropas alemanas, Hans debía girar hacia el Sur, recorriendo en semicírculo unos 40 kilómetros y vadeando dos ríos caudalosos. Finalmente, según los defectuosos mapas del sector, había de toparse con la carretera que conducía a la ciudad, sede del cuartel general.

Las otras tres posibles opciones fueron desechadas. La primera, atravesar el terreno pantanoso situado al oeste de la posición, era inviable. Aunque la distancia para llegar a la comandancia fuera la menor, internarse en las ciénagas era peligrosísimo. Todos en la compañía sabían lo que eso podía significar, pues hacía unos meses, cuando se dirigían al promontorio que ahora ocupaban, habían presenciado, impotentes, cómo varias mulas cargadas de vituallas desaparecían en menos de dos minutos, tragadas por el pantano.

La segunda opción, cruzar los tupidos bosques del suroeste, era suicida. Varios soldados de la compañía habían sido sorprendidos por francotiradores que tenían sus campamentos dentro de la espesura.

Por último, dirigirse hacia el Sur también quedó descartado. Esta opción conllevaba atravesar, durante tres o cuatro kilómetros, la zona descubierta y batida por los francotiradores de los bosques, que de noche utilizaban cristales nocturnos para mejorar la visión y se apostaban fuera del arbolado a la espera de alguna presa. Era demasiado peligroso.

A la hora prevista, al anochecer, Hans abandonó la posición. Para distraer la atención del enemigo, se ordenó fuego de mortero y de ametralladora. Las seis *Schmeisser*, seis ametralladoras MG 42 de las que disponía la compañía, dispararon sin cesar ayudándose con visores nocturnos, desde los que se dirigía el tiro siguiendo la estela dejada por las balas trazadoras. La efectividad, por la distancia hasta las líneas enemigas, era casi nula; pero se trataba de confundir al enemigo. Los cinco morteros, de 50 y 80 milímetros, situados en sendos parapetos traseros comunicados por túneles con la trinchera, empezaron a lanzar sus proyectiles, en este caso con bastante peligro para los rusos. Estos respondieron y el estruendo se intensificó sin mayores consecuencias. El efecto de distracción se había logrado: el soldado, primero gateando y luego caminando agachado, pudo alejarse del lugar sin ser visto.

**

Transcurridas 12 horas de duro camino, cuando ya clareaba el alba y empezaba a sentirse muy agotado, Hans divisó a lo lejos unas construcciones aisladas. Rápidamente, se arrojó al suelo y enfocó sus gemelos de campaña a lo que parecía ser una granja. En un patio abierto había un grupo numeroso de soldados. Los identificó en el acto como tropas amigas, fijándose en sus cascos de acero y en los inconfundibles vehículos semioruga SKPZ 251, que estaban estacionados junto a ellos.

Luego, para evitar que le disparasen si le detectaban, se aproximó reptando. Cuando ya se hallaba a unos 100 metros, se incorporó alzando las manos y gritando al mismo tiempo que no tirasen, que era un soldado alemán. El que estaba de guardia, en la empalizada que rodeaba la casa, le apuntó primero con su arma, después le hizo signos de acercarse, y cuando estaba a unos diez metros, le conminó a detenerse. El recelo que se había adueñado de las tropas alemanas, se debía no sólo a la propia guerra, sino también a las frecuentes y crueles acciones de los partisanos, una de cuyas tácticas consistía en disfrazarse y fingir ser soldados alemanes

—¿Quién es usted? ¿Cómo ha venido a nuestra posición?

—Buenos días, camarada. Soy el soldado de primera clase Hans Witzke, de la 150 compañía de infantería de la división número 4. Nos hemos quedado aislados a unos 30 kilómetros de aquí, en dirección a Kiev. Es absolutamente necesario que me presente en el centro de mando del regimiento; de ello depende la vida de mis compañeros y una importantísima misión.

—¡*Heil Hitler* (salve Hitler), soldado! Espera un momento, voy a comunicar tu llegada. «¡Vaya! —pensó Hans—, apuesto lo que sea a que, por la forma de saludarme, estos soldados son de las Waffen SS».

No anduvo muy desencaminado. A los pocos minutos, el oficial al mando, un *Hauptsturmführer* —grado equivalente a capitán en el ejército regular— pertrechado con el característico e inconfundible uniforme de camuflaje del cuerpo de élite, salió del caserón luciendo en su rostro una acogedora sonrisa, lo cual, en cierta medida, tranquilizó al soldado.

—¡*Heil Hitler*! Soy el capitán Kurt Peckmann, pertenezco a la división Leibstandarte SS Adolf Hitler. Me han comunicado que su unidad se encuentra aislada en territorio enemigo y que tiene un encargo importante y urgente para el alto mando.

—¡*Jawohl, mein Hauptsturmführer*! —Así es mi capitán— Tengo instrucciones del oficial al mando de la compañía, el capitán Wilhelm Meinhof, de entregar al coronel del regimiento una carta que llevo en sobre sellado y lacrado.

—¿Cómo es que no lo han comunicado por radio, soldado? —inquirió Peckmann, extrañado por las palabras de Hans.

—Mi capitán, nuestra radio emisora no funciona. Estamos aislados y el tendido telefónico ha debido de ser cortado; por eso me han encargado esta misión.

—¡Bien soldado! ¡Entre ahora en la casa! Me imagino que estará usted exhausto y hambriento. Mientras se recupera y come algo, he de conocer la naturaleza de su misión, ¡deme el sobre!

—Pero mi capitán, no sé si debo...

—¡No se preocupe soldado! Yo asumo toda la responsabilidad.

Kurt Peckmann no era un militar de carrera, más bien se le podía considerar como el clásico *trepa* que, entre las oportunidades de medrar socialmente en la nueva Alemania, había elegido la vía rápida: afiliarse a las SS. De otro modo, su origen humilde, su tendencia natural a la improvisación y la buena vida, y su fracaso en los estudios —más por indolencia que otra cosa—, se lo habrían puesto muy difícil.

Su aspecto era su mejor carta de presentación, sobre todo entre la población femenina, que se quedaba extasiada y caía rendida ante los elegantes uniformes de los SS, confeccionados en su mayoría en las instalaciones de la empresa Hugo Boss. Si además la *percha* merecía la pena, entonces el cóctel era explosivo. De contextura fuerte, pero estilizada, su mirada agradable y su natural elocuencia causaban muy buena impresión en la mayoría de los que se relacionaban con él. Kurt medía un metro ochenta, sus ojos eran azules, su pelo rubio y su cráneo de tipo braquicéfalo. Con estos atributos, no había tenido ningún problema para superar los exigentes exámenes físicos, que certificaban su pureza racial aria, y cumplir con los demás requisitos de ingreso en las SS: primero en la Allgemeine SS —el ala política de las SS— y luego en una de las divisiones más prestigiadas de las Waffen SS, la Leibstandarte SS Adolf Hitler. Sus ascensos en la organización fueron vertiginosos, pues de simple recluta y en sólo 7 años, lucía ya los galones de *Hauptsturmführer* (capitán). A ello no era ajena su amistad... con la hija de un alto jerarca del partido.

Sin embargo, si se levantaba el velo de los grados, las apariencias y las envolturas, lo que había detrás era una persona vanidosa y manipuladora, con muy pocos escrúpulos, mucha ambición material, y una necesidad, casi enfermiza, de reconocimiento y adulación.

Con cierta reticencia y preocupación que se reflejaban en su rostro, pero compelido por la orden y sobre todo por la graduación del oficial, Hans entregó el sobre lacrado al *Hauptsturmführer*. Una vez dentro de la granja, recuperó un poco sus agotadas fuerzas, devorando un trozo de carne de cerdo asada, acompañada de un guiso exquisito de cebolla y calabaza, y bebiéndose entera una botella del mejor vino blanco del Rin, obsequio de sus anfitriones que tenían la despensa bien provista. En este sentido, a la Leibstandarte SS Adolf Hitler, entre cuyas funciones estaba la de ser guardia personal del *Führer*, no le faltaba de nada.

Después de estar comiendo el rancho de la trinchera: patatas, patatas y más patatas, con algunos trozos de embutido congelado que el cocinero de la compañía conseguía revivir, a Hans aquello le pareció la octava maravilla del mundo. No tardó ni quince minutos en dar cumplida cuenta de su festín, tales eran el hambre y la necesidad de calorías.

La concentración y aplicación del soldado en la comida suscitaron la curiosidad de los soldados de las SS:

—¡Qué barbaridad! —exclamó uno de ellos—. ¡Qué hambre tenías!

—Llevaba diez horas caminando con mucha dificultad por el barro, a veces arrastrándome. Me había bebido todo el té caliente del termo y comido las raciones de campaña. Ya me empezaban a fallar las fuerzas y estaba aterido de frío; ha sido una bendición que estuvieseis aquí. No creo que pudiera haber llegado hoy al centro de mando. El problema habría sido dormir por la noche, ¡con el frío que hace! Seguramente habría palmado. ¿Suena terriblemente natural en estos tiempos, verdad? —preguntó poniendo cara de incredulidad al tiempo que levantaba la cabeza y sonreía a los soldados de las SS.

—¡Y que lo digas! Es aquí dentro y la estufa la tenemos que estar alimentando por turnos, toda la noche. La leña está húmeda, cuesta mucho prenderla, así que cuando lo conseguimos, no veas como cuidamos del fuego, ¡como los hombres prehistóricos!

—¿Habéis tenido últimamente problemas con los rusos?—preguntó a uno de los que estaban en la cocina.

—Ayer despachamos a unos cuantos. ¡Qué primitivos son! Se arrojan contra nuestras ametralladoras, prácticamente desarmados. Al principio de la invasión era alucinante; había soldados rusos que nos tiraban granadas con mecha, ¿te puedes imaginar? Somos superiores —sentenció el SS con mucha convicción—. Ganaremos la guerra. Iván (uno de los apelativos que utilizaban los soldados alemanes para referirse a los soldados rusos) es incapaz de detener a nuestras divisiones.

Hans no respondió y se quedó pensativo. «No hay peor ciego que el que no quiere ver —reflexionó, experimentando una mezcla de pena y de rabia—. Obviamente, estos tíos, *estos locos del gatillo*, no se están enterando de nuestra situación catastrófica —continuó con sus cavilaciones—. Por mucho empeño que pongamos, no creo que ganemos la guerra. Los rusos están cada vez más fuertes y con más moral. Son muy valientes y están luchando en su ambiente, por su patria. Además, nos triplican en número y la población civil no nos ayuda; lo tenemos muy crudo».

**

Mientras en la caliente y acogedora cocina de la granja se desarrollaba esta escena, en una habitación contigua el *Hauptsturmführer* Kurt Peckmann devoraba el informe que el soldado le había entregado, no dando crédito a lo que leía:

«¡Qué barbaridad!, nada más y nada menos que 25 cajas repletas de lingotes de oro, se dijo sorprendido, mientras lanzaba un sonoro resoplido que parecía salirle del alma, al tiempo que sacudía su cabeza en signo de descreimiento. Luego continuó pensando: «Seguramente provendrán de las joyas y del oro de los judíos de Ucrania, sobre todo de Kiev. Aunque estarán al tanto de ello, he de comunicarme inmediatamente con el cuartel general de la división. Si cayese la breva y fuera yo el que las recuperara, me propondrían para la cruz de hierro de primera clase y para un ascenso».

Ipso facto, desde uno de los vehículos semioruga se puso en contacto con sus superiores, mandando un mensaje cifrado con la máquina Enigma. El centro de mando ya había sido informado de la avería del pánzer que transportaba el oro, y del depósito provisional del mineral. Le comunicaron que al día siguiente, a eso de las nueve de la noche, estaba previsto que una compañía blindada de las Waffen SS, junto con otra motorizada del ejército regular, recogiesen el metal precioso. Añadieron que ya habían hablado con los altos mandos del Heer, pero al enterarse de la presencia de Hans en la granja y que la unidad continuaba incomunicada, tomaron nuevas medidas. Esa misma mañana, Peckmann debía trasladarse con el soldado al centro de mando de la división del ejército a la que pertenecía la compañía 150, con el fin de coordinar y ultimar los detalles del rescate. Una vez allí, se aseguraría de que el jefe del regimiento, el coronel Von Heusenberg, dictase las instrucciones oportunas para el buen fin de la operación. Luego se dirigiría a la posición del capitán Meinhof para informarle y entregarle las órdenes, permaneciendo en la compañía hasta que llegaran las tropas motorizadas.

Peckmann continuaba sin podérselo creer. Un cúmulo de casualidades, o quizás el destino, estaba a punto de impulsar su carrera militar e incluso ¡política! Inmediatamente se puso a soñar con en el reconocimiento social y la publicidad que podría obtener: «Si todo sale bien, ¡me recibirá el *Führer*! ¡Saldré en los noticiarios cinematográficos! En *Das Schwarze Korps* —el periódico semanal de las SS— y ¡quién sabe si en *Signal!* —la principal revista militar alemana durante la Segunda Guerra Mundial—».

Emborrachado por la euforia, tomó una moto BMW con sidecar, y con el soldado Hans sentado en el lugar del copiloto ametrallador, partió como un relámpago hacia la ciudad donde se encontraba el cuartel general de la Wehrmacht en ese sector del frente. La carretera, que pasaba cerca de la granja, era como la mayoría de las carreteras ucranianas o rusas: un camino pedregoso que empezaba ya a embarrarse, aunque todavía podía ser transitado. En las cunetas yacían camiones y tanques, destruidos o abandonados, y de vez en cuando se cruzaban con ambulancias procedentes del frente, atestadas de heridos y cadáveres.

Entretanto, a lo lejos, se oía el tronar de la artillería pesada y de los lanzacohetes Katyusha, también llamados órganos de Stalin, en un duelo infernal que anticipaba la ofensiva soviética.

***

En el Centro de Mando

Al entrar en la ciudad, la moto enfiló lo que años antes debía de ser un bello bulevar cuyos vestigios eran ahora los muñones de sus árboles. Al llegar a la altura de un palacio decimonónico de estilo neoclásico, sede del ayuntamiento antes de la guerra, se detuvieron. Justo debajo del frontispicio y enmarcadas por dos sólidas columnas de granito figuraban las palabras *Hauptkommando* —Centro de Mando Principal—. El edificio daba a una amplia plaza rectangular atestada de vehículos blindados, de motos y de camiones Mercedes Benz, Opel Blitz, y Krupp, además de carros tirados por caballos y mulas. Algunos coches oficiales, Volkswagen y Mercedes, estaban también aparcados en un sitio reservado y preferente. De su balcón central colgaba la enseña nazi, un enorme pendón de color rojo con la *Hakenkreuz,* la cruz gamada en negro sobre círculo blanco. Una estatua de Lenin, semidestruida, se levantaba en el centro de un pequeño parque vallado que seguramente, antes de la revolución del 17, rodearía la efigie del zar o de alguna personalidad local.

Los soldados de guardia, situados a ambos lados de la entrada, se cuadraron marcialmente. Lucían vistosos sus *Feldgrau* —uniformes grises—, sus cascos de acero, y sus fusiles máuser cuyas bayonetas caladas relucían como si acabaran de salir de fábrica. «¡Qué diferencia con nuestros atuendos en la trinchera! —se dijo Hans con sana envidia—. ¡Qué suerte tienen estos cabrones de estar aquí enchufados!».

La actividad, dentro y fuera del edificio, era frenética. Las últimas noticias no eran nada halagüeñas. La batalla de Smolensko, con la derrota de las fuerzas alemanas, y la reconquista de Bielorrusia, con la toma de Minsk por las tropas de Stalin, no tranquilizaban precisamente a los mandos del ejército más próximos al frente. La siguiente ficha en el ajedrez de la guerra era Ucrania. Las tropas enemigas habían iniciado una ofensiva para ocupar las riberas del Dniéper y reconquistar esa república soviética. Los alemanes, por el contrario, disponían de unas defensas cada vez menos sólidas y se aprestaban a la retirada.

La diezmada división que mandaba el *Generalleutnant* — general de división— Eberhardt, la número 4 del Grupo de Ejércitos Sur, de la que formaba parte la compañía del capitán Meinhof, ya sólo contaba con 9000 soldados de los 17000 que la integraban cuando conquistaron Ucrania. La situación se agravaba al tener que cubrir un frente muy disperso de más de 70 kilómetros. En palabras del propio general, la situación era *ganz erschreckend* —totalmente aterradora—. En estas condiciones, las tropas alemanas esperaban lo peor. Para paliar el desastre, se había tomado la decisión de evacuar el centro de mando y reconstituirlo en un sector de la retaguardia alejado de las zonas de combate. De esta manera se evitaría el peligro de embolsamiento por las tropas enemigas y sus unidades blindadas, cuyos poderosos tanques T34 eran superiores a los pánzer alemanes.

**

Al irrumpir en el centro de mando, el capitán Peckmann y el soldado Hans, siguiendo las indicaciones del ordenanza de *a bordo*, subieron velozmente la escalinata central del edificio. En uno de los despachos de la primera planta, se encontraba la oficina del quinto regimiento al que pertenecía la compañía del capitán Meinhof.

El *Oberst* —grado de coronel en el ejército de tierra— Barón Ludwig von Heusenberg, el oficial al mando, era un militar y aristócrata de origen prusiano. En sus creencias se entremezclaban la educación en la disciplina, el respeto a los procedimientos, y sobre todo una profunda humanidad, que le hacía ser muy apreciado por sus oficiales y, en general, por las tropas que comandaba.

Por su condición de alto mando, había tenido conocimiento de las atrocidades que cometían los SS en su sector de la retaguardia. El no haber podido hacer lo suficiente para impedirlas todas, y la colaboración en ellas de algunos miembros del ejército, lo atormentaban. Las reiteradas protestas que presentaba sobre estos hechos caían casi siempre en saco roto, agravando su sensación de impotencia. Tales circunstancias no predisponían a relacionarse amigablemente con los oficiales de las Waffen SS. Este cuerpo militar de las SS servía de soporte a los grupos especiales, los *Einsatzgruppen,* también de las SS, para ejecutar —nunca mejor dicho— las bárbaras instrucciones que recibían de sus superiores con el beneplácito del *Führer.* Con sus fundamentos racistas, la ideología nacionalsocialista consideraba no sólo a los judíos, aunque especialmente, sino también a los gitanos, a los negros y a los eslavos, como *Untermenschen,* es decir, subhumanos.

En compensación y como parco consuelo, el Barón no hacía nada para reprimir en su regimiento las críticas, que también le llegaban, sobre Hitler y sus adictos. Varios de estos, por cierto, eran destacados altos militares de la Wehrmacht, como el Mariscal de Campo y Comandante en Jefe de las Fuerzas Armadas, Wilhelm Keitel, a quien muchos de sus subordinados se referían burlonamente como *Lakeitel—*algo así como lacayo— cuando éste no estaba delante, tal era su grado de sumisión al *Führer.*

Una vez en la antesala del despacho, el capitán, con muy malas maneras, ordenó a Karl, el cabo ordenanza que ejercía como secretario, ser recibido por el jefe del regimiento. Mientras tanto, Hans permaneció fuera esperando. ¡Estaba tan agotado por el esfuerzo y la tensión de las horas anteriores! Y a la vez, ¡tan reconfortado por la opípara comida engullida en su *granja* de acogida! Que no pudo evitar sentarse, o mejor dicho, despanzurrarse en una de las comodísimas butacas con orejeras, dispuestas a uno y otro lado del ancho pasillo que rodeaba la primera planta del edificio.

En cuestión de segundos, ajeno al reglamento y a toda compostura, el soldado, que tras salir de la trinchera el día anterior se había empleado a fondo sin pegar ojo, se durmió profundamente con una inmensa felicidad reflejada en su rostro. El cabo regordete y pulcramente aseado, que hacía guardia en el exterior de los despachos, conmiserado por el aspecto tan lastimero del recién llegado, no se atrevió a despertarle; a pesar de que sus graves y sonoros ronquidos se dejaban oír con nitidez en esa parte del corredor.

El despacho de Von Heusenberg, obligadamente austero por el expolio sufrido durante la revolución bolchevique, exhibía sin embargo ciertos toques de originalidad, introducidos por el barón al tomar posesión de su oficina unos meses antes. Revelando su atracción y admiración por todo lo que procediese de París y en general de Francia, cuyo idioma dominaba a la perfección, dos bellísimas lámparas multicolores de Art Decó y un busto de Napoleón presidían su escritorio. Además, unas copias al óleo de Femmes au Jardin de Claude Monet, Le Déjeuner sur l'herbe de Édouard Manet, Bal au Moulin Rouge de Toulouse Lautrec; y Bal au Moulin de la Gallete, de Pierre Auguste Renoir, situadas justo enfrente de su mesa, contrastaban fuertemente con el imponente pero adusto retrato del *Führer*, que en todos los despachos oficiales debía estar situado en un lugar preferente. En este caso, el coronel había tenido la brillante idea de situar la imagen del *Gran Jefe* frente a una ventana, cuya intensa luz se reflejaba en el cuadro dificultando su visión.

Von Heusenberg había sido uno de los elegidos para desfilar el 14 de junio de 1940 en París, por la Plaza de l'Étoile y la Avenida Foche. Sin embargo él, en *petit comité*, consideraba a esta ciudad como la capital del mundo. Excelente militar prusiano, había acatado las órdenes; pero en su fuero interno maldecía el día de la invasión de Polonia y la entrada en guerra de Alemania contra Francia e Inglaterra.

Ahora, en octubre de 1943, la situación y el escenario bélico eran completamente distintos. Las tornas habían dado un giro de 180 grados. Las tropas alemanas se retiraban por doquier, incapaces de contener la avalancha rusa y con un nuevo frente abierto después del desembarco de los aliados en Sicilia, en julio del mismo año. En ese ambiente de derrota larvada, el coronel tenía ahora, delante de sí, a una de las personas que por su condición de SS simbolizaba el sostén ideológico, político y policial, de ese régimen nacionalsocialista que él tanto odiaba, y que estaba llevando a su patria a la destrucción material y moral.

Enfundado en su elegante uniforme de alto oficial del ejército, y parapetado detrás de su mesa de despacho, Von Heusenberg, con cara de pocos amigos, se dispuso a escuchar los requerimientos del *hauptsturmführer* de las SS. Pero antes, accionando una pequeña palanca situada a un lado del asiento, elevó su altura unos cuantos centímetros. Normalmente, al coronel le gustaba sentarse con sus visitantes en una pequeña mesa redonda situada a la derecha de su escritorio. No tenía necesidad de mostrarse autoritario y escenificarlo. Por el contrario, le gustaba romper barreras y situarse al nivel de los demás; sus oficiales y sus visitantes se sentían a gusto, se lo agradecían... y le daban toda la información.

A través del audífono, autorizó la entrada del oficial. Cuando el capitán penetró en su despacho, no se levantó para recibirle. Sin pronunciar palabra, se quedó mirando fijamente los ojos del recién llegado. Peckmann se sorprendió por la actitud de Von Heusenberg, pero repuesto de la primera impresión y aparentando seguridad en sí mismo, inició la conversación.

—*Herr Oberst* —señor coronel—, he sido comisionado por mi superior, el *Standartenführer* Baumann —coronel en las SS— para coordinar la operación de rescate de 25 cajas de lingotes de oro custodiadas por la compañía 150 que pertenece a su regimiento. Excuso decirle la importancia que tiene la misión, supongo que mi superior ya se habrá puesto en contacto con usted.

—Así es, capitán. Esta mañana me ha llamado el coronel Baumann y me ha informado. Lo que no me dijo es que usted iba a presentarse en la comandancia. Permítame ahora recordarle que no sólo hay oro en la posición de la 150... también hay soldados, incluso yo me atrevería a decir que hay personas, ¿no le parece? —le preguntó con una mirada de profundo desprecio, mientras escenificaba su rechazo retirando la caja de puros habanos que estaba sobre el escritorio, justo al lado de Peckmann.

—Por supuesto, coronel —respondió el SS a quien los gestos de Von Heusenberg no intimidaban—, sólo pretendía poner de relieve la importancia de la misión que se nos ha encomendado. Le comunico que la evacuación se producirá mañana, a las nueve de la noche.

—¿Cómo que a las nueve de la noche? ¿Por qué no puede ser antes? ¿Por qué no puede ser hoy mismo, dentro de unas horas? —inquirió el coronel con cara de sorpresa y de preocupación, pues el detalle de la hora a la que debía producirse la retirada de la tropa, junto con el rescate del oro, no le había sido transmitido—. Ya sabe usted que, en este sector, el frente puede romperse en cualquier momento, y que nuestros soldados se están atrincherando ya tras el Dniéper. Con ese objetivo, estamos reagrupando las tropas en una zona situada a 50 kilómetros de aquí, y hacia allá vamos a trasladar el cuartel general del regimiento. Con el fin de proteger la retirada, se ha decidido establecer varios cinturones defensivos alrededor de la ciudad.

«No me sobran soldados, ¿sabe? —continuó con firmeza—. Entre muertos y heridos la división ha perdido ya cerca de 8,000 hombres, muchos de esos bravos en mi regimiento. Cada vida es importante para la defensa de nuestra patria. Como ve, ya no me estoy refiriendo a invertir la situación, sino a retardar todo lo que podamos el avance de los rusos y lo que digo —apostilló contundente— no es derrotismo, sino realismo. Estamos organizando una retirada con defensa activa, dando continuos contragolpes que sorprendan al enemigo, que le paralicen, que le hagan mucho daño. Ello nos permitirá reagruparnos y en el futuro retomar la iniciativa. No podemos controlar un frente tan extenso.

Para abundar todavía más sobre sus argumentos, el coronel se incorporó con decisión e invitó al SS a seguirle: «Si me hace el favor, ¡venga usted conmigo! Me gustaría enseñarle algo que le va a interesar». Peckmann, con la paciencia casi agotada, accedió a regañadientes. Se dirigieron a una amplia estancia contigua, separada del despacho por una puerta corredera, donde se encontraba una mesa de juntas llena de mapas.

Era en dicha sala donde Von Heusenberg tenía por costumbre reunirse con los otros coroneles o convocar a los oficiales de su unidad, para tener una idea precisa de la situación y decidir sobre las acciones a emprender. En realidad, acostumbrado a una actividad frenética, al coronel lo que le gustaba era inspeccionar las defensas sobre el terreno. De este modo alcanzaba un necesario conocimiento de la realidad, más allá de los planos a menudo inexactos y engañosos, a la par que conseguía mantener alta la moral de las tropas y la confianza que sus hombres habían depositado en él. Tomando un alargado puntero que se hallaba sobre la mesa, señaló una pequeña zona del mapa y, dirigiéndose de nuevo al SS, inició algo parecido a un discurso:

—Si me permite, capitán, como puede ver, en este mapa se hallan...

—Comprendo su preocupación, coronel, pero ¡lo siento!, ¡lo siento de veras! ¡Ya no podemos perder un minuto! —le cortó Peckmann bruscamente—, en este caso prima el interés del Reich por rescatar el cargamento de oro. Hasta mañana, mi división no dispondrá de los vehículos blindados precisos para recuperar el cargamento... quiero decir, para que se pueda evacuar totalmente la posición. Hasta que lleguen los tanques de las SS, ¡de ahí, no se moverá nadie! ¿Le ha quedado claro?

—¿Cómo se atreve usted a hablarme en ese tono y darme órdenes?

—¡Déjese ya de monsergas! —le contestó Peckmann con brutalidad y encarándose con él. Tenemos órdenes directas de Berlín, del Cuartel General de las SS. Usted tiene que realizar los preparativos necesarios para que una compañía motorizada de su regimiento se una mañana a nuestra compañía blindada. Ahora —añadió mientras aporreaba violentamente la mesa— debe entregarme la orden escrita de evacuación para que se la comunique, yo en persona, al capitán Wilhelm Meinhof, ¡Eso es todo! En cuanto a los detalles, aquí tiene las coordenadas y la hora de la reunión de las tropas de rescate. Para mayor información le aconsejaría que hablase directamente con mi superior, el *Standartenführer* Baumann —concluyó mientras sacaba de su bolsillo un documento, con las cifras que le habían dado sus superiores, y lo tiraba sobre la mesa en un alarde de desprecio. Pero Ludwig no se arredró:

—Con quien voy a hablar inmediatamente es con mi superior del Ejército, el general Eberhardt. También elevaré una queja formal a sus mandos. Hasta tanto no se me confirme lo que usted dice, no daré las órdenes oportunas.

Entretanto ¡salga inmediatamente y espere en la antesala! — le conminó Von Heusenberg, preso de una gran indignación que le estaba haciendo perder los nervios.

Aunque, por experiencia, ya imaginaba cuál iba a ser el desenlace de la situación que se había creado, Von Heusenberg no estaba dispuesto a ponérselo fácil al SS, máxime después de un comportamiento tan impropio de un oficial inferior.

—¡Como usted quiera, coronel! Pero no le va a servir de nada. Por cierto —continuó, sonriendo cínicamente—, esta conversación no la ha escuchado ni grabado nadie. Será su palabra contra la mía, y ya sabe la ascendencia que tenemos las SS en el OKW —el *Oberkommando der* Wehrmacht o Mando Supremo de los Ejércitos—. Tome lo que le he dicho simplemente como una recomendación.

—Está claro que usted no se ha formado en ninguna academia militar —le echó en cara el coronel—, pero le recuerdo que usted pertenece a la Wehrmacht y ya le anticipo que esto no va a quedar así.

—Me parece fantástico, coronel, pero le vuelvo a insistir: es absolutamente imposible que hasta las nueve de la noche de mañana se pueda mover, ¡ni uno sólo de sus soldados! ¡Ah!, se me olvidaba, como ya debe de saber las comunicaciones con la compañía 150 están rotas. Según me ha dicho el soldado Hans, la radio está averiada; le rogaré por tanto que nos entregue además de las órdenes una emisora-receptora de recambio.

Así finalizó el *agradable* encuentro entre los dos militares. Con el gesto torcido, Peckmann abandonó el despacho de Von Heusenberg para aposentarse en la antesala, justo enfrente del escritorio que ocupaba Karl, el cabo-secretario. Éste no mostró ningún gesto de simpatía hacia el capitán. Después de escuchar la última parte de la discusión que, casi a gritos, habían mantenido los dos oficiales, sus preferencias se decantaban claramente del lado de su jefe.

Mientras aguardaba, Kurt reflexionó en torno a la superioridad de la política de la voluntad sobre los sentimientos humanitarios y los viejos convencionalismos. Eran conceptos propios de un ejército regular caduco, donde todavía pululaban muchos militares de la vieja escuela. Estos aún no se habían dado cuenta de los cambios experimentados en Alemania, de la nueva sociedad que estaba creando el nacionalsocialismo. «Son demasiados los que anteponen su conciencia, sus principios o su sentimentalismo, al pragmatismo descarnado que exigen ineludiblemente determinadas situaciones. Si se da una orden, hay que cumplirla y punto, por muy en desacuerdo que se esté.» Tal era, en ese momento, el pensamiento del capitán de las SS. Pero en el fondo, Peckmann, a pesar de pertenecer a la flor y nata de las Waffen SS, a la división Leibstandarte SS Adolf Hitler, carecía de sólidos principios y lo que realmente pretendía era, pura y simplemente, apegarse al terreno de la forma que más conviniera a sus intereses.

**

Al ínclito (!) general de división Berthold Eberhardt no le gustaba que le importunasen con los conflictos que surgían a menudo entre el Heer—el ejército regular de tierra—, al que él pertenecía, y las Waffen SS, el brazo armado de las SS. «¡Qué pelmazos! —pensaba—, ¿por qué no se estarán quietos?». Todo eso le causaba dolor de cabeza y además exigía múltiples reuniones con los implicados, no exentas de tensión. Cada estamento le daba su versión de los hechos. Luego él, como oficial superior, tenía que restablecer la verdad, y en su caso, sancionar disciplinariamente al infractor que estuviera bajo sus órdenes, lo cual no era de su agrado. Por eso, siempre que se lo permitían las circunstancias, cuando se daba algún choque de este tipo, lo evitaba, se ladeaba, y dejaba que las cosas siguiesen su curso, sin tomar cartas en el asunto... en dos palabras: *sin pringarse*. Eberhardt era así un maestro en el arte de la finta y de la esquiva, desconcertando a los que no le conocían bien.

Deliberadamente, le gustaba quedarse en la superficie de las cosas, no dar confianzas y no demostrar demasiada simpatía hacia sus oficiales. Prefería ser un ogro a ser un padre afectuoso y exigente. De esta manera, bajo una apariencia de fiel y disciplinado cumplidor de las leyes militares, creaba un blindaje que creía le resguardaría hasta el final de la guerra, le permitiría seguir disfrutando de sus privilegios de alto oficial, y ¡quién sabe!, si de una promoción a los más altos niveles del Reich o de un honroso retiro libre de juicios, en el caso de que Alemania fuese derrotada.

Pero la realidad es muy tozuda y lo cierto es que, con este método, los problemas en lugar de solucionarse se enquistaban. Eberhardt no comunicaba y no le comunicaban, salvo de la manera más formal y reglamentaria, creándose un pésimo ambiente a su alrededor. Los militares bajo su mando no le consultaban a la hora de tomar decisiones, ignorándolo siempre que fuese posible.

En este escenario, la coordinación de las operaciones de la división era realizada directamente por los generales de brigada y los coroneles que, reuniéndose periódicamente, elevaban sus conclusiones colegiadas al general. Éste, sin más, las firmaba, atribuyéndose los éxitos como propios, pero nunca los fracasos. Cuando se cometía un error, era capaz de llamar al orden a sus subordinados, e incluso recriminarles en presencia de otros mandos de mayor graduación, ahondando así la brecha de desconfianza que existía entre él y sus oficiales, en el peor ejercicio de la jerarquía militar.

Esta actitud de autoritarismo desmotivador, de oculta incompetencia y soberbia calculada, contrastaba mucho con el trato que Julius Eberhardt prodigaba a sus superiores del Heer y a sus colegas de las Waffen SS. ¡Qué adulaciones! ¡Qué sonrisas! ¡Qué *conducta* más agradable! ¡Y qué predisposición a la obediencia ciega! Por eso, salvo contados altos mandos, que le conocían de sobra y le despreciaban, los demás estaban encantados. Siempre se presentaba a las reuniones y a los *Kriegspiel* —simulacros de operaciones militares— precedido de unas botellitas de licor o de champaña Moet-Chandon, y de unas latitas de caviar ruso que hacían las delicias de sus contertulios. Incluso a veces, se hacía acompañar de unas encantadoras *señoritas* ucranianas que, camufladas bajo la tapadera de intérpretes o artistas, hacían las delicias de los altos oficiales de la Wehrmacht en unas veladas de antología, susceptibles de alargarse hasta el día siguiente, en medio de los mayores placeres...

El lugar de las reuniones, con frecuencia un salón reservado de un antiguo palacio, de un afamado hotel o de un lujoso restaurante, se convertía en un salón Kitty —uno de los más conocidos burdeles de Berlín donde se grababa y espiaba a sus visitantes durante la guerra— y todo el mundo hacía la vista gorda. Lo cierto es que esta práctica le daba resultado. En su análisis descarnado de la personalidad, el general tenía claro —había leído a Sigmund Freud, a pesar de ser éste judío— que el principio del placer era uno de los motores fundamentales del comportamiento humano; que lo que había que decir al alto mando era lo que quisiera escuchar y no otra cosa.

Eberhardt se hallaba normalmente alojado en un tren blindado, especialmente habilitado y acondicionado para los generales de división del cuerpo de ejército. Situado en una zona fuertemente protegida, a unos cincuenta kilómetros de la línea del frente, estaba dotado de las mayores comodidades. Una potente calefacción de carbón; una cámara frigorífica con abundante provisión de carne, en especial de carne de caza; y un vagón restaurante, que nada tenía que envidiar al mítico Orient Express, hacían las delicias de *sus invitados* en medio de un ambiente de lujo, acogedor y distendido.

En el vagón despensa, que el general visitaba asiduamente, las botellas de vino blanco del Rhin, de cerveza, tónica Schweppes, vermouth Cinzano, champaña francés, whisky escocés, en especial Black and White, ginebra, moscatel, otras bebidas espirituosas o agua mineral con gas de las mejores marcas, como Vichy o Perrier, alternaban en amigable componenda con las mejores salazones alemanas o ucranianas, los frascos herméticos de mermelada artesanal —sobre todo de manzana, de fresa y de grosella—, las latas de leche condensada, o las de caviar rojo del Cáucaso que tanto gustaban a Eberhardt. Allí, en un clima de humedad controlada, las cajetillas de Chesterfield, Camel o Juno, y las bellas cajas de cedro repletas de cigarros puros procedentes de la Habana, como atestiguaban los artísticos sellos móviles que las adornaban y las vitolas de los habanos, se apilaban profusamente en clara contradicción con las intensas campañas que, contra este vicio, se llevaban a cabo en Alemania y especialmente en la Wehrmacht. Como se sabía, el *Führer* no fumaba, pero muchos de sus generales sí. Éste era el caso de Berthold, que no desperdiciaba ocasión para aspirar con fruición el humo de las hojas del tabaco caribeño.

En fin, nada que envidiar al mejor hotel de lujo, y es que las altas esferas del régimen cuidaban muy bien de sus generales. Se trataba, en parte, de que estos no protestasen... demasiado, y obedeciesen a pies juntillas lo que deciese Hitler, *su amado Führer*.

Para estar debidamente informados y adoctrinados, en el vagón de cine se proyectaban los documentales y los noticiarios semanales de la guerra, sobre todo el famoso Deutsche Wochenschau, y también, de vez en cuando, las últimas realizaciones cinematográficas de la UFA-Film-

Gmbh, la gigantesca sociedad estatal de cine de la Alemania Nazi, ideada por el Ministro de Propaganda del Reich, Joseph Goebbels. En particular, a los generales y a sus estados mayores les gustaba que les proyectasen las películas de las actrices que estaban más de moda, como Ilse Werner, Brigitte Horney, Marika Rökk o Zarah Leander, considerada esta última como la máxima estrella de la Alemania nazi; aunque también tenían que asistir, de vez en cuando, a otras sesiones de cine menos mundanas y más acordes con el nacionalsocialismo y su propaganda. La prensa del régimen, en especial el semanal Das Reich y el diario Völkischer Beobachter —periódico oficial del partido nazi— junto a Signal, la revista quincenal de propaganda de la Wehrmacht, o Gesundes Leben—Vida Sana—, entre otras, estaban siempre a disposición de los altos oficiales.

El tren disponía además de una sala de reuniones, donde se planificaban las operaciones militares previamente decididas en las sesiones del OKW—*Oberkommando der Wehrmacht* o Alto Mando del Ejército—. Una vez diseñadas las acciones militares, a nivel de cuerpo de ejército y de generales de división, las órdenes eran transmitidas desde el vagón de comunicaciones a las unidades de rango inferior.

Si la sala de reuniones era el cerebro del tren blindado, el vagón de comunicaciones era su sistema nervioso. Dotado de los últimos adelantos, los mensajes cifrados con los códigos secretos de las máquinas Enigma eran cursados frenéticamente, a través de las radioemisoras y los télex. A la inversa, los generales recibían del mismo modo las últimas noticias de sus unidades, y a su vez, con eficacia y precisión germánicas, ejercían el mando directo sobre las brigadas que conformaban cada división. El examen a distancia de la situación bélica se completaba con desplazamientos periódicos a sus respectivos cuarteles territoriales, para conocer, sobre el terreno, el estado del frente.

Cuando el operador de comunicaciones transfirió la llamada de Von Heusenberg al coqueto compartimento que el general ocupaba cn cl tren, éste se hallaba degustando una maravillosa taza de auténtico café brasileño, acompañada de unas pastitas ucranianas y una copita de licor de avellana. Para facilitar la digestión, una botella de Perrier se enfriaba en una cubitera repleta de hielo. Al mismo tiempo, con los ojos entornados, Berthold Eberhardt escuchaba extasiado el aria Ridde pagliaso, de la ópera Un ballo in mascera, de Leon Cavallo, en versión de Enrico Carusso. Pero las notas nítidas y melodiosas que, manando del tocadiscos último modelo integrado en el equipamiento de la estancia, deleitaban suavemente sus delicados oídos, haciéndole casi llorar, se vieron interrumpidas súbitamente por el timbre disonante del teléfono.

—¡Mi general! Tiene una llamada del coronel Von Heusenberg.

—¡Pásemela, soldado!

—¡A sus órdenes! Contestó el operador insertando la clavija en el lugar correspondiente, con una facilidad y velocidad pasmosas.

—¿Qué ocurre, Heusenberg? —Preguntó el general, en un tono desabrido, que no disimulaba la molestia causada por la interrupción del oficial inferior en un momento tan *espiritual.*

Deliberadamente, Eberhardt se dirigía a su subordinado por su apellido a secas, sin la preposición *Von*, que era la que revelaba el origen aristocrático del militar. Y es que al envidioso general, lc costaba mucho pronunciar esta partícula, pues en realidad él también hubiera querido tener un apellido noble, para epatar a sus oficiales superiores y distinguirse en la cúpula del ejército. Como no era posible, el general rechazaba la utilización de lo que él denominaba: *prefijos aristocráticos de clase.* A menudo se jactaba de ello frente a sus compañeros más politizados, aprovechando para adoctrinarles en la ideología del hombre nuevo; el que debía surgir, no a imagen y semejanza de Dios y de sus leyes inmutables, sino de la nueva sociedad diseñada por Hitler. El *Führer*, en su megalomanía, pretendía estar presente en todos los rincones de la vida alemana.

El ideal del modelo era un hombre racialmente sano, que no fumaba ni bebía, se *relacionaba* únicamente con arios, no permitía malos tratos a los animales de compañía, estaba en completa consonancia con su líder, como intérprete supremo de la nación, y era valorado sobre todo por acatar las consignas que en cada momento fuesen necesarias en el devenir del Estado Nacionalsocialista, por encima de cualquier Derecho Natural o cortapisa de tipo constitucional.

—*Herr Generalleutnant* —señor general—, acaba de presentarse en mi despacho el *Hauptsturmführer* Kurt Peckmann, de la división Leibstandarte SS Adolf Hitler.

Cuando el coronel pronunció enérgicamente el nombre de la división, Eberhardt sintió unos pinchazos en las tripas, pegó un respingo en la butaca —donde se hallaba cómodamente sentado—, y se incorporó como impulsado por un cohete. Entonces sujetó el teléfono con la mayor decisión; como si tuviera delante de él al mismísimo Adolfo Hitler.

—¿Y bien, coronel?

—Me acaba de confirmar que un cargamento de oro, de veinticinco cajas llenas de lingotes, se encuentra custodiado por la compañía 150 del capitán Wilhelm Meinhof. Me dice que su rescate es prioritario, pero que no puede realizarse hasta mañana, a las nueve de la noche. Mi general —añadió Von Heusenberg en tono preocupado— es de la máxima importancia que recuperemos todas las tropas que sean posibles para fortificar los anillos de resistencia alrededor del cuartel general. Dispongo todavía de varias compañías motorizadas; podríamos enviarlas para recuperar el oro y a nuestros soldados.

«Ahora es mediodía —continuó—, las unidades pueden estar operativas en cuestión de horas, y antes de la próxima madrugada, la posición habría sido evacuada y el oro puesto a buen recaudo. ¿Por qué hay que esperar? ¿Por qué tienen que ser las Waffen SS las que rescaten a nuestras tropas y transporten los lingotes? ¿Qué ordena usted al respecto mi general? El capitán Peckmann, de las... SS, está esperando fuera —concluyó el coronel.

Al pronunciar esta última frase, y sobre todo la palabra SS, que había enfatizado deliberadamente, Von Heusenberg no pudo evitar una sonrisa burlona, pensando en los sudores y el efecto intestinal —o sea colitis— que la mención a esa organización político-militar podía producir o produciría, sin duda, en su *querido, admirado y decidido* general.

—¡Tranquilícese, coronel! ¡La situación no es tan alarmante! —atemperó Eberhardt, al que abundantes gotas de sudor perlaban la frente. Luego, yéndose por la tangente, añadió—: Precisamente, esta misma mañana, he tenido el honor de despachar unos momentos con nuestro mariscal de campo Von Manstein. No se puede usted imaginar lo tremendamente ocupado que está. A pesar de ello, ha tenido la deferencia de dedicarme unos minutos. Me ha comunicado que se están preparando tropas para contener la ofensiva soviética a orillas del Dniéper. Por otro lado y como usted sabe, nuestro amado *Führer*, en una de sus últimas directivas, nos exige a todos el mayor empeño en el mantenimiento de nuestras posiciones, sin que debamos ceder ni un ápice del terreno que con tanta sangre y esfuerzo hemos conquistado, por tanto...

—Permítame que le interrumpa, mi general —le cortó Von Heusenberg, anonadado por el nivel de estupidez y divagación del oficial supremo de la división y por la adulación desmedida, rayana en el servilismo, de la que hacía gala con el alto mando— ¡Ahora! —enfatizó—, no se trata de debatir sobre el estado general de la defensa o los objetivos de nuestro *bien amado Führer*.

«Hay unos hombres que se han quedado rezagados y están esperando órdenes —continuó—. Éstas deben ser de retirada y reagrupamiento junto con el resto del ejército. No tiene sentido poner en riesgo inútil a una compañía tan valiosa, a unos soldados tan experimentados, por el capricho político de las SS, dicho sea con todos los respetos. Le reitero que, si es preciso, estoy en condiciones de mandar no sólo una, sino varias unidades motorizadas, para rescatar a nuestros hombres y por supuesto el maldito oro. Pero mi general... es inevitable tomar una decisión con la mayor premura; cada minuto incrementa innecesariamente el peligro para la vida de mis soldados, y también para la estrategia que ha adoptado el Alto Mando, ¡siempre con su valiosa contribución!

—Heusenberg... le aconsejaría que fuese más prudente en sus apreciaciones. Debemos acostumbrarnos a respetar a todos los actores de la escena, en este caso, también a las Waffen SS que tanto valor y eficacia han demostrado en el combate. Si ahora nos piden cierta contención, no voy a ser yo, y menos usted, quienes pongamos en entredicho la decisión que se haya adoptado y que, además, ya me fue transmitida esta mañana por varios mandos de la Leibstandarte. Se ha subrayado la necesidad de custodiar y luego transferir el cargamento a un destacamento blindado de las Waffen SS. Nosotros les apoyaremos con una compañía motorizada y ambas unidades se presentarán en las coordenadas de la posición, mañana a las nueve de la noche.

—En ese caso, mi general, ¿debo entender que usted está de acuerdo con el plan de evacuación, tal y como me lo ha expuesto el capitán Peckmann?

—Dedúzcalo usted mismo, coronel, yo no tengo más que añadir así que...

—¡Un momento, mi general! Antes de terminar nuestra conversación quisiera comunicarle que si bien obedeceré de inmediato sus órdenes, considero necesario elevar, por teletipo y por correo ordinario, una protesta formal dirigida a la Jefatura del Cuerpo de Ejército, con copia para usted. Creo honestamente que anticipando la evacuación, se habrían conciliado los intereses en juego y, como usted dice, satisfecho a todos los actores.

—Mi querido Heusenberg —le dijo el general, en tono conciliador, tratando de rebajar la tensión del enfrentamiento y reconducirlo a aguas menos revueltas—. Parece que usted no aprenderá nunca. Debemos acatar las órdenes que nos son dadas. ¡*Aber bitte Herr Oberst*! (¡Pero por favor, señor coronel!) ¡No se preocupe tanto! ¡Todo se va a solucionar! Haga como yo, tómese las cosas con mesura y valore la alta interpretación del mando supremo.

—Lo siento, general Eberhardt... no me deja usted otra salida. Quisiera además poner en su conocimiento que la forma en la que el capitán Peckmann se ha dirigido a mi persona, en tanto que oficial superior de la Wehrmacht, faltándome al respeto, ha contravenido las ordenanzas. También lo voy a hacer constar en mi informe; se lo debo al regimiento y a los hombres cuya representación encarno. Por supuesto —finalizó—, ya sabe que puede relevarme del mando en cualquier momento. No tengo más que añadir, buenos días mi...

—¡Alto, coronel! —le cortó Eberhardt muy airado—. Yo que usted no elevaría esa... queja al Alto Mando. No va a conseguir nada más que ganarse mala fama y truncar su carrera militar, que como usted sabe, depende en gran parte de mí. Estas cosas hay que tratarlas políticamente —añadió en un tono más suave—. No es que me oponga a que usted... más adelante, eleve su protesta, incluso yo la secundaré;

pero considero que éste no es el momento oportuno. Le aconsejo que no cometa ninguna imprudencia; no tengo más que decirle, buenos días. —Y colgó o, más bien, estrelló el teléfono impulsivamente, al tiempo que un sudor frío continuaba empapando su espalda y sus axilas sin piedad.

«¡Qué locura si le hago caso! Enfrentarme nada menos que a la división Leibstandarte SS de Adolfo Hitler, una de las más importantes del Reich y de las SS. Este coronel quiere mandar mucho y es un desequilibrado —pensó iracundo—; voy a tener que pedir su traslado. Me puede poner entre la espada y la pared con su maldito informe. Puede convertirse en un elemento contaminante para el resto de la oficialía y en un problema para mí. Además, si esto llega a saberse, la moral de la tropa quedará minada. Sí —concluyó autoconvenciéndose—, creo que no tendré más remedio que cesarle».

Acto seguido, para relajarse de la tensión vivida, el general Eberhardt quitó del gramófono la pieza operística cuya audición le habían interrumpido con tanto mal gusto, y la sustituyó por una canción, más sugerente, de Rosita Serrano. La también conocida como el Ruiseñor Chileno era una de las cantantes más escuchadas en Alemania y en los frentes de guerra, con éxitos discográficos como Roter Mohn (Luna roja), Schön die Musik (Qué bonita es la música) o La paloma.

Mientras tanto, en el despacho del *Oberst*, los sentimientos eran encontrados. Frustración, por la situación indeseada de tensa y arriesgada espera que la orden iba a generar en la unidad afectada; pero también satisfacción, porque el coronel era consciente de haber cumplido con su deber de soldado y de oficial al mando del regimiento y, sobre todo, porque, en las actuales circunstancias, se había comportado humanamente, preservando su dignidad de soldado y de persona.

Inmediatamente, Von Heusenberg se puso manos a la obra:

—¡Karl! —llamó por el audífono.

—*¡Zu Befehl, Herr Oberst!* —¡A la orden señor coronel!— le respondió con firmeza su fiel cabo ordenanza.

Karl llevaba tres años al servicio del oficial, conocía al dedillo las reacciones de su jefe, y se hacía cargo del clima de extrema tensión que se vivía en aquellos momentos. Levantándose como un resorte, tomó rápidamente sus armas habituales: un bloc de notas, un lápiz de grafito y otro de tinta para subrayar. Luego, entró resuelto en el despacho del coronel, cerrando con fuerza la puerta tras de sí.

Mientras tanto, en la antesala, los ojos felinos, inquietos y nerviosos de Peckmann, a pesar de la seguridad que trataba de aparentar, desvelaban que tampoco las tenía todas consigo. «¿Y si cambian de idea en el Alto Mando? —pensó preocupado—Entonces se iría todo al garete, en particular la posibilidad de un ascenso, la fama, o mi ansiada cruz de hierro.» Y es que para el *Hauptsturmführer* de las SS, eso era lo que importaba; ninguna consideración hacia las tropas aisladas si no servían para cumplir sus fines.

—Siéntese, Karl —requirió amablemente el coronel a su ayudante—. Quiero que preste mucha atención a lo que voy a decirle; es posible que en breve me releven del mando.

—Pero, ¿qué insinúa, mi coronel? ¿Qué ha pasado? ¿Le puedo ayudar en algo?

—No, Karl, es mejor que no se meta en nada y continúe en su puesto. Espero que le confirmen en él, una vez venga el nuevo responsable del regimiento. Si no... tenga la seguridad de que haré todo lo posible para que le den un buen destino, aunque ya sabe cómo están las cosas. En fin no debemos anticipar nada, pero vaya mentalizándose.

Luego, más relajado, como si se hubiera quitado un lastre de encima, prosiguió:

—Ahora, ¡volvamos ya al trabajo! Quiero que le entregue al *Hauptsturmführer* las órdenes que le voy a dictar. Páselas a máquina inmediatamente y, una vez firmadas, baje al registro. Luego, dele a Peckmann el original, con acuse de recibo en la copia. Cuando haya hecho todo, vuelva usted aquí; tenemos que mandar un télex y un correo urgente al tren de mando de la jefatura del cuerpo de ejército.

Cuando el soldado se dirigía a la puerta, le llamó de nuevo:

—¡Ah, Karl! ¡Se me olvidaba! Prepare un vale para una radioemisora y entregue esta caja al soldado de la 150. Me parece que se llama Hans. Dígale que es un presente de mi parte para el capitán Meinhof. Son dos botellas de whisky, creo que le van a gustar. Entréguele también esta nota personal, sin que se dé cuenta *ese señor que le acompaña*. No tiene carácter oficial: va dirigida a *Herr* Wilhelm Meinhof.

—¡*Zu Befehl, Herr Oberst*! (¡A la orden mi coronel!).

Dicho y hecho. Al salir del despacho, el secretario redactó a máquina las instrucciones para la compañía, las pasó a firma y bajó de inmediato al registro. Finalmente, sin mediar palabra, entregó al *Hauptsturmführer* el documento. Éste firmó la copia a modo de recibo, pues ambos conocían el procedimiento burocrático aplicable en estos casos. También le entregó el vale, igualmente firmado y sellado por el oficial superior. Pero antes de irse, sin despedirse del coronel, el desconfiado capitán leyó el contenido de la orden e hizo un gesto de satisfacción. Ya en el pasillo, al ver el estado durmiente y roncante del soldado Hans Witzcke, le despertó con muy malos modales:

—¡*Zum Donnerwetter*! (¡Demonios!) ¡*Aufstehen*! (¡Arriba soldado!) ¿Pero dónde se ha creído que está usted?

El pobre Hans volvió bruscamente del país de los sueños y al incorporarse mareado, se dirigió al oficial recorriendo todas las escalas de mando:

—¡Perdón, mi coronel! Digo, ¡mi Comandante! ¡*Zu Befell Herr Hauptmann*! (¡A la orden mi capitán!) ¡Quiero decir, *Herr Hauptsturmführer*!

—¡Déjese de formalismos! Ya tengo las órdenes para su unidad y todo está coordinado. Nos van a entregar una emisora de campaña en intendencia. ¡Partamos lo antes posible!

Como una flecha, con Hans tambaleándose y apenas repuesto del susto, empezaron a bajar la escalinata de la entrada cuando, de repente, viniendo de detrás, se escuchó la potente voz de Karl que llamaba al soldado.

—¡Un momento, por favor! ¿Puede subir el soldado Hans? El coronel quiere entregarle un regalo para el capitán Meinhof. —Con prudencia jerárquica, y cierto temor, el soldado se quedó mirando al capitán para que le autorizase.

—¡A qué espera!, ¡suba soldado! ¡Y baje inmediatamente! —le ordenó Peckmann molesto y añadió—: ¡Dese prisa!, no tenemos un momento que perder, ¡ya vamos con retraso!

Al subir, el ordenanza le entregó la caja con las dos botellas de whisky al tiempo que, guiñándole un ojo, le pasaba un sobre con la nota que previamente había redactado el coronel.

—Es para su capitán —le dijo en voz baja—. El SS no debe enterarse.

—De acuerdo, no se preocupe, he captado el mensaje —le respondió Hans haciendo un gesto de asentimiento y complicidad.

—¡Ah! Se me olvidaba, ¡buena suerte camarada!

—¡Gracias e igualmente! Nuestra relación ha sido corta, pero me caes simpático— le contestó Hans dándole un fuerte apretón de manos, en lugar de hacer el saludo militar.

A los pocos minutos, pasadas las diez de la mañana, el capitán Peckmann y su *escudero*, después de recibir la emisora-receptora en la intendencia del regimiento, se pusieron de nuevo en carretera. Tras hora y media de duro camino, la silueta de la típica granja ucraniana, que por los avatares de la guerra se había convertido en el acuartelamiento de la unidad de las Waffen SS, empezó a dibujarse a lo lejos.

**

Mientras la potente BMW salía a toda velocidad de la ciudad, Von Heusenberg, en su despacho, dictaba a Karl lo que podía denominarse, sin ningún género de dudas, su testamento militar. Le preguntó al ordenanza, esta vez como amigo, si podía contar con él para testificar algún día sobre lo que había visto y oído, sobre el contenido de los documentos y su envío. El fiel secretario contestó afirmativamente. Luego, ante la sorpresa de éste, el coronel se le volvió a dirigir, en un tono y de una manera que nunca antes había utilizado:

—Mi querido Karl, ¿nunca le he dicho lo mucho que le aprecio? Ahora es un buen momento para que lo sepa. Han sido tres años irrepetibles. Espero que no haya sido demasiado severo con usted.

Al coronel, entonces, se le hizo un nudo en la garganta y quedó mudo por unos instantes... pero luego, como oficial prusiano, acostumbrado a reponerse y a contener sus emociones, continuó:

—Si me trasladan, o si me ocurre algo, quiero que se quede con las lámparas de mesa y el busto de Napoleón, también con las reproducciones de los cuadros de esos pintores impresionistas y *degenerados* que compré en París; lo voy a poner por escrito. Pero sobre todo... lo que quiero es que guarde un buen recuerdo de mí, y que me tenga en cuenta en sus oraciones, amigo mío.

Finalizada la conversación y una vez que Karl, cabizbajo y emocionado, hubo abandonado el despacho, el coronel se levantó de su sillón. Agotado por la tensión y con aspecto abatido, abrió el pequeño armario donde había un tocadiscos y puso su vals preferido, el Künstler Leben — Vida de artista— de Johann Strauss, que estuvo escuchando durante un buen rato. Luego, mientras la bella melodía vienesa continuaba sonando, se acercó a la ventana que desde el balcón central del edificio daba a la bella plaza de la ciudad. Los soldados de la Wehrmacht, infantes, tanquistas, tropas regulares y de las Waffen SS, algunos pilotos, soldados y oficiales en definitiva, todos muy jóvenes, se entremezclaban febrilmente mientras la policía de campaña trataba de poner orden en el caos.

«¡Qué lástima! —pensó— ¡Cuánta juventud va a ser sacrificada por los sueños de un loco que nos va a arrastrar a todos a la destrucción! Ha sido mejor que no haya tenido hijos; habrían tomado parte en esta guerra, en esta locura, y yo no podría soportar la pérdida de ninguno. Sólo me espera en Alemania mi querida Elke, ¡tan elegante!, ¡tan fascinante! Su padre no quería que se casara conmigo, con un aristócrata de ideas liberales, algo muy difícil de soportar para él, un hombre hecho a sí mismo, que desde el primer momento había adorado a Hitler. Pero al final, no tuvo más remedio que claudicar y aceptar lo irremediable. Cuando dos personas están enamoradas y se quieren, no hay forma de separarlas».

«¡Qué felices éramos en Heidelberg! —continuaba recordando—. Ella, con sus clases en la *Volkschule*; yo, con mi pequeña fábrica de alabastro donde trabajaban esos maravillosos artistas. ¿Qué estará haciendo ahora? ¿Se estará paseando con su madre por los jardines de la universidad? ¿Habrá conseguido que la destinen al hospital de la Cruz Roja? Ése era su mayor deseo: ayudar a los heridos a sobrevivir, poner su grano de arena para que todo fuese menos inhumano. ¡Cuánto te echo de menos Elke! ¡Cuántos deseos truncados por la maldita guerra! Cuántos objetivos hemos tenido que abandonar!... ¡Cuánto te quiero!».

Al poco rato, el ulular de una sirena interrumpió bruscamente sus añoranzas. Se trataba de una alarma aérea. Normalmente, cuando esto ocurría, transcurrían unos minutos hasta que la aviación enemiga aparecía en el cielo y soltaba su carga letal o ametrallaba todo lo que se le ponía por delante, enfrentándose a veces con los cazas Messerschmitt o los Stukas del Arma Aérea, la Luftwaffe del mariscal Hermann Goering que, ciertamente, ya no atravesaba por sus mejores momentos.

Sin inmutarse, a pesar del ruido y la tensión reinantes, el coronel Von Heusenberg extrajo una llave del cajón de su escritorio. Acto seguido, se acercó a una hornacina, disimulada detrás de uno de los grandes y bellos biombos chinos que decoraban la estancia. Dentro, había una caja fuerte. La abrió y tomó un estuche que estaba en su interior. Allí guardaba la cruz de hierro de primera clase, con la que había sido condecorado en la campaña de Francia y de la que se sentía muy orgulloso. Con sumo cuidado, tomó la medalla y se la abrochó ritualmente, al cuello de su uniforme. A pesar de las reiteradas peticiones de Karl, que se impacientaba para bajar al refugio antiaéreo del sótano... Él, no respondió. Sorpresivamente, con gran tranquilidad, como contando los pasos, subió a la azotea de la gran mansión por una escalera interior. Su intención era unirse a los sirvientes de las dos ametralladoras antiaéreas y del cañón de 88 mm Flak 41 que, rodeados de sacos terreros y debidamente afianzados, habían sido montados sobre la terraza superior del edificio. Al estar situado en un punto elevado y central, el palacio ocupaba un lugar estratégico desde el que se divisaba toda la ciudad.

Nada más salir al exterior, hizo un gesto con la mano a uno de los soldados que servían el antiaéreo y que, por su aspecto juvenil, apenas tendría 18 años. Al bisoño artillero, el uniforme le estaba enorme; lo mismo ocurría con el casco de acero, que casi le cubría los ojos. A pesar de lo trágico del momento, el coronel se sonrió al ver su aspecto cómico y de inmediato se dirigió a él:

—¡Hijo!—le llamó de forma incorrecta para un militar— ¡Baja inmediatamente al refugio!, ¡te lo ordena tu coronel! ¡Ah!, ¡se me olvidaba!, ¡dame tu casco antes de irte!

—Pero... mi coronel, usted... ¡no puede!...

—Déjese de reconvenciones —le interrumpió autoritariamente—. ¿Cómo se llama, soldado? —El soldado se cuadró, abrumado por la presencia del alto oficial, y le respondió tímidamente:

—Ralph, mi coronel.

—Ralph, cuando tú no habías nacido yo era ya soldado en la Gran Guerra. ¡Baja al refugio y ve con Dios! ¡Y no me lo hagas repetir!

Lleno de confusión, con la cara enrojecida de vergüenza y temblándole las manos, el soldado alargó su yelmo de acero al coronel que, inmediatamente, se lo puso. Pero cuando abandonaba la azotea, caminando hacia la puerta de servicio, Von Heusenberg se dirigió de nuevo a él, esta vez en un tono cariñoso:

—¡Ralph, espera un momento! —el soldado se dio la vuelta nervioso—. ¡Tómate una taza de leche! ¡Invito yo!

Finalmente, como si se tratase del hijo que no había tenido, añadió—: ¡Felicita a tu madre! ¡Dale recuerdos de mi parte! Puede estar muy orgullosa de ti.

—¡Gracias, mi coronel! —respondió Ralph, mientras lleno de satisfacción y admiración, se cuadraba marcialmente y sonreía al jefe del regimiento.

Sin perder un segundo, Von Heusenberg, que había sido artillero en Alemania, se acomodó en el puesto de uno de los tiradores y, después de quedarse mirando al cielo durante unos segundos, se dirigió en voz alta a las dotaciones del cañón y de las ametralladoras:

—¡Muchachos! ¡Tenía ganas de estar hoy con vosotros! Hay mucha mierda a mi alrededor, sobre todo por ahí arriba, en las altas esferas. Ahora, vamos a demostrar a todo el regimiento de lo que es capaz un puñado de soldados alemanes. ¡Suerte y buena caza!

Aleccionados por las inesperadas y espontáneas palabras del coronel pero, sobre todo, admirados al ver que el más alto oficial del regimiento estaba allí con ellos, dispuesto a luchar como un soldado más, arriesgando su vida; a los artilleros les subió un cien por cien su moral de combate.

Pronto, unas pequeñas y zumbonas motas negras, como abejorros rabiosos, aparecieron en lo alto del horizonte. Luego fueron creciendo por momentos, hasta que prácticamente estuvieron sobre la ciudad, mostrando su verdadera naturaleza de máquinas voladoras y sembradoras de muerte. Se trataba de varias escuadrillas de cazas Yakovlev I-26, que sin apenas oposición de la Luftwaffe, campaban a sus anchas en el cielo, sembrando el caos y la destrucción entre la amalgama de las tropas alemanas que trataban de reorganizarse para la retirada. Al ponerse a tiro, los artilleros y los servidores de las ametralladoras empezaron a disparar compulsivamente, pero con precisión. Tres cazas soviéticos fueron derribados. A pesar del peligro que se cernía sobre aquellos, en ningún momento dejaron de hacer fuego, incluso cuando un cuarto caza, al que habían acertado, les enfilaba envuelto en llamas dejando tras de sí una estela de humo negro, presagio de su inevitable destrucción. Con determinación suicida, el avión se estrelló de lleno contra las defensas antiaéreas alemanas.

Cuando la sirena sonó de nuevo, anunciando el final del ataque aéreo, Karl subió frenéticamente hacia lo que quedaba de la azotea. Sobre ella, entre los escombros humeantes, yacía el cuerpo del coronel. Después de comprobar que estaba muerto, el cabo ordenanza no pudo reprimir sus lágrimas: «¡No tenía que haberle dejado subir! ¿Por qué ha cometido esta locura?» —exclamó sollozando. Luego, ajeno a todo lo que pasaba a su alrededor, añadió—: «Has sido el oficial más grande que he conocido, el de más dignidad y el mejor con sus hombres. Va a ser muy difícil que te olvidemos».

Finalmente, mientras con gran ternura cerraba los ojos de la cara ensangrentada de su coronel, concluyó: «Eres un ejemplo de caballero para el ejército alemán, para Alemania, para todos...».

***

De vuelta a la granja

Mientras la tragedia, en forma de bombardeo, se cebaba sobre la comandancia de la división, el capitán Peckmann y el soldado Hans regresaban a la granja donde se encontraba acuartelada la compañía de las Waffen SS. Allí, la monotonía de los últimos meses había dado paso a un cierto revuelo por la captura de un oficial del ejército ruso perteneciente a las fuerzas del general Vatutin, que eran las que operaban en el sector. En el combate, una escaramuza que había tenido lugar al poco rato de partir aquéllos hacia el cuartel general, el militar soviético, un teniente coronel, se había quedado rezagado y había optado por rendirse. En estos casos, las órdenes de las tropas eran llevar inmediatamente al oficial enemigo a la comandancia, para ser interrogado.

—¡Vaya contratiempo! —exclamó el *Hauptsturmführer* Peckmann—. Por el uniforme y las condecoraciones que lleva, se trata de alguien relevante—pensó—, así que no voy a tener más remedio que ir al cuartel general de la división».

Luego se dirigió al soldado:

—¡Hans, usted esperará aquí! En cuanto vuelva, saldremos sin demora hacia su unidad.

Además de tener el mando de la compañía, el capitán ejercía labores de intérprete y traductor de ruso. Había aprendido a hablar este idioma en su juventud. Luego lo había perfeccionado en Moscú, al ser destinado a la capital soviética para una misión de un año, con motivo de los pactos firmados por la URSS y Alemania en agosto de 1939. Cuando algún oficial soviético caía en manos de las Waffen SS, el protocolo exigía la presencia de un experto en el idioma eslavo durante los interrogatorios. En la brigada, este papel recaía a menudo en el *Hauptsturmführer*.

Con las manos esposadas y un pañuelo cubriéndole los ojos, el prisionero fue conducido hasta el asiento del copiloto en el sidecar de la moto. Una vez dentro, el vehículo partió como una exhalación portando su valiosa carga. Para Hans, que estaba deseando volver con sus compañeros, las horas de espera se hicieron interminables; no era plato de gusto estar rodeado de miembros de las SS, y le era difícil disimular su animadversión hacia ellos.

Ya de noche, pasadas las siete, el ruido de un motor empezó a oírse a lo lejos. Era Peckmann que retornaba a la compañía. Al llegar, se apeó de la moto, se quitó los guantes y las gafas de protección, y se bebió entera la cantimplora de té que le ofreció uno de sus hombres. Luego, mientras se limpiaba la cara, irreconocible por la capa de barro y sudor que la cubría, llamó a su segundo, el *Obersturmführer* — grado equivalente a teniente en el Heer— Dieter Weiss.

—No he podido entregar al prisionero. ¡Me la ha jugado! ¡Estoy aquí de milagro!

—Pero, ¿qué le ha ocurrido, mi capitán?, ¡cuéntenos!

—Cuando nos hallábamos a unos veinte kilómetros del cuartel, me dijo que tenía que hacer sus necesidades, que no podía aguantar más, que si no paraba se las hacía en la moto. Como comprenderán, no tuve más remedio que detenerme, desatarle las manos y quitarle la venda. Me quedé vigilándole mientras se desahogaba detrás de un matorral. Cuando parecía que había acabado, el muy cabrón echó a correr. Entonces me subí a la moto y le seguí campo a través, pues el terreno en esa zona era llano, aunque bastante arenoso. Cada vez que me acercaba, frenaba y le disparaba con mi mp 40, pero el tío se ponía a zigzaguear y no había forma de acertar. Parecía un galgo. ¡Cuánto se lo piensan algunos para morir! —exclamó el capitán ante las risas de todos... menos de Hans.

«Finalmente, le acerté en una pierna y me aproximé; pero entonces aparecieron dos soldados rusos que me dispararon. Me parapeté detrás de la moto y respondí al fuego. No sé cuánto tiempo estuvimos así. El oficial permanecía en tierra de nadie, de tal manera que ni yo ni ellos podíamos acercarnos. Al cabo de un rato, llegaron más soldados enemigos. Seguramente habrían oído el tiroteo; pero yo no me quedé para averiguarlo. Decidí que lo más sensato era alejarme del lugar y ponerlo todo en conocimiento del cuartel general. Menos mal que la moto, a pesar de haber sido alcanzada por las balas rusas, funcionaba todavía. Siento la tardanza, pero no he podido correr más: a la vuelta, la carretera era un caos y estaba atestada de tropas y vehículos.

Finalizado su relato, el *Hauptsturmführer* fue a lavarse y pidió que le prepararan un café bien cargado. Unos minutos después, ya más relajado, se dirigió de nuevo al *Obersturmführer*:

—¡Teniente Dieter! Tengo órdenes de conducir al soldado Hans a su unidad; debo permanecer allí hasta mañana por la noche para supervisar una importantísima misión. Ya sabe que tenemos que retirarnos en las próximas doce horas. Según las últimas noticias de la Abwehr (la inteligencia militar), la ofensiva soviética se avecina, así que haga todos los preparativos necesarios y salgan de aquí cuanto antes. Usted mandará en la compañía durante mi ausencia.

—¡*Jawohl, mein Hauptsturmführer*! —¡Sí, mi capitán!— le respondió el oficial, acostumbrado a obedecer ciegamente las órdenes, como un buen SS, sin ponerlas jamás en cuestión.

A pesar del cansancio, y después de llenar el depósito casi vacío de la BMW, el capitán y Hans se montaron en la moto y partieron. La idea era aproximarse a la compañía 150 por el Sur, pues en esa dirección la distancia desde la granja era más corta y la vuelta a la posición desde otro ángulo ya no era posible: el mando de las SS había hecho llegar un cable avisando de intensas acciones de los partisanos, en una amplia zona que coincidía con la que estaba situada al este del promontorio que ocupaba la unidad.

Después de tomar varios caminos, debían de alcanzar el punto principal de referencia: un pueblo abandonado que estaba situado a unos 4 kilómetros al Sur de su destino. Más allá, empezaba la zona descubierta, unos antiguos campos de cultivo de cereales batidos por francotiradores; aunque siendo de noche y con la luna en cuarto menguante, el riesgo se reducía bastante. En cualquier caso, estar bordeando la línea del frente, que debían evitar a toda costa, constituía un peligro añadido. Había que permanecer muy alerta para no caer prisioneros de los rusos, o algo peor...

Normalmente, las comunicaciones por carretera eran organizadas por la *Orpo*, la Ordnungspolizei —policía regular—, pero probablemente se habrían retirado ya. Por suerte, Hans tenía una capacidad de orientación proverbial y conocía bien una zona donde, a menudo, hacía *excursiones* con el soldado Bukovsky, su mejor amigo dentro de la compañía.

Agotado, pero satisfecho por haber cumplido con la misión, el soldado empuñaba con fuerza la MG-42 que habían instalado en el sidecar, vigilando a uno y otro lado para evitar cualquier sorpresa desagradable. Mientras, la moto avanzaba a media velocidad, sorteando los baches y evitando chocar con los vehículos destrozados que, de vez en cuando, se encontraban en la carretera dificultándoles el paso.

**

A la luz del potente faro delantero, el pueblo abandonado apareció con un aspecto fantasmagórico. La mayoría de sus casas estaban en ruinas o a punto de derrumbarse. En las angostas calles, aún podían apreciarse los impactos de la artillería y las señales de los combates que habían tenido lugar durante el otoño de 1941. Entonces, Hans no pudo evitar recordar la ofensiva victoriosa de aquel año. La comparación con la situación del frente, en octubre de 1943, no podía ser más desastrosa. «Ahora nos vemos obligados a batirnos en retirada —admitió en su interior—. Ni los discursos de Hitler ni las soflamas de Goebbels van a evitarlo».

En el patio de una casa, todavía en pie, que no era visible desde el exterior, escondieron la moto cubriéndola con una lona de camuflaje.

—¿Mi capitán, por qué no nos acercamos más a nuestra posición? —preguntó Hans, al no comprender la decisión de abandonar allí la moto, pues el camino continuaba todavía unos cientos de metros y luego el terreno se volvía llano.

—Soldado, no creo que sea buena idea llamar la atención de los rusos haciendo más ruido del necesario. ¡Imagínese que su unidad estuviera rodeada! ¿Usted cree que tendríamos alguna opción de llegar? Además, ¡seamos prudentes! Mañana, si la senda está despejada, volveremos a recuperar la moto.

Después de cubrir sus botas con unas improvisadas bolsas de fieltro para amortiguar el ruido de sus pasos, los dos soldados abandonaron la aldea portando la emisora-receptora que les habían entregado en la comandancia. El terreno parecía despejado, sin que el enemigo diese señales de vida. Lo que más les atormentaba, sobre todo a Hans que conocía bien la zona, era la posible presencia de francotiradores. El problema es que su detección, antes de que disparasen, era muy difícil; y cuando disparaban, solían acertar.

En el último tramo se tiraron al suelo. Luego, arrastrándose, se acercaron por la retaguardia a unos ciento cincuenta metros de la posición. Avanzar más era muy peligroso pues los vigías, ante cualquier movimiento sospechoso, disparaban y luego... preguntaban.

La señal convenida era gritar las palabras *Oktober ist am Schönsten* —octubre es lo más bonito—: una idea de Klaus el poeta que a Hans no le había hecho mucha gracia, pero que el capitán Meinhof había secundado con entusiasmo:

—¡Me gusta!, ¡qué apropiada! Si vuelves será una frase maravillosa —le había dicho Willy en tono jocoso y con un humor que no podía ser más negro.

—Usted siempre tan gracioso, mi capitán, ¿y si me voy de vacaciones y no vuelvo?

—Escríbenos, estés donde estés, ¡es una orden! Desde nuestras tumbas te contestaremos, o quizás te contesten los rusos. Será ¡muy divertido! Ya verás. —La respuesta del capitán provocó las risas de Klaus y de Bukovsky, que se habían querido despedir de Hans, pues sabían que quizás... ya no le volverían a ver.

Por suerte, transcurridas más de 24 horas desde su partida, el soldado, acompañado del capitán Peckmann, se encontraba ahora pronunciando la *famosa* frase *Oktober ist am schönsten*, pero como no se atrevía a levantar demasiado la voz, sus palabras no eran oídas en la compañía. Cansado ya de repetirla, se volvió al capitán:

—Estos tíos están dormidos y no se enteran. Me voy a acercar más. Usted, quédese aquí.

—De acuerdo, soldado, pero no se levante. ¡Aproxímese reptando! En última instancia, disparamos; así llamaremos su atención.

Pero no hizo falta. A unos cincuenta metros, Hans pronunció de nuevo las palabras mágicas en voz alta, y esta vez sí fue oído y reconocido por un vigía de los puestos de escucha avanzados. Sin embargo, el soldado no se atrevió a tomar ninguna decisión sin avisar antes al capitán Meinhof y al sargento Klaus Zimmermann. Estos, de cachondeo, fingieron que no le reconocían y le hicieron repetir la frase cinco o seis veces:

—Pero ¿quién es usted? ¿Qué dice usted del otoño? —le preguntaban en broma.

—¡Octubre!, ¡octubre! —repetía el pobre Hans sin poder creerse lo que estaba pasando.

—¡Querrá decir otoño!, ¿quién eres?, ¡¡identifícate!

—¡Soy Hans! ¡El soldado de primera, Hans Witzcke, que vuelve de patrulla! ¡Me acompaña el *Hauptsturm-führer*, Kurt Peckmann! ¡De las Waffen SS!

—¿Franz? ¿Quién es ese Franz? ¡Aquí no hay ningún Franz! Me parece que usted se ha equivocado. ¡A ver, soldado!, ¡diga el santo y seña! —le gritaban desde el promontorio.

Y el pobre Hans lo volvió a decir hasta la extenuación, pero seguían aparentando no comprenderle. Finalmente, a instancias de Bukovsky, el capitán y Klaus se compadecieron dejando de burlarse del pobre y sufrido camarada.

— ¡Tú!, ¡gilipollas! Entra ya en la trinchera y deja de decir chorradas —ordenó Willy.

En ese momento, una parte de la compañía prorrumpió en sonoras carcajadas y aplausos, pues sabían cuán importante había sido la misión de Hans y estaban muy contentos de que el soldado hubiese salido vivo de la aventura. Pasadas las nueve de la noche, los recién llegados alcanzaron la trinchera y por una escalerilla de madera bajaron a su interior.

El primero en recibirles fue el sargento Zimmerman. Klaus, a pesar de la sobriedad que le caracterizaba, no pudo reprimir la emoción y le dio a Hans un caluroso abrazo, disculpándose por la broma. Por su parte, Meinhof saludó marcialmente al capitán de las SS y le pidió que le acompañase a la chabola resguardada que, dentro de la trinchera, hacía las veces de dormitorio del oficial y de los sargentos, además de puesto de mando improvisado.

—Estábamos ya muy preocupados, *Hauptsturmführer* —reconoció Willy mientras recorrían la posición.

—Ya me lo imagino, capitán. ¡Pero, alégrese! ¡Traigo buenas noticias del centro de mando! Mañana, a las nueve de la noche, abandonaremos este lugar. Una compañía motorizada de las Waffen SS, con cuatro vehículos semioruga, dos camiones pesados Mercedes Benz y tres tanques P-IV de escolta, vendrán a recogernos y a llevarse las cajas. Por parte de su regimiento está previsto que se desplace una compañía de apoyo, también motorizada.

—¡*Gott sei dank*! (¡Gracias a Dios!) —exclamó Willy—, pero ¿por qué esperar a mañana? Tenemos todo dispuesto para la marcha; cuanto antes vengan los vehículos y nos vayamos, mejor para todos.

—Siento comunicarle que ésas son las órdenes. No puedo hacer nada más. Yo mismo he tenido que dejar el mando de mi compañía para estar aquí con ustedes. Tenga en cuenta que no andamos sobrados de vehículos motorizados y sobre todo de tanques. Formar un destacamento mixto no es tan fácil. De todos modos, aquí tiene las instrucciones, firmadas por el coronel Von Heusenberg. Me las ha entregado personalmente —añadió Peckmann mientras le tendía el sobre que las contenía.

El capitán lo abrió con su puñal de reglamento, extrajo el documento y, después de leerlo cuidadosamente, comprobando previamente la firma y el sello que conocía de memoria, quedó pensativo durante unos segundos. Finalmente... asintió:

—¡Todo está correcto! Si el alto mando lo ha decidido así, sus razones tendrá —aceptó Willy frunciendo el ceño y empleando un tono de voz que expresaba abatimiento y resignación. Luego, recuperando su aplomo, añadió—: Voy a comunicar inmediatamente la buena nueva a la tropa y a reforzar las defensas, por si se produjera un ataque.

—¡Espere, capitán! —le reclamó Peckmann—. Aunque imagino que usted no es el único que sabe dónde se encuentran las cajas, considero necesario que me indique su escondrijo; es por motivos de seguridad... si fuesen latas de sardinas, no se lo pediría.

—Por supuesto, ¡acompáñeme! —asintió Willy solícito, ante la razonable petición de Peckmann.

Saliendo al exterior de la trinchera y caminando a gatas, los dos oficiales llegaron a una hondonada que estaba situada a treinta metros, a espaldas de la posición. Allí, a modo de señal, Willy había colocado unas cajas de botellas de cerveza vacías que, en caso necesario, pasarían desapercibidas para los rusos, pues nada delataba que estuviesen encima del tesoro. Señalando las botellas, le habló en voz baja al capitán Peckmann:

—Debajo está todo el cargamento. Hace unos días cavamos un hoyo de cinco metros de profundidad. Hemos tenido que utilizar varias camillas reforzadas y dispuestas en forma de cruz, para cargar entre ocho hombres cada puta caja ¡No se imagina usted lo que pesan! Lo hicimos por la noche, de manera que los rusos no pudieran ver nada. Nos ha costado un mundo, pero al final, lo hemos conseguido. Luego, las hemos cubierto con una protección de sacos terreros. Finalmente, hemos echado tierra encima y compactado el suelo de forma que no se note nada, que el lugar parezca de lo más natural. Espero que toda esta protección sea suficiente para aguantar un disparo de artillería; aunque tengo mis dudas. En cualquier caso, capitán, doy por hecho que los vehículos acorazados traerán grúas.

—En principio tiene que ser así. Mañana, si podemos y nos deja el enemigo, izaremos las cajas mecánicamente. Si no es posible, ya se encargarán los que vengan de sacarlas y ponerlas en los camiones y en los tanques. Ahora debo darle las gracias, capitán Meinhof. Ha hecho un trabajo excelente; es usted muy eficaz. Si salimos de ésta le voy a proponer para la cruz de hierro —afirmó en tono solemne—. ¿Qué le parece?

—Ya la tengo... por méritos en combate —respondió Willy orgulloso—. Me conformo con que todos salgamos vivos de aquí; no quiero recibir ninguna medalla ni ninguna felicitación por este tema, ¡se lo aseguro! —añadió con firmeza mientras pensaba en el origen criminal del oro—. En realidad, lo que él hubiese querido, habría sido devolver el precioso metal a sus verdaderos dueños, los judíos de Kiev y del resto de Ucrania, contra los que él no tenía nada.

La respuesta heterodoxa de Meinhof sorprendió y desconcertó al SS, quien, desde su óptica arribista y carente de escrúpulos, no pudo dejar de pensar —como lo había hecho ya en el caso del coronel Von Heusenberg— en la actitud tan poco práctica de ciertos oficiales del ejército regular.

**

Mientras esta escena tenía lugar, el sargento de comunicaciones, Gerald Funke, y el soldado Albert Bukovsky, el hombre para todo de la compañía, trataban de poner en marcha el nuevo equipo de radio llegado del cuartel general. Lamentablemente, no había forma de que funcionase. Al destapar el circuito descubrieron la causa. Varias válvulas y un condensador estaban rotos. Parecía como si la hubieran pisoteado y ya era la segunda radio que se estropeaba. Desgraciadamente, todos los esfuerzos para recuperarla fueron inútiles.

Después de inspeccionar con Peckmann el escondite

del metal precioso, Willy, que quería confirmar las órdenes con el *Oberkommando,* se dirigió al puesto del operador de radio donde le dieron cuenta del lamentable estado de la emisora.

—¡Vaya mierda! Está muy deteriorada, mi capitán. No sé si podré arreglarla, pero voy a intentarlo —le espetó el sargento Funke, que nunca se abatía frente a las circunstancias, por muy adversas que fueran éstas.

—En cualquier caso, Gerald; mañana, a las nueve de la noche, nos retiramos. ¡Haga pasar la voz! ¡Que todo el mundo esté preparado! ¡No quiero ninguna demora! Ya sabe que, si por mí fuese, partiríamos cuanto antes, pero parece que en el cuartel general quieren que seamos los últimos, por culpa del maldito oro... y de las SS. ¡La verdad es que no lo entiendo!

Antes de informar a la tropa, Funke cumplió con el encargo del soldado Hans:

—Capitán, el soldado Hans me ha entregado este sobre que va dirigido a usted personalmente. Hemos preferido no dárselo en presencia del oficial Peckmann. Es del coronel Von Heusenberg y, según parece, el coronel no quería que el SS se enterara de su existencia.

—¡Qué raro, sargento! De todos modos, muchas gracias.

Un tanto desconcertado, Willy lo abrió inmediatamente, extrayendo de su interior una cuartilla que se puso a leer a la luz de una linterna:

«Querido Capitán: Las noticias que le va a dar el *Hauptsturmführer* Peckmann, no son todo lo favorables que yo quisiera. No veo por qué hay que esperar hasta mañana por la noche para retirarse ustedes y transportar ese maldito oro. Disponemos de compañías motorizadas que podrían partir inmediatamente hacia su posición. Así se lo he dicho al SS, pero las órdenes que tiene son tajantes e irrevocables. Me he puesto en contacto con el general Eberhardt, y tampoco he conseguido nada. De todos modos, le acompaño dos botellas de mi mejor whisky, para que la espera se le haga más corta. Aunque la ofensiva soviética ha empezado ya, más al Norte, no se prevé ningún ataque en nuestro sector, al menos durante los próximos días.

Willy, le deseo mucha suerte en todo y quiero que también se la desee de mi parte a sus soldados, a nuestros soldados, que tan bien están sirviendo al regimiento.

Muchas gracias».

Firmado: *Oberst Von Heusenberg.*

A Willy le extrañaron las palabras utilizadas por el coronel para despedirse. «Este Von Heusenberg —pensó con satisfacción—, siempre tan elegante, tan atento y preocupado por sus tropas. Ha querido suavizar las órdenes y transmitirnos tranquilidad. Debe de estar pasándolo muy mal. ¡Con toda la que está cayendo en el frente!, y encima tiene que aguantar a ese inepto de Eberhardt».

La mención del coronel al whisky le recordó que todavía no habían cenado nada:

—¡Bukovsky!

—¡Sí, mi capitán!

—Ya sé que es un poco tarde, pero la víspera de nuestra partida quisiera disfrutar de una buena cena en honor de nuestro invitado. ¿Qué tenemos por ahí? ¿Cómo está nuestra maravillosa despensa?

—¡Jodida!, mi capitán, ¡muy jodida!, pues aparte de las raciones de campaña, ya no hay casi nada. Sólo queda tocino congelado y patatas, muchas patatas semipodridas. La buena nueva es que conservamos una caja de botellas de *Schnapps* (aguardiente) y tenemos las dos botellas de whisky del coronel Von Heusenberg. Tenga en cuenta que, desde hace ya una semana, no ha venido la intendencia; no obstante haré todo lo posible por encontrar algo.

Albert Bukovsky, que tenía 25 años a la sazón, era un bávaro bonachón, de mediana estatura y algo regordete. Dotado de una cabeza redonda, completamente rapada y brillante, como una bola de billar, su mirada, siempre sonriente, era otro de sus atributos más destacados. Agricultor y ganadero en la vida civil, en una explotación familiar de la Alta Baviera, era conocido en la tropa por su forma de ser, distendida y agradable, además de por su amor a la cerveza, a las buenas comidas, y a la buena vida en general. Su destreza entre los pucheros era admirada y muy valorada, por eso era uno de los ayudantes del cocinero. Pero ello no significaba que rehuyera su participación en las misiones más arriesgadas. Aunque a veces salía a relucir su fuerte temperamento, que había que sujetar, para Willy, Bukovsky era uno de los pilares básicos de la compañía, pues tenía siempre una actitud muy positiva y le apreciaba de verdad.

Cuando a Albert se le pedía algo particularmente difícil, siempre acababa sus respuestas de la misma manera: «No obstante haré todo lo posible por encontrar algo», y siempre se le ocurría algo o conseguía donde otros no podían conseguir. Lo cierto es que, a eso de las doce de la noche, cuando ya se había perdido toda esperanza, y el hambre empezaba a volverse insoportable para los dos oficiales, Bukovsky surgió de la oscuridad y el frío, sonriendo de oreja a oreja, y agarrando por las patas a una gallina que acababa de pasar a mejor vida.

Willy estaba impresionado:

—¿Cómo la ha encontrado en estos yermos?

—Me he acercado a la aldea abandonada; ha dado la casualidad que varias gallinas y unos cuantos pollos estaban picoteando entre los escombros. He atrapado todos los que he podido para los muchachos. Capitán, la verdad es que ha sido un golpe de suerte.

—Usted siempre dice lo mismo, Bukovsky. A usted nunca le va a faltar nada en la vida. Le estoy muy reconocido. Puede repartir la mitad del whisky y todas las botellas de aguardiente entre la tropa, dígales que es obsequio del coronel Von Heusenberg y mío. ¡Con nuestros mejores deseos! Les gustará, aunque no creo que le toque mucho a cada uno. Es nuestra celebración de despedida de este asqueroso lugar.

El capitán sabía perfectamente que el soldado Albert se había jugado la vida, pues aunque de vez en cuando hacían una *limpieza radical*, en esa zona la actividad de los francotiradores soviéticos era frecuente. Estos esperaban cualquier descuido para hacer su trabajo, especialmente cuando los soldados alemanes iban a por agua o a *visitar* las letrinas, muriendo muchas veces sin apenas darse cuenta, de un tiro certero en la cabeza.

—*Danke schön, Herr Hauptmann* (gracias, señor capitán) —le agradeció el soldado y añadió—: Ya sabe que es un placer servir a sus órdenes.

—¡Váyase ya, Bukovsky! ¡No me haga la pelota! Ya sabe que no me gusta. —Pero en el fondo... lo que Albert decía, le llenaba de orgullo.

Dentro de la dura y desagradecida vida militar, estos momentos de broma y de sana camaradería eran los que Willy apreciaba más. Por encima de las diferencias sociales, inexistentes para él, siempre primaba la persona y siempre trataba de favorecer a sus soldados, obteniendo las mejores raciones de comida, proponiéndoles para ascensos o evitándoles peligros innecesarios, pero sin relajar la disciplina ni el buen orden de la unidad. De esta manera, el capitán Meinhof había conseguido formar un gran equipo, y por sus hombres era capaz de arriesgar la vida, como lo había demostrado en varias ocasiones.

Esta actitud y estos comportamientos habían rendido sus frutos. En su unidad, el índice medio de bajas desde el inicio de la Operación Barbarroja, a pesar de los duros combates y de la acción de los partisanos, había sido menor que en las demás de la división. Por otro lado, Meinhof había *adoctrinado* a sus soldados en un sentido positivo, para no actuar como aves de rapiña con la población civil, sino, por el contrario, para ganarse su confianza. Cuando escaseaban los víveres y para sobrevivir era preciso recurrir a la *ayuda* de las gentes de los campos rusos y ucranianos, mantener un comportamiento justo era harto difícil y los roces eran inevitables. Pero dentro de ese clima, Willy trataba de ser lo menos agresivo posible.

El método, si así se puede llamar, era ponerse en el lugar y a nivel de los afectados por las requisas, tratando de convencerles con argumentos racionales, y de producirles el menor daño posible. Compartir era la palabra clave que Willy utilizaba a menudo. De este modo, si se les trataba con humanidad, los rusos y los ucranianos aceptaban, en no pocas ocasiones, despojarse de una parte de sus reservas. El capitán, por su parte, mataba dos pájaros de un tiro: proveer a su compañía y reducir el riesgo de ataques de los partisanos, al menos contra sus soldados. Había que llevarse bien... con todo el mundo.

Con las capturas nocturnas, Bukovsky preparó un sabroso caldo de gallina, capaz de resucitar a un muerto; y un suculento guiso de ave con patatas que les supo a gloria a pesar de estar un poco duro; aunque de eso, ni se dieron cuenta. Los dos oficiales remataron la faena pimplándose una botella, casi entera, de whisky, pues también invitaron al insigne cocinero a beber con ellos el reconfortante y energético líquido. Finalizada la cena y antes de tratar de dormir unas pocas horas, Willy y el *Hauptsturmführer* hicieron una ronda de inspección por los puestos de combate, comprobando los turnos de guardia y la disposición de las defensas.

Al otro lado... no se oía nada. Había un silencio de muerte, apenas truncado por el ulular de una ventisca húmeda que calaba en los huesos: duro anticipo a cuenta del crudísimo invierno que, sin misericordia, esperaba a las tropas de ambos bandos, en medio de los parajes más inhóspitos que uno se pudiera imaginar.

***

Reacción inesperada

La madrugada del 17 de octubre de 1943, el cielo estaba despejado y hacía frío. El termómetro marcaba cero grados, algo natural en la segunda mitad del mes de octubre por aquellas latitudes. El sector continuaba en calma. Enfrente, en la posición rusa, no se había producido ningún movimiento sospechoso, lo cual tranquilizó al capitán Meinhof.

Lo primero que hizo Willy, después de desperezarse, fue despacharse con el desayuno clásico de la trinchera, al que llamaban irónicamente *el continental*. La dieta mañanera se componía de algo parecido a un café de recuelo sin leche —la que tenían en polvo se había ya agotado—, un trozo de pan duro, quemado más que tostado, y otro de tocino, muy necesario cuando el frío empezaba a asolar el frente y para sobrevivir había que incrementar la ingesta de calorías. Después del *festín*, Willy, enfundado en su capa de campaña, hizo su habitual ronda matutina por la trinchera. Luego se reunió con el capitán Peckmann, con Funke, Zimmermann y los demás sargentos y cabos de la compañía, que también habían sido convocados, con el objetivo de dar las órdenes precisas para la evacuación.

—Señores, como les informé ayer, esta noche a las nueve, abandonaremos la posición. A esa hora esperamos los refuerzos que van a proteger nuestra retirada y transportar las cajas que tenemos enterradas. Una hora antes, todo tiene que estar recogido y los hombres en perfecto orden de marcha. Las armas que no puedan transportarse, se destruirán. Con las fuerzas que van a venir,y sobre todo con los pánzer, no creo que los rusos se atrevan a iniciar ninguna acción aislada contra nosotros antes de la ofensiva general.

«Por otra parte —continuó—, como ya les habrá dicho Funke, la nueva emisora no funciona. Parece que tenemos la negra con las comunicaciones, pero las órdenes que me entregó ayer en mano el capitán Peckmann, no dejan lugar a dudas. No obstante, en cuanto esté arreglada me pondré en contacto por radio con el cuartel general.

«Entretanto, señores, ¡extremen las precauciones! Hagan que los soldados comprueben las armas y la munición, y que preparen sus mochilas. Cuando lleguen nuestras tropas, el ritmo será frenético. ¡No quiero ningún retraso! Den las órdenes oportunas para que se entierren las últimas minas antitanque a ambos flancos de la posición. Tenemos que proteger nuestra retirada. Hay que evitar que los rusos puedan realizar maniobras envolventes.

«¡Por último! —concluyó enérgicamente—, no debe producirse ninguna sorpresa que venga de enfrente, así que destaquen una patrulla de reconocimiento, renuévenla cada tres horas y aumenten el número de puestos de vigía, sobre todo de los avanzados. ¿Queda claro? ¿Tienen alguna pregunta?

—¡No, capitán! —respondieron los presentes, casi al unísono.

—Entonces, ¡manos a la obra!

—Por cierto, Kurt —se dirigió Willy al oficial SS—, sería conveniente acercar a nuestra posición la BMW que usted y Hans han dejado en la aldea, ¿no le parece?

—Sí, no es mala idea, pero habría que darse prisa; ¿qué propone usted? —preguntó Peckmann, al que por un momento y sin que nadie se diera cuenta se le iluminó la cara pensando: *carte blanche*...

—Si le digo la verdad, soy un amante de las motos y entiendo un poco de mecánica. Me gustaría acercarme con Bukovsky y traerla yo mismo. Con usted aquí, estoy tranquilo. Si ocurre algo, la unidad queda en buenas manos. Además está el sargento mayor Zimmerman que, en caso necesario, me sustituye. En dos horas, o antes incluso, estaremos de vuelta con un vehículo más; todo es poco para garantizar nuestra marcha en las mejores condiciones.

—Me parece bien, capitán Meinhof, pero ¡partan inmediatamente! ¡Cuanto antes vuelvan, mejor!

A Bukovsky le encantó la idea. Siempre podría encontrar algo entre las ruinas, para echarle el guante y sorprender a sus compañeros. De esta manera, llegado el caso, sus servicios en la *bolsa* de los conseguidores se cotizarían más. El capitán tomó su Luger, su pistola ametralladora mp 40 de tiro rápido, y varios cargadores; el soldado, su fusil Máuser y unas cuantas granadas de mano de las que estaban sobrados. Luego, caminando agachados, abandonaron la posición en dirección a la retaguardia.

A medida que se alejaban, el nivel del terreno descendía impidiendo la visión desde las posiciones enemigas situadas al norte de la trinchera. Ahora había que superar la zona descubierta. Aunque ya había amanecido, pudieron atravesar a buen ritmo el terreno de nadie sin ningún contratiempo. Por fin, ya a salvo de los posibles francotiradores, alcanzaron el camino que a través de antiguos cultivos de cereales y patatas, ahora abandonados, conducía a la aldea.

**

En la trinchera, cada hombre estaba enfrascado en sus tareas, acariciando la idea del muy próximo cambio de aires. Ciertamente, no serían destinados a un balneario, pero se reunirían con tropas amigas, evitando ser rodeados y probablemente exterminados por los rusos. El capitán Peckmann, sin embargo, parecía muy nervioso. No paraba de ir de un lado a otro, oteando al enemigo con los periscopios de trinchera o comunicándose por teléfono con los vigías de los puestos avanzados. A Klaus, la actitud del oficial no pasó desapercibida: «Si me permite preguntarle, *Hauptsturmführer*, ¿qué le ocurre?».

—¡No es nada, sargento!, es mi forma de ser, mi temperamento un tanto nervioso. Siempre me pasa lo mismo cuando faltan unas horas para iniciar una acción.

—¡Tranquilícese! —le aconsejó Zimmerman—. Dentro de poco nos pondremos en marcha. Todos estamos un poco nerviosos; pero así no ganamos nada.

—Lo siento, no me encuentro bien. Klaus, avíseme de cualquier anomalía; estoy en la casamata —respondió el SS mientras absorbía con fruición el humo de un cigarrillo que había conseguido encender con las manos temblorosas, después de varios intentos frustrados.

—¡*Jawohl Hauptsturmführer!* (¡A la orden, capitán!).

Pensativo y encorvado, como si un enorme peso le estuviera aplastando, el oficial se dirigió hacia el improvisado puesto de mando de la compañía, haciendo una parada previa, y algo más, en las atestadas letrinas, situadas en una zona protegida de la retaguardia que se encontraba fuera de la posición.

—¡Que tíos más raros son estos de las Waffen SS! —comentó Klaus al cabo Walter que se encontraba a su lado.

—¡Y que lo digas! Una vez conocí a un SS que se divertía abofeteando sistemáticamente a los prisioneros rusos que capturábamos en Leningrado. El tío disfrutaba de lo lindo. No veas que cara de alegría ponía cuando repartía *leches*. Se conoce que se había tragado toda esa monserga de Hitler sobre los *Untermenschen* —los subhumanos—, la inferioridad de la raza eslava, la superioridad de los arios, etc. Le afee su conducta y por poco me meto en un follón de narices. ¡Casi querían someterme a un consejo de guerra! No me extraña que no tengan muy buena prensa entre la población civil. El problema es la enemistad que provocan sus fechorías; al final repercute en nosotros. Nos miran igual que a ellos; y yo no tengo nada que ver con esos tipos... te lo aseguro.

—¿Pero no pertenecías tú a las Hitlerjugend, esas *maravillosas* Juventudes Hitlerianas? —le preguntó Klaus con sorna.

—¡Manda huevos, Klaus! ¡Ya empiezas con la monserga de siempre! Te he explicado, muchas veces, que eso era obligado a partir de diciembre de 1936. En el 33, cuando todavía iba al colegio, mis padres me afiliaron voluntariamente a la organización, para que a mi familia no se la considerara sospechosa de desafección al régimen.

—Perdona, Walter, sólo quería chincharte un poco.

—¡Es igual! no puedo evitar enfadarme, me tocas una fibra sensible. ¿Te he contado que mi padre y mis hermanos son mineros y pertenecían al Partido Socialdemócrata? Ésta fue la única formación política que tuvo valor para oponerse en el Reichstag a la Ermächtigungsgesetzt— La Ley de Plenos poderes de Hitler—. Con estos antecedentes, no había más remedio que afiliarse. Tú sabes, por propia experiencia, las incomodidades, llamémoslo así, que podían acarrear las denuncias de los vecinos, de los *amigos* o de los compañeros de trabajo.

—¿A mí me lo vas a decir? Si incluso la familia de mi mujer me estaba negando el saludo porque no me alistaba para esta mierda de guerra. Todo empezó en enero de 1940, cuando la campaña de Polonia había finalizado. Entonces se respiraba un ambiente, nada disimulado, de orgullo y adhesión incondicional al régimen.

—Es verdad, todos estábamos impresionados por los logros del régimen, y no reparábamos en los medios queutilizaba para realizar su locura ideológica.

—El problema es que yo iba por libre —continuó relatando Klaus—. A mí, todo ese clima de exaltación nacionalista no me tranquilizaba nada; lo que hacía era preocuparme más por el futuro. En la empresa no asistía a las reuniones políticas que, de vez en cuando se celebraban. Por razones ideológicas, que tú ya conoces, no pertenecía al Partido Nazi. A la familia de mi mujer, hondamente identificada con Hitler, no le gustaban nada mis ideas democráticas y de izquierdas, que calificaba de decadentes y fuera de lugar.

—Si es que tú eres un poco raro —le interrumpió Walter devolviéndole la pelota.

—¡Tú siempre tan gracioso, verdad!, pero déjame que te cuente. La gota que hizo colmar el vaso, y que ya me acojonó un poco, fue el día en que la propia portera del inmueble donde vivíamos, y que siempre me negaba el saludo, se puso a platicar conmigo sondeando mis ideas políticas. ¿Te imaginas? Después de eso la presión era increíble. No tuve más remedio que enrolarme para alejar toda sospecha, y así fue como de golpe y porrazo, en el mes de mayo de 1940, me vi invadiendo Francia y machacando a los pobres galos, que no me habían hecho nada.

—Pues tú sí que tienes mérito, Klaus. ¡No eres alemán y te metes en este fregado!

—¿Y qué quieres? Si no estuviera aquí me tendría que haber ido de Alemania, abandonando a mis hijas y a su madre, pues no se hubieran venido conmigo. No te puedes imaginar la emoción que sintió mi esposa cuando Hitler estuvo en Schwarmstedt, en la Baja Sajonia, donde ella se hallaba de visita en casa de una amiga suya —le relató con la voz engolada, imitando la de su mujer y los gestos de ésta—. Parecía que se les hubiera aparecido un ángel: ¡Qué hombre! —exclamaban ella y sus amigas mientras tomaban el té con pastas.

—Bueno, aunque no nos sirva de consuelo, eso era muy común antes de la guerra —reconoció Walter—. Incluso ahora, después de todo lo que ha pasado, todavía hay muchos que están ciegos. ¡Es increíble! ¡Siguen creyendo en su *Führer*! Piensan que vamos a ganar esta maldita guerra, que tanto dolor y muerte nos ha traído.

—Lo cierto es que en esa época —continuó Klaus con sus remembranzas— todos estaban presos de la mayor imbecilidad y yo apenas podía contener, primero mi risa, y luego mi indignación. A mí el bigotes nunca me convenció. ¡Qué locura! Poner los destinos del país en un solo hombre, paranoico, sin escrúpulos, lleno de odio y de ambición... y después de lo de Stalingrado, ¿qué quieres que te diga?... ¡Nuestras vidas le importan un pimiento! Es un...

—Klaus, hablamos más de la cuenta —le interrumpió Walter con la mejor de las intenciones—. Es mejor que no nos signifiquemos mucho en este sentido. Ya sabes que en la compañía, como en la vida misma, aunque la mayoría de nuestros camaradas son buena gente, hay de todo y siempre podemos llevarnos una sorpresa. Cada uno es hijo de su padre y de su madre, y los confidentes de los nazis pululan por doquier. Así que, ¡cuidado amigo! ¡Sobrevivamos! Que es nuestra primera obligación.

—¡Y que lo digas!

Finalmente, mientras se sonreían y Walter hacía un significativo gesto de silencio y complicidad, los dos soldados dieron por terminada su conversación y volvieron a sus puestos respectivos.

El cabo Walter Schuhmacher era un buen soldado y sobre todo un buen tirador. Servía como ayudante en uno de los seis nidos de ametralladoras que cubrían la trinchera, haciendo casi imposible acercarse a ella en caso de ataque. Destinado a la compañía 150 desde hacía sólo un año, y habiendo servido antes en otra unidad que operaba en el Grupo de Ejércitos Norte, también en el Frente Oriental, su adaptación fue todo un éxito. Walter estaba muy bien considerado por sus compañeros, en particular por los Sargentos Funke y Zimmermann.

Años atrás, su intención había sido incorporarse al DAK, el Deutches Afrika Korps —cuerpo de ejército de África mandado por el general Erwin Rommel, hacia quien sentía gran admiración—; pero su solicitud fue rechazada, de lo que luego se alegró, pues finalmente las tropas alemanas de África fueron derrotadas y tuvieron que rendirse en Túnez, el 13 de mayo de 1943.

Oriundo de Silesia, procedía de una familia izquierdista de mineros que, sin embargo, acabaron siendo *abducidos* por la innegable elocuencia y don de gentes del carismático Hitler, y por su política de pleno empleo. Pero como bastantes de sus compatriotas, aunque no lo exteriorizaba mucho, se fue desencantando del *Führer* y muy pronto se dio cuenta de los fallos de un régimen que muy pocos se atrevían a poner en entredicho.

Walter era de natural prudente, pues sólo después de sopesar fríamente los pros y los contras, tomaba una decisión. Entonces se mudaba en consecuente e imparable. Otra de sus virtudes era la de ser un excelente dibujante en los ratos libres. Sus retratos y caricaturas hacían furor entre sus compañeros, que los solían enviar a Alemania con gran regocijo de sus familiares.

**

A las siete y media de la mañana, el capitán Meinhof y el soldado Bukovsky llegaron a las afueras de la aldea y se encaminaron al lugar donde se encontraba la flamante moto BMW, modelo R-75. Este ingenio era un excelente vehículo todo terreno de 750 milímetros. Producido en serie para el ejército, a partir de 1941, podía circular con un tope de 90 km/hora, tanto en el árido desierto como en las frías estepas rusas, disponiendo además de una capacidad de tracción de más de 400 kilos. Willy, que era un amante de estas máquinas, ya conocía la marca y antes de la guerra, en su ciudad natal de Karlsruhe, no era infrecuente verle montado sobre una R-51, uno de los modelos anteriores de la misma BMW.

La moto se encontraba en el lugar donde el SS y Hans la habían escondido el día anterior.

—¡*Wunderbar*! (maravilloso) —exclamó el capitán—. Ya tenemos otro medio de transporte; menos mal que los caminos no están todavía muy embarrados.

—¡No cantemos victoria! —matizó todo serio el soldado, que con voz de maestro de escuela en un laboratorio de química, añadió—: Hay que probarla.

—Cómo está usted hoy de negativo, Bukovsky. ¡No le reconozco! Desde luego, no creo que se haya estropeado en un solo día.

—No sé, pero me noto algo intranquilo. No me gusta nada este silencio. No presagia nada bueno. Debe de habérseme pegado algo de mis vacas, en Alemania: cuando barruntaban una tormenta se mostraban intranquilas y se ponían bajo los cobertizos, anticipando la lluvia y los truenos.

—Ya le ha salido a usted su vena bávara. Lo que tiene que hacer, Bukovsky —le dijo el capitán en tono jocoso—, es irse a la Oktober Fest (la Fiesta de la Cerveza de Múnich) y ponerse morado de cerveza, de licores y de otras cosas... ¡Unas vacaciones no le vendrían nada mal!

—Si me permite, mi capitán, ¡déjese de pitorreo! Eso es para los que gozan de una buena posición como usted y su familia, pero sabe una cosa —añadió sonriendo—, ¡nada me gustaría más! Y usted, lo digo de veras, estaría invitado.

—Muchas gracias soldado, le prometo que iremos y nos divertiremos.

Las palabras de Bukovsky habían sido premonitorias. Los continuos vaivenes de Hans y el capitán Peckmann con el vehículo habían maltratado mucho una máquina, que normalmente era durísima y no solía dar problemas. El caso es que tuvieron que cambiar una de las ruedas, al tener la llanta prácticamente destrozada.

—¡Joder! —exclamó Willy, saliéndole el taco del alma cuando comprobó el estado del neumático que sostenía el sidecar—, no sé cómo Hans y el capitán Peckmann han podido llegar ayer hasta aquí, con la moto en estas condiciones. No hay más remedio que cambiar la rueda. —Afortunadamente, la de repuesto, situada a espaldas del sidecar, estaba en buen estado y no muy deshinchada. Pero luego, al tratar de arrancar, los intentos fueron en vano. Esta vez le tocó el turno de las lamentaciones a Bukovsky:

—¡Será cabrona, la muy hija de puta! ¿Qué le hemos hecho para que se porte así? —se preguntó airado mientras se rascaba la cabeza y luego pegaba una patada de rabia a la moto.

Pero la suerte les sonrió. Optando por una maniobra clásica de todo motorista, el capitán comprobó el estado de las bujías. Efectivamente, una de ellas estaba perlada. Después de desatornillarlas, las limpiaron todas, las volvieron a poner en su sitio y luego, antes de accionar el mecanismo de ignición, se santiguaron y se encomendaron al Señor. Sin embargo, todo fue inútil. Ni las mejores ni las más sentidas invocaciones enternecieron a un vehículo que continuaba negándose a arrancar. Tras varios intentos infructuosos y como había prisa, pues no les hacía ninguna gracia estar solos, alejados de sus compañeros y sin poder comunicarse con ellos, echando pestes, optaron por tratar de ponerse en marcha mecánicamente, es decir, en román paladino, empujando la moto.

El tema, ya de por sí incomodo, lo era todavía más con una máquina que, en vacío, pesaba más de 400 kilos. Con resignado ardor combativo, la subieron a dúo hasta lo alto de una empinada cuesta, jurando y abjurando de todo.

Por fin, sucios, malolientes, bañados en sudor y agotados por la faena, los dos soldados pusieron sus reales en la moto y se deslizaron cuesta abajo. Willy metió la segunda y el invento se puso en funcionamiento. El sonido rítmico, característico del motor de explosión de dos cilindros, les pareció música celestial.

Sin embargo, las desgracias—como suele pasar— no vinieron solas. Cuando enfilaban la salida de la aldea rusa, ocurrió lo que menos esperaban y toda la euforia que experimentaban se convirtió en angustiosa impotencia. Una tormenta de cañonazos y disparos de mortero se empezó a oír a lo lejos. Frenaron en seco, y escucharon con atención. Durante unos segundos, el capitán y Bukovsky se quedaron paralizados, mirándose a los ojos, muy expresivamente, como en una escena del mejor Kabuki —el teatro mudo japonés—.

—Bukovsky, ha ocurrido lo que menos deseaba. Los rusos están atacando nuestra posición, y ¡yo aquí, jugando con usted a los motoristas! —exclamó lívido, mientras presa de la desesperación y de la vergüenza, se tapaba la cara con sus dos manos y sacudía la cabeza.

—¡Tranquilícese, mi capitán! —le exhortó el soldado tratando de infundirle ánimos—. Usted no tiene la culpa. Además, el oficial de las SS y el sargento Klaus están al mando.

—Ya lo sé, Albert, pero nunca hubiera imaginado que iba a estar alejado de mis hombres en plena batalla. Es la primera vez que me ocurre, ¡partamos inmediatamente!

Acelerando, salieron de estampida, pero de nuevo, el destino no acababa de sonreírles. Cuando llevaban recorridos dos kilómetros, la moto pisó una mina olvidada y saltó por los aires. Por suerte para ellos, sobre todo para Bukovsky que ocupaba el lugar del copiloto y se hallaba más expuesto a la explosión, el sidecar tenía en sus bajos un blindaje reforzado.

Cuando el capitán se repuso un poco del susto, lo primero que hizo fue palpar sus miembros, pues ya conocía los daños que podía ocasionar una mina. Todos estaban en su sitio, y aunque tenía algunas heridas, éstas parecían leves. Bukovsky, que yacía a unos metros de él, también estaba entero, aunque lleno de magulladuras y con algunos cortes en piernas y brazos.

Aún bajo el shock de la explosión y literalmente hechos polvo, pero al mismo tiempo felices por seguir vivos y completos, extrajeron de sus mochilas el botiquín de campaña. Después de limpiar sus heridas, las desinfectaron, y se hicieron una cura provisional. Luego, tambaleándose y medio aturdidos, como dos borrachos que se ayudan mutuamente para no caer al suelo, se dirigieron a pie hacia la posición.

—No podemos hacer nada más —dijo resignado el capitán—. Encima hemos tenido suerte, hemos pisado una mina de escasa potencia. ¡Gracias a Dios, estamos vivos! ¡Estamos vivos! —exclamó fuera de sí. Luego, dejándose llevar por un humor negro que le afloraba incluso en las peores circunstancias, añadió—: Sabes, Bukovsky, lo más irónico del caso es que probablemente se trata de una mina de los nuestros, de una mina *amiga*.

Mientras los dos supervivientes volvían de su accidentada excursión a la aldea, una escena bien distinta se desarrollaba en el *Oberkommando* del regimiento, a unos 50 kilómetros de distancia. Allí, la actividad, como de costumbre, era frenética. El *Oberstleutnant* —teniente coronel— Helmut Waldmann, que había sucedido a Von Heusenberg en el mando interino del regimiento, o mejor dicho, de lo que quedaba de él, había sido informado de las últimas disposiciones adoptadas por su difunto jefe para la evacuación de la compañía 150 y la recuperación del cargamento de oro.

Karl, el ordenanza, le había revelado el enfrentamiento que el alto oficial había tenido con el capitán Peckmann y con el general de división Eberhardt. A Waldmann, que como la mayoría de los oficiales se llevaba muy bien con el coronel, los intentos del añorado Von Heusenberg por adelantar la retirada no le extrañaron nada.

Con aire preocupado, salió del despacho y se dirigió al cuarto de comunicaciones. Al técnico de radio y télex de la comandancia, *tocado* con dos enormes auriculares que le cubrían las orejas por entero, la irrupción por sorpresa del oficial en su pequeño habitáculo, donde apenas cabían tres personas sentadas, le dio un susto y le hizo pegar un respingo. Al preguntarle el teniente coronel si la unidad había dado señales de vida, el soldado se puso manos a la obra. Por enésima vez, trató de entrar en contacto con la compañía 150, pero de nuevo las ondas se le resistían.

—No hay forma de comunicarse, mi teniente coronel —le contestó el operador, quitándose los auriculares y mirando a su superior con cara de agotamiento—. Ya lo he intentado varias veces esta mañana y no hay nada que hacer.

—¡Qué extraño! —exclamó Waldmann apoyando sus manos en las caderas, mientras meneaba la cabeza en signo de desaprobación—. ¿Le entregó usted al capitán Peckmann una radio de campaña? —preguntó en tono inquisitivo y con expresión de incredulidad.

—¡*Jawohl*! Y en perfecto estado.

—Espero que las Waffen SS cumplan con lo prometido, manden de una puñetera vez sus malditos pánzer y recuperen su maravilloso oro. No me hace ninguna gracia que la unidad tenga que esperar hasta las nueve de la noche para iniciar la retirada. Luego, pensando en voz alta y sin importarle lo más mínimo si le estaban escuchando, añadió—: No andamos sobrados de tropas y encima tenemos que retrasar el rescate de nuestros soldados, por culpa de esos diablos de las SS.

Con una sensación de gran impotencia, el comandante volvió al despacho donde Karl le estaba esperando.

—Mi teniente coronel, ¿hay noticias de la compañía? —preguntó éste.

—No, Karl, todavía no. Este asunto no huele nada bien. No me extraña que el coronel Von Heusenberg se revolviese contra esta forma de hacer las cosas. Las intromisiones políticas no suelen ser positivas en las acciones militares, pero es lo que tenemos... No hay más.

—Esos muchachos deben de estar pasándolo muy mal, aislados en medio de la estepa y esperando por culpa del maldito oro. ¡Qué asco!

—No perdamos la esperanza Karl.

**

En la 150, a las ocho de la mañana, todo estaba muy tranquilo. Hacía más de una hora que Willy y Bukovsky habían salido a recoger la moto. Los soldados, contentos por la proximidad de la retirada, se desperezaban, desayunaban lo poco que les quedaba o charlaban amigablemente, dando por hecho que no iba a haber ninguna *sorpresa* de Iván antes de la partida. Algunos soldados habían empezado ya a preparar sus macutos. Pero los deseos chocan a menudo con la realidad, cambiando sin piedad la dirección de nuestra existencia. De pronto, uno de los vigías de uno de los puestos avanzados comunicó que había actividad en el sector enemigo.

De inmediato, el sargento mayor Zimmermann, que se encontraba junto al sargento Funke, tomó sus gemelos de largo alcance y oteó el horizonte. A unos kilómetros de distancia, las moles de cuatro tanques T34 se aproximaban amenazadoras. Detrás de ellos, los soldados soviéticos avanzaban a paso rápido. «Sin duda por su gran número, se trata de refuerzos recibidos por el enemigo», pensó Klaus calculando el tiempo que quedaba hasta que los carros de combate se pusieran a tiro de los *Panzerfaust*.

Estos ingenios, a los que también llamaban *Panzerschreck* —terror de los tanques— habían sido librados hacía sólo unos meses a la compañía. Se trataba de armas ligeras antitanques, una especie de lanzacohetes muy eficaces pero cuya utilización por la infantería requería nervios de acero. El soldado tenía que esperar, literalmente, a oler el petróleo del vehículo enemigo, ya que el alcance del arma, para que fuera eficaz, no podía superar los 60 metros. Una vez a tiro, debía arrodillarse o incorporarse, situar el dispositivo en perpendicular al cuerpo, apuntar, disparar, y si tenía tiempo, poner los pies en polvorosa evitando el acoso de la infantería enemiga y las ráfagas de ametralladora o los tiros de cañón de los blindados cuyas dotaciones temían especialmente estas armas por su eficacia letal.

—Funke, en unos 15 minutos los rusos estarán sobre nosotros.

—¿Damos ya la alerta, sargento mayor?

—¡Sí! ¡Disponga todo para la defensa!

En cuestión de segundos, como una perfecta y engrasada máquina de guerra, todos los hombres de la compañía ocuparon sus puestos de combate. Zimmermann, frenético, corrió hacia la casamata donde se recluía el capitán Peckmann. Éste, echado sobre uno de los camastros, se había incorporado al escuchar la alarma de combate y el consiguiente revuelo.

—*Hauptsturmführer*, ¡los rusos vienen! ¡Los hombres ya están preparados! Cada uno está en su puesto, los morteros y las ametralladoras están listos para abrir fuego; le ruego que asuma el mando.

—¡Pero, sargento! ¡Su capitán no ha llegado todavía!

Por la respuesta y el gesto que hizo, poniendo mala cara y frunciendo el ceño, el capitán no parecía muy entusiasmado con la idea de tener que ponerse al frente de la unidad. Un gran desconcierto se apoderó entonces del sargento; sus esquemas se acababan de romper. Se suponía que un miembro de las Waffen SS, nada menos que de la división Leibstandarte SS Adolf Hitler, mostraría mayor aplomo y decisión en estas circunstancias.

—No creo que tarde ya mucho, pero nuestra obligación es defendernos y hacer frente al enemigo. En estos momentos, usted es el único oficial. ¡*Hauptsturmführer*! ¡Esperamos sus órdenes! En unos minutos tendremos encima a los tanques enemigos.

—¡Vaya a su puesto, sargento!, enseguida estoy allí.

Dubitativo y sudoroso, el capitán Peckmann parecía estar paralizado y ausente. En un momento de decisión, se puso su cinturón, enfundó su Luger, comprobando antes la munición, y cogió su mp 40. Pero, sorpresivamente, cuando iba a salir de la casamata, se lo quitó y tiró la pistola-ametralladora al suelo con gran violencia. «¡Pero qué estás haciendo! —pensó—, ¡estás loco!».

Acto seguido se sentó en una de las dos sillas desvencijadas que había dentro del pequeño puesto de mando improvisado, y con la faz demudada, ahora de un pálido cadavérico que no presagiaba nada bueno, se puso a esperar.

Con gran experiencia de combate, pues no en vano habían participado en numerosas batallas durante la campaña de Rusia y antes en Francia, el mayor peligro para Zimmermann y los demás hombres de la 150 eran los vehículos pesados. La infantería enemiga les preocupaba menos. El destacamento disponía de una terrible potencia de fuego. Primero, a larga distancia, entraban en juego los 2 morteros de 80 milímetros que, con una cadencia de más de 14 disparos por minuto, sustituían a una artillería de la que carecían.

Luego, más o menos a partir de los 600 metros, el fusil máuser era utilizado profusamente por su calibre y fiabilidad en combate, junto con otros 3 morteros de 50 milímetros de los que estaba dotada la unidad.

A media distancia, a unos 400 metros, las terribles *Maschinengewehr* —ametralladoras— MG-34 y MG-42, verdaderas máquinas segadoras, apodadas por ello Hitlersäge o sierra de Hitler, empezaban a entrar en acción. La aproximación a la trinchera quedaba dificultada al máximo, salvo aprovechando los momentos en los que se cambiaba el cañón del arma automática por sobrecalentamiento: uno de los problemas que tenía, sobre todo, la MG-42.

Para las distancias cortas, no más de 150 metros, la compañía disponía de abundantes armas automáticas, como las *Maschinenpistole* —Pistolas-ametralladoras— MP-38 y MP-40, con cargadores de 32 balas. Si la infantería enemiga era demasiado numerosa y alcanzaba el alambre de espino, situado a unos 20 metros de la posición, entonces les llegaba el turno a las granadas defensivas, cuyo manejo dominaban los soldados a la perfección. Además estaban las zonas de minas antitanque que podían dar sorpresas a los blindados enemigos. Ciertamente, en un terreno abierto y llano, la mayor amenaza la representaban los tanques soviéticos. Si sus proyectiles conseguían destrozar los emplazamientos de mortero y de ametralladoras, ello significaría el final de toda defensa eficaz y la aniquilación de la compañía.

Pero el tiempo pasaba rápidamente y no se recibía ninguna orden; el capitán Peckmann no reaccionaba y la tropa se impacientaba, incrementándose la ansiedad y la tensión que precedían al combate. Los T34 soviéticos ya habían empezado a bombardear la trinchera alemana y su infantería pronto estaría al alcance de los máuser.

Cuando los segundos parecían convertirse ya en minutos, el sargento mayor emprendió una acción desesperada, pero exigida por las circunstancias. Interpeló inmediatamente a Gerald Funke, su *alter ego* en la compañía, que se hallaba a escasos metros de él:

—Funke, llama ahora mismo a Schulze y al cabo Walter, ¡es necesario que vayamos a ver al capitán! ¡Hay que tomar decisiones!

Por la mirada fanática de Klaus, el sargento Funke, sin pedir explicaciones, captó de inmediato el mensaje. En apenas unos segundos, localizó a los otros dos soldados y los cuatro se presentaron como un rayo ante el oficial que, como pulpo enrocado y temeroso al que sólo le faltaba lanzar tinta, continuaba sin salir de la casamata.

—¡Mi capitán! —exclamó Zimmermann fuera de sí— ¡La situación es desesperada! ¡Tiene usted que darnos instrucciones! —y añadió gritándole a la cara—: ¡Mierda, ya no es posible esperar más!

Entonces la expresión en el rostro del SS mudó del ensimismamiento a la ira:

—¡Cómo se atreve a dirigirse a mí en ese tono! ¡Estoy evaluando la situación!

—¡No hay tiempo para evaluar! ¡Tiene usted que tomar una decisión! ¡Los hombres están esperando! «¡*Die Russen kommen*!» (¡Vienen los rusos!).

—Muy bien, Klaus, prepare la compañía para la rendición... No podemos hacer frente a las tropas enemigas; es mejor para todos que nos entreguemos.

Al escuchar estas palabras, los soldados se quedaron de piedra, pues tanto las ordenanzas militares como el entrenamiento que habían recibido y su propio sentido del honor, no les permitían cumplir con esa orden. Era de todo punto imposible. A partir de ese momento, ante la gravedad de una situación que exigía respuestas inmediatas, los acontecimientos se desarrollaron a velocidad de vértigo.

—¡Lo siento, mi capitán! En este mismo instante asumo el mando y usted queda relevado del mismo por indecisión y cobardía en el combate.

—¡Le procesarán en consejo de guerra! ¡Está usted desobedeciendo las órdenes de un superior! —le gritó Peckmann, encarándose con él al tiempo que lo agarraba fuertemente por las solapas de su uniforme y lo zarandeaba.

Sin pensárselo dos veces, Klaus se desasió con violencia y derribó al capitán de un fuerte puñetazo, un directo que impactó a este en la cara y le dejó medio grogui. Luego, lo desarmó.

—¡No perdamos tiempo!, ¡Funke, Schulze! —se dirigió a los otros dos sargentos en tono imperativo— ¡Ordenen abrir fuego inmediatamente! ¡Con todas las armas! ¡Walter, quédate vigilando mientras te mando a un soldado! ¡Ocupa luego tu puesto! Si el capitán hace cualquier movimiento sospechoso o trata de salir, lo liquidas sin contemplaciones, ¡bajo mi responsabilidad!

Sin esperar ni un segundo, las ametralladoras, los máuser, los morteros... toda la potencia de fuego de la compañía 150 se abatió sobre los rusos, desconcertados hasta entonces por la ausencia de reacción de los alemanes. Los enemigos se vieron sorprendidos y sus tropas diezmadas. Su infantería se refugió entonces detrás de los tanques. La trinchera protegía a su vez a los alemanes, pero, poco a poco, el ataque y sobre todo los proyectiles de los blindados rusos fueron haciendo mella en las defensas. Dos de las seis ametralladoras MG de la compañía saltaron por los aires, con todos sus servidores muertos. La capacidad de fuego quedaba muy mermada y no había recambio.

Entonces les llegó el turno a los *Panzerfaust*. La disyuntiva era clara: o acababan con los T34 o perecían. El sargento Gerald Funke era el más experto en la materia. Podía cargar el arma y dispararla con precisión, en tiempo record. Sin pensárselo dos veces, saltó fuera de la posición con dos lanzacohetes ya armados. Luego, avanzó cien metros y se quedó tendido en el suelo, esperando al tanque ruso más avanzado.

Funke era un joven alto y muy delgado. Tenía una permanente apariencia de despiste, a la que contribuían unos mechones de pelo rubio y rizado que le caían sobre la frente y unos grandes ojos que proyectaban una mirada ausente y enigmática, más propia de una esfinge que de una persona de carne y hueso. Pero detrás de esa imagen de persona distraída, había un ser sumamente polifacético y emprendedor, con una rica vida interior que sólo dejaba entrever a sus más próximos. Muy aficionado a la caza, apasionado de las comunicaciones, y radioaficionado en los momentos de ocio que le dejaba su trabajo de precisión como aprendiz de relojero, Gerald era, junto con el soldado Walter, el mejor tirador de la compañía. No en vano, en la vida civil, un año antes de la guerra, había ganado el *Schützenfest* de su pueblo —la fiesta anual de defensa cuyo momento cumbre es el concurso de tiro— recibiendo el título de *Schützenkönig,* o rey del concurso, y teniendo el honor de portar orgulloso la *Königkette,* un collar con el que se distinguía al ganador y que éste podía lucir durante las celebraciones. Además, en su casa del pueblo, la familia, satisfecha, había colocado la bella placa conmemorativa del triunfo en la parte superior de la fachada.

La guerra truncó estas aficiones y, en 1939, Funke fue reclutado para la campaña de Polonia, donde cayó herido gravemente. Recuperado para el servicio y después de recibir la EK2, la cruz de hierro de segunda clase, se reintegró a la Wehrmacht tomando parte en la invasión de Rusia. Herido de nuevo en Stalingrado, tuvo mucha suerte, pues pudo ser evacuado antes de que el Sexto Ejército fuese rodeado por las tropas soviéticas.

Llevaba menos de un año incorporado a la compañía 150 y ya el entonces teniente Meinhof le había felicitado por sus iniciativas, pero también le había llamado la atención por su temeridad en el combate: «Así no vas a durar mucho Funke. En realidad, permíteme que te diga, estás durando demasiado. Es encomiable que te arriesgues por tus compañeros, pero no debes despreciar tanto el peligro. Prefiero que administres mejor tus riesgos, pues, ¿de qué me sirves muerto?».

De todos modos, Willy que, al igual que su soldado, había sido honrado con la cruz de hierro, se quitaba el sombrero ante el sargento Gerald Funke. Al contar éste ya en su haber con más de tres actos acreditados de valor, desde su incorporación a la unidad a finales de febrero de 1942, el capitán le había propuesto para la siguiente condecoración, la cruz de hierro de primera clase, sin dudar del éxito de su petición. El informe que había enviado, junto con los testimonios de rigor, no permitían tomar otra decisión.

El primer T34 llega y Funke, con la sangre fría que le caracteriza, se incorpora, apunta rápidamente y dispara. ¡Buuuuuum! El efecto es demoledor, el tanque es alcanzado de lleno en la torreta y destrozado. Los supervivientes, que abandonan el vehículo en llamas, no se rinden y tratan de escapar, pero son inmediatamente abatidos, sin contemplaciones. Funke, entretanto, está tendido en el suelo mientras sus compañeros le protegen desesperadamente, dirigiendo sin cesar el fuego de las MG contra la infantería rusa que trata de dar con él.

El sargento no se mueve y espera al segundo blindado. Viendo que en unos segundos el enemigo, que está ya muy cerca, le va a localizar sin que pueda cumplir su misión, a pesar del peligro, decide levantarse y aproximarse al encuentro del vehículo pesado. Los rusos, que ya le han detectado, tiran contra él rabiosamente. Gerald avanza unos cincuenta metros y cae herido en una pierna, pero el segundo tanque ya está a tiro. Todo le da igual, sólo tiene un objetivo: destruir el T34. De nuevo, se incorpora a duras penas y dispara: ¡Buuuuum! ¡Bingo! El tanque queda paralizado por efecto del proyectil que en esta ocasión impacta en las cadenas motrices, pero Funke yace gravísimamente herido. Una segunda bala rusa le ha dado de lleno en la espalda, de la que empieza a manar abundante sangre.

Entonces, en su mente, como en una película, se dibujan hermosas imágenes. Bajo la luz de un cielo limpio y radiante, aparece su amado pueblo de Westfalia. Gerald se está acercando sonriente a una de sus bellas y acogedoras casas, cuyos huertos, rebosando de abundantes frutales, llenan la escena de un colorido otoñal. Dentro de un jardín, primorosamente cuidado, su hermana Beate le está esperando, apoyada en la valla trenzada de madera que separa la casa del camino. Frente a una de las entradas principales, hay un rosal flanqueado por dos viejos cedros a los que a Gerald, a pesar de tenerlo prohibido, le gusta subirse con sus amigos. Su padre está ahora trabajando en la huerta, como de costumbre después de volver de la fábrica.

Es la hora de cenar y ya se hace de noche. Su madre sale un momento de la cocina y llama con fuerza a su padre gritando: ¡Aaaaabendeeeeeessen! —*Abendessen* o cena—. La mesa rebosa de la más rica y variada comida, y la conversación es muy animada, ajena a los vientos de guerra que soplan inmisericordes sobre Alemania y que nadie desea evocar en esos momentos. Hanna, la novia que él siempre había deseado, ha venido a buscarle y es invitada a comer con la familia. Hay baile en el pueblo y Gerald, después de cenar, se pone sus mejores galas. «¡Cuídate hijo! ¡No vengas tarde!», le recuerda su madre... como todas las madres. No sabe por qué... pero en esta ocasión él la sonríe, le da un beso y se abrazan... Luego parte con su amada, cogidos de la mano, a perderse en el cielo. En ese momento rebosa de felicidad, y por fin siente una paz que... le adormece.

Pero todavía quedan dos tanques. Como si de una lista infernal se tratase, esta vez el turno le toca al soldado Walter, que ha visto lo que le ha pasado a Funke y está rabioso. Dejando su puesto de ametrallador, coge dos *panzerfaust* y salta fuera del parapeto. Los soldados rusos disparan, pero no le aciertan. Avanzando veloz, se echa en el barro y espera. El tercer tanque vacila, la tripulación se ha dado cuenta de lo que les aguarda; no contaban con la determinación y la fiera resistencia de unos soldados alemanes aislados en medio de la estepa. Finalmente, los blindados se retiran junto al resto de las tropas. El primer asalto lo ha ganado la compañía, son las diez de la mañana y los refuerzos llegan a las nueve, al anochecer. ¡Hay que aguantar!

***

La crueldad de la guerra

Mientras la batalla tenía lugar, Willy y Bukovsky, tras haber sobrevivido milagrosamente a la explosión de la mina, se acercaban impotentes a la posición. Cuando por fin llegaron, el fuego había cesado y los rusos se retiraban. El panorama que se encontraron era desolador. Aquí y allá, yacían muertos y heridos; los impactos de los tanques rusos habían sembrado el terreno de cráteres; y además, dos emplazamientos de morteros y dos nidos de ametralladoras estaban completamente destruidos. Por si ello fuera poco, la muralla de sacos terreros, que rodeaba el perímetro defensivo, estaba prácticamente desmantelada y en muchas zonas ya no había alambradas. El balance del enfrentamiento — que había durado más de dos horas— era tremendo. Parecía como si un tsunami terrestre hubiera barrido la trinchera.

Pero del lado soviético habían salido peor parados, sobre todo su infantería, pues el frente de la posición estaba sembrado de muertos y heridos, en número mucho mayor que los de los alemanes. Por estos no se podía hacer nada mientras no se declarase una tregua, aunque sus llantos y sus gemidos de dolor y desesperación pusieran los pelos de punta. Era muy peligroso aventurarse fuera de la trinchera. El enemigo podía haber dejado francotiradores, o soldados fingiendo estar muertos y dispuestos a hacer estragos entre las tropas alemanas.

A pesar de estar muy endurecidos, los miembros de la compañía 150 sentían una compasión sincera por esos hombres con quienes, minutos antes, se habían enfrentado a muerte, cumpliendo cada uno el papel que se les había asignado. Nada más volver de su *excursión*, los dos supervivientes fueron recibidos por Zimmermann:

—¡A sus órdenes, mi capitán! ¡Hola Bukovsky! ¡De la que os habéis librado! —exclamó el sargento, aunque luego matizó sus palabras al darse cuenta del estado lamentable de los dos regresados—. Ya veo que vosotros también habéis tenido lo vuestro. ¿Qué ha pasado? Se supone que en la aldea y sus alrededores no había ningún peligro.

—Eso pensábamos nosotros —le respondió el capitán—, pero ¡mira por donde! Cuando volvíamos a toda velocidad una mina nos estalló y... hemos sobrevivido de milagro. Pero dígame: ¿Cómo están los hombres? ¡Cuénteme! —le requirió ansioso.

—De moral de combate, bien. Han respondido todos como una máquina perfecta, como usted nos ha enseñado, mi capitán. Pero han perdido a muchos amigos, y eso es más doloroso en estas circunstancias, cuando saben que sólo faltan unas horas para la llegada de los refuerzos y evacuar la posición.

A Klaus no le resultaba nada fácil hablar de los camaradas muertos. Era lo que más odiaba de su oficio de sargento mayor. Tenía que recoger sus placas sin poder evitar mirarles a la cara, y ver sus cuerpos a veces mutilados y desfigurados. Entonces recordaba cómo, unos minutos antes, aún estaban vivos: jóvenes y menos jóvenes, arios y no arios, altos y fuertes, pequeños y débiles, pero siempre leales a la compañía y muy bravos en el combate. «Es un lujo de infantería —pensaba el sargento al mirar con devoción el montón de placas, que apenas le cabían en sus dos manos—. Ahora, la muerte os iguala a todos, amigos y enemigos».

Luego, se dirigió de nuevo al capitán:

—Aquí tiene las placas de identificación de los fallecidos —balbuceó con la voz ronca y rota por la emoción mientras, haciendo de tripas corazón, se las entregaba—. Quiero destacarle, y así lo haré constar en mi informe, que tanto el sargento Funke como el soldado Walter han luchado con el mayor heroísmo. El primero, a despecho del peligro, saltó fuera de la trinchera y destruyó dos tanques antes de ser abatido por el enemigo. El segundo salió también a campo abierto, con la intención de terminar el trabajo de Funke. Cuando ya estaba esperándoles cuerpo a tierra, los tanques rusos se retiraron. Por lo demás —continuó Klaus con su informe—, dos puestos de ametralladoras y dos emplazamientos de morteros han sido literalmente volados; sus servidores están muertos o heridos. Hemos tenido muchas bajas, capitán, y concluyó el sargento: Los rusos nos han dado muy duro.

Las palabras del suboficial fueron como un mazazo para Willy. Éste parecía un boxeador noqueado que a duras penas se mantenía en pie. «Nunca se acostumbra uno a la pérdida de un camarada, de un amigo —reflexionó—, en este caso de uno tan querido, el mejor, el más valiente... el más noble».

—¿Dónde está... el... cuerpo de Funke? —preguntó con la voz entrecortada.

—En el lugar donde cayó. No han querido moverle hasta que vinieras; la compañía sabe lo mucho que le apreciabas —respondió Klaus, dirigiéndose a Willy en segunda persona, en un momento en el que se sentía muy próximo a él.

Sin mediar palabra, el capitán salió de la trinchera, se acercó al cadáver aún caliente del sargento Gerald Funke y se arrodilló. Suave y cariñosamente, levantó su cabeza sujetándola por la nuca. Luego, lleno de lágrimas incontenibles, le dijo:

—Ya estás tranquilo y en paz, querido Funke. Me has hecho una faena, ¿sabes? Ahora tendré que escribir a tus padres, a tu hermana, a tu novia. ¡Cabrón! ¿Por qué me has hecho esto? Y sin embargo tengo que darte las gracias en nombre de toda la compañía, pues seguramente, si no es por ti, habrían muerto muchos más. ¡*Leb wohl, Gerald*! (¡Hasta siempre Gerald!).

Entonces se agachó y le dio un beso en la frente, algo que nunca antes se había visto hacer al capitán. Pero en ese momento, a él, las apariencias le traían sin cuidado. Sólo hizo lo que sentía... lo que quería. Acto seguido, se levantó y se volvió llorando hacia el sargento mayor que, por seguridad y también respeto, se había mantenido parado unos metros atrás. Reponiéndose de la emoción, se dirigió al suboficial:

—¡Tenemos que aguantar, Klaus! Dentro de unas horas llegarán nuestras tropas. Hasta entonces haremos lo imposible por resistir; el sacrificio de Gerald no debe ser en vano.

El sargento, que no había osado interrumpir al capitán mientras éste se despedía del soldado más valiente de la compañía, continuó con su informe, ya de vuelta en el parapeto.

—Tengo que darle cuenta de otro hecho, en este caso vergonzoso.

—¿De qué se trata? —pregunto Willy sorprendido.

—El capitán Peckmann no ha estado a la altura de las circunstancias; se ha comportado deshonrosamente. Omitió la toma de las órdenes necesarias para defendernos, incluso cuando los rusos estaban ya claramente a tiro. Luego quería que nos rindiéramos, por lo que ante su indecisión y cobardía en el combate, le relevé del mando.

«Somos cuatro, perdón... quiero decir tres, los testigos que podemos confirmar su inacción, pues el sargento Funke era uno de los que con Walter, Schulze y yo, fuimos a exigirle que diera la orden de abrir fuego. También haré referencia a este hecho en mi informe —continuó—. He pedido al sargento Schulze y al cabo Walter que pongan su testimonio por escrito y lo firmen. El comportamiento del *Hauptsturmführer* ha sido inadmisible.

—Lo que me dice es muy grave, pero tengo plena confianza en usted. Después de estar un rato con los soldados, me pasaré a ver a Peckmann.

—¡Gracias, capitán! Lamento darle tan malas noticias —se excusó mientras en su cara demacrada se dibujaba una expresión de gran tristeza y amargura.

—¡Usted no tiene la culpa, Klaus! ¡Usted no tiene la culpa! ¡Es esta maldita guerra! —exclamó el capitán con vehemencia, al tiempo que le daba una palmada en el hombro, haciéndose cargo de los duros momentos que estaban atravesando todos y, en particular, el sargento mayor, sobre cuyas espaldas había recaído toda la responsabilidad del combate.

**

Ante la probabilidad de un nuevo ataque, que Willy intuía próximo, el capitán no pudo detenerse mucho con cada uno de sus hombres, como hubiera querido. Les transmitió un poco de aliento y confianza. Sobre todo, trató de consolarles por las pérdidas irreparables de unos camaradas, amigos en muchos casos, y a veces más queridos que los propios familiares. Con ellos, habían convivido largo tiempo, forjándose lazos de hierro y compartiendo momentos inolvidables, sin igual en la vida civil.

Terminada su ronda y muy afectado emocionalmente, se dirigió a la casamata donde el oficial de las SS permanecía recluido.

—¿Cómo se ha atrevido a ordenar a mis soldados que se rindieran sin más ante un ataque del enemigo? —le increpó con total desprecio—. Ello contraviene las ordenanzas y nuestro honor de militares. Usted sabe que no es posible cumplir esa orden. ¿Cómo se le ha podido pasar por la cabeza? ¿Sabe qué significa lo que acaba de hacer?

—¡Sí, perfectamente! —le contestó el SS en tono insolente—. Simplemente teníamos enfrente a fuerzas ¡aplastantemente superiores! Analizadas las circunstancias y nuestra situación, consideré que lo más oportuno era rendirnos.

—Pero, Peckmann, usted sabe que a las nueve vienen a rescatarnos. Además está ese asqueroso oro que es el causante de todo. Si el pánzer de las Waffen SS no se hubiera averiado, no estaríamos aquí; seguramente ya nos habríamos retirado. Pero ahora, nuestra obligación es resistir y cumplir con las instrucciones recibidas. Además, son ustedes, las Waffen SS, quienes han estado retrasando nuestra retirada.

—Nuestras órdenes no son cometer un suicidio.

—Creo que usted no es consciente de nuestra misión. Hemos rechazado el primer ataque; mi intención es cumplir con lo que se nos ha mandado y salir de aquí... si podemos. Lamento comunicarle que sigue relevado del mando y que los hechos se pondrán en conocimiento del OKW (El Oberkommando der Wehrmacht o Cuartel General de las Fuerzas Armadas).

—Usted verá lo que hace capitán, le replicó Kurt y añadió:

Si sale vivo de ésta.

«No sé en qué clase de escuela militar habrán formado a este tío, pero en esta absurda guerra ya no me extraña nada», pensó Meinhof, después de ordenar que el *Hauptsturmführer* continuara a buen recaudo.

Luego, sin perder un minuto y poniéndose él mismo manos a la obra, ordenó a sus hombres que sacaran fuera de la trinchera los cadáveres de los camaradas muertos, que resguardaran a los heridos, y que volvieran a fortificar la posición. Con sacos que llenaban febrilmente de tierra, trataron de cubrir todos los huecos que había dejado el primer ataque. Acto seguido, los soldados revisaron sus armas, recogiendo también las de los caídos y heridos que no estuviesen en disposición de defenderse. Todo se hacía poco en la compañía para mantener una capacidad de fuego que significaba la posibilidad de aguantar y ser evacuados, frente a la nada sugerente alternativa de morir, o en el mejor de los casos, caer prisioneros de los rusos con un porvenir incierto.

Como el capitán Meinhof había previsto, el segundo ataque no tardó en producirse. Otros cuatro tanques y cientos de infantes avanzaron con decisión esperando hallar una débil resistencia por parte de los alemanes. Pero la vuelta del capitán fue un revulsivo para los soldados de la mermada compañía 150. A pesar de lo desproporcionado de las fuerzas en liza, estaban dispuestos a vender muy cara su vida. Ya se habían visto envueltos y salido airosos de situaciones desesperadas, aunque la de ahora se llevase la palma. La infantería alemana destacaba por su disciplina, por su capacidad técnica y por haber sido entrenada para no flaquear y aceptar lo inevitable, si así tenía que ser. Para que no quedase ninguna duda al respecto, el teniente ordenó calar las bayonetas.

De nuevo la unidad funcionó como una perfecta máquina entrenada para matar. Los tres morteros que no habían sido destruidos, situados en sendos parapetos a espaldas de la trinchera y comunicados con ésta por tres pequeños túneles, no dejaron de lanzar proyectiles. Las cuatro ametralladoras que quedaban, muy bien servidas, interrumpieron sólo el fuego para cambiar el cañón. Los soldados no cesaron de disparar sus máuser y las armas automáticas que tenían a mano, sobre todo las MP modelos 38 o 40, menos precisas pero muy letales cuando la infantería enemiga se acercaba demasiado.

En este segundo combate, los rusos llegaron a la trinchera y hubo que luchar cuerpo a cuerpo. El abundante suministro de granadas de mano defensivas, las *Stielhandgranaten* modelo 24 o 43 que podían ser lanzadas a más de veinte metros, y la feroz determinación de los defensores evitaron por poco lo peor, pero a un alto precio de vidas humanas. En cuanto a los T34 de los rusos, los *Panzerfaust* impidieron de nuevo que la posición fuese superada. El cabo Walter, que tenía muchas ganas de utilizarlos, y el sargento Schulze, se distribuyeron los que quedaban. Después de varios intentos fallidos, acertaron a dos tanques y esa fue la señal para que los rusos, ante lo infructuoso de su segundo ataque, se retiraran de nuevo dejando el campo sembrado de soldados muertos o heridos. Una vez más, el enemigo había luchado con gran determinación y valentía, arrojándose en carga suicida contra las armas de los alemanes. Esto no se podía poner en duda y revelaba, a las claras, el formidable adversario al que se enfrentaba la Wehrmacht aunque Hitler no quisiera reconocerlo, cegado por su sectarismo ideológico y su voluntarismo ajeno a la realidad.

De todos modos, salvo que tuvieran conocimiento del oro que custodiaban los alemanes, a Willy se le hacía muy difícil entender por qué tenían los rusos tanto empeño en conquistar una pequeña posición, insignificante en el mapa de operaciones, y defendida sólo por un puñado de soldados de un ejército que estaba retirándose en toda la línea del frente.

Finalizado el combate, se procedió al terrible recuento de bajas. De los 140 soldados de la compañía 150, más de 90 estaban muertos o heridos. De estos últimos, sólo unos pocos podían todavía manejar sus armas y contribuir a la defensa.

Pasados veinte minutos, varias ambulancias rusas, que en la parte superior blandían una bandera blanca, se acercaron a la posición. Por un altoparlante y en perfecto alemán, el enemigo pedía una tregua para recoger a sus caídos. El capitán Meinhof, hombre de principios, asintió a través de un megáfono. La petición le parecía correcta y era conforme a las costumbres castrenses. «Así también podremos nosotros recuperarnos algo y cuidar de los nuestros, no hay que hacer más horrible lo que ya lo es», pensó, mientras con la boca seca y pastosa trataba con mucha dificultad de tragar saliva, y sentía cómo un nudo muy fuerte le atenazaba el estómago.

Al poco rato, desarmados y a escasos metros de los restos de la alambrada que rodeaba la trinchera alemana, los camilleros, junto con los médicos y enfermeros soviéticos, iniciaron su piadosa tarea bajo la mirada vigilante de los pocos soldados alemanes que aún quedaban en pie.

**

Concluidas las labores humanitarias, un oficial, que iba en uno de los camiones sanitarios y que tenía galones de comandante, pidió, en perfecto alemán, parlamentar con el responsable de la unidad. Se acercó con otro mando de mayor graduación que lucía en su uniforme la medalla de *Stalingradski*, impuesta a los que habían luchado y ganado, ocho meses antes, en la batalla de Stalingrado. Los tres militares se encontraron en campo abierto y se saludaron con marcialidad.

—Soy el comandante Alexey Sokolov y mi superior es el coronel Yuri Vasiliev —se dirigió el primero a Willy, en un tono contenidamente afable, mientras señalaba con su mano hacia el oficial jefe—. Por sus galones he de suponer que usted está al mando de esta unidad.

—¡*Jawohl!*, soy el capitán Wilhelm Meinhof, pertenezco a la división nº 4 del Grupo de Ejércitos Sur y soy uno de los responsables de estas tropas. —respondió Willy tratando de impresionar a los dos rusos.

—Querrá usted decir, capitán... de lo que queda de ellas —matizó el comandante Sokolov, mirándole fijamente a los ojos al tiempo que hacía una mueca de descreimiento.

—¡Qué bah!, están casi íntegras —respondió Meinhof, simulando el mayor aplomo y esbozando a duras penas una sonrisa—. Sólo hemos tenido unas cuantas bajas —continuó—, entre ellas cinco heridos de los cuales tres son leves. Nuestras fuerzas y nuestra moral están prácticamente intactas, también nuestras armas —concluyó con firmeza prosiguiendo con su táctica de ocultación frente a los dos oficiales rusos.

—¡Vamos, capitán! ¡No estamos jugando a las cartas! —le rebatió el comandante soviético con la mayor convicción, después de traducir las palabras de Willy al coronel Vasiliev. Este último no pudo evitar una sonrisa cínica, al tiempo que negaba con la cabeza. Willy, por su parte, exhibió su mejor cara de póker, asemejándose a una esfinge del antiguo Egipto.

El oficial Sokolov volvió a la carga:

—Según mis cálculos, entre heridos y muertos, ustedes han sufrido, ¡como mínimo! un cuarenta por ciento de bajas. ¡Rinda la posición! El próximo ataque será el definitivo. Acaba de llegarnos una nueva compañía de tanques y esta vez no vamos a retroceder ni vamos a darles cuartel. Será el final de su absurda resistencia. Ya han causado ustedes demasiados problemas. Hemos cortado las comunicaciones por carretera. La gran ofensiva va a comenzar de un momento a otro. ¡Están aislados! ¡Nadie va a rescatarles! ¡Capitán, hágame caso! —insistió el oficial ruso—. Con su obstinada resistencia no va a cambiar el curso de una guerra que Hitler ya tiene perdida. ¡Piense en ello! Piense sobre todo en las vidas que puede salvar, ¡suyas y nuestras! —añadió, utilizando un timbre de voz cálido que denotaba sinceridad y que era más propio de un amigo que de alguien que, unos minutos después, no iba a pestañear si tenía que ordenar liquidar a toda la compañía alemana.

Finalmente, volviendo a encarnar su papel de comandante del ejército soviético, que cumplía órdenes y sabía que tenía todas las de ganar, concluyó con brusquedad en un tono de voz que no dejaba lugar a dudas:

—Para considerar nuestro ultimátum, tienen media hora. ¡Ni un minuto más! En caso de aceptar, deberá acercarse usted a nuestras líneas, sólo o acompañado de otro soldado, a ser posible con rango de oficial. Llevará en todo momento una bandera blanca de buen tamaño, si no... tiraremos a matar. En caso de rechazar nuestro *ofrecimiento* ¡serán aplastados sin piedad!, y no habrán conseguido absolutamente nada. Eso es todo, capitán, que Dios le proteja.

Saludando marcialmente y sin dar opción a Willy para que contestase, los dos oficiales del Ejército Rojo subieron a una de las ambulancias que, atestada de soldados muertos o malheridos, arrancó de inmediato. Por su parte, el capitán Meinhof volvió lento y taciturno a la trinchera.

«¡Que Dios le proteja! Había dicho el comandante Sokolov. Suena irónico en un régimen marxista-leninista que detesta todos las creencias y símbolos religiosos —reflexionó Willy—. Si le hubiesen oído sus superiores, ¿qué pensarían? ¡Una invocación a Dios del lado soviético! ¡Qué contradicción!, si lo que practican es el ateísmo, el culto al partido, ¡a Stalin! Sin embargo, en el fondo —continuó con sus cavilaciones—, no somos tan distintos de los rusos, pues en la ideología nacionalsocialista el culto al *Führer* es un baluarte esencial. Además, utilizamos a la Iglesia para justificar un régimen profundamente materialista: ¡*Gott mit uns!* ¡Dios con nosotros!, decimos».

***

El honor y la vida

Al volver a la trinchera, el capitán Meinhof se sintió solo, muy solo. El peso del mando recaía única y exclusivamente sobre él. Tenía que demostrar firmeza en todo momento, aunque a veces dudase del acierto de sus decisiones, pero: «¿quién está seguro al 100%? —se preguntó en su interior—. Nadie, sólo Dios. ¿Merece la pena dar la vida por un régimen repugnante que oprime y asesina sistemáticamente? Entonces, ¿por qué están luchando los rusos? ¿Es que Stalin no oprime cruelmente a su pueblo, y otros pueblos que no son rusos, ni de raza eslava? ¿Por qué luchar? ¿Por qué matarse los unos a los otros? No creo en las monsergas que cuenta Goebbels, aunque debo reconocer que su propaganda es muy eficaz. En ese terreno, tiene todo bajo control. ¡Y no hablemos ya del Reichsführer Himmler con sus SS! ¡Es el mismísimo diablo!».

«¿Por qué tenemos los alemanes un sentido del deber y de la disciplina tan exacerbados? —continuó mortificándose—. Nos lleva a alcanzar los mayores logros... y también a cometer los mayores excesos en nombre del *Volkgeist*, el espíritu del pueblo que hoy encarna, Adolfo Hitler, y antaño, el Káiser o Bismarck. Pero ahora es todavía peor: la opresión se une a la obsesión por la pureza racial y la política del *Lebensraum* (el espacio vital que, según Hitler, necesitaba el pueblo germano para su expansión hacia el Este). Si yo reniego de estas ideas: ¿qué me queda para luchar, cuando ya todo está perdido? Además, en las circunstancias actuales, ¿tiene algún sentido resistir a ultranza cuando tantos han caído?, ¿va a servir para algo nuestro sacrificio?, ¿no hemos hecho ya un esfuerzo más que suficiente por nuestra patria?, ¿cuál sería la reacción de mi padre en estas circunstancias?».

En los duros minutos que siguieron al encuentro con los oficiales rusos, todas estas reflexiones irrumpieron con fuerza en su mente. Y no se trataba sólo de aspectos racionales o filosóficos, sino también de sentimientos y emociones entrecruzados que le atormentaban. Pero ahora, Willy no podía detenerse como otras veces, para que el barro del agua se posara lentamente en el fondo del vaso hasta verlo todo con claridad.

Normalmente, cuando debía decidir sobre algún asunto importante y difícil, dejaba descansar el tema unas horas y, si era posible, unos días. «Hay que dejar que las legumbres se cuezan, a fuego lento, sin olvidarse de ellas —pensaba—. El guiso lleva su tiempo; si no, está crudo o mal cocinado y es rechazado o indigesta, cayendo el metre en el mayor descrédito».

En estos momentos no podía esperar, ni vacilar, ni divagar... La vida de muchas personas estaba en sus manos y él tenía la autoridad. Una autoridad que no se había ganado con el ejercicio a secas del mando, sino con el contacto y la preocupación diaria por sus hombres, y especialmente con el ejemplo que él trataba siempre de dar, haciendo que sus actos se acomodasen a sus palabras, aunque a veces le costase mucho. De esta manera se ganaba la confianza de la compañía: algo que necesitaba ahora enormemente.

Después de meditar un buen rato sobre la propuesta del enemigo, convocó a toda la tropa que podía mantenerse en pie, es decir, a poco más de 50 hombres, entre los que se contaban los heridos leves que todavía eran capaces de disparar, pues los demás no estaban en condiciones de tomar parte en lo que se avecinaba. Su primera pregunta fue para el sargento mayor:

—¿Cómo estamos de armas, Klaus?

—Temo comunicarle, capitán, que francamente ¡mal!

¡Muy mal! Nos quedan sólo dos ametralladoras con munición para unas cuantas ráfagas. Lo hemos consumido casi todo. Los morteros tienen munición para nueve disparos.

—¿Y de granadas, cómo estamos?

—Peor, casi las hemos agotado todas.

—¿Y los *Panzerfaust*?

—Sólo tenemos dos proyectiles. En el último combate los soldados se han puesto muy nerviosos y hemos gastado más de la cuenta, aunque hayamos destruido otros dos tanques rusos.

—¿Me está usted diciendo, que prácticamente, sólo disponemos de nuestros fusiles y las armas automáticas para hacer frente a los rusos?

—¡Así es, mi capitán! Sólo los máuser y las armas cortas —concluyó Klaus con la voz ahogada.

Entonces, sorpresivamente, el soldado Waldemar Simka, que estaba al lado del sargento mayor y había escuchado atentamente la conversación, exclamó en voz muy alta para que todos le oyeran:

—¡También tenemos nuestras bayonetas!

Waldemar era conocido en la sección por sus fantasías, sus meteduras de pata, y sus afirmaciones fuera de lugar. Incluso físicamente, no se asemejaba nada al resto de sus compañeros. Moreno, de pelo lacio y oscuro, recordaba a un personaje salido de una novela de Fu Manchú o de uno de esos comics de aventuras del espacio que empezaban a hacer furor, sobre todo en los Estados Unidos, donde las historias de Batman y Supermán llevaban ya varios años publicándose. Sus finos rasgos, ligeramente achinados, obedecían a unos patrones diferentes del arquetipo germánico. Probablemente, entre los antepasados de su familia, originaria de Hungría y asentada ahora en la región de Bohemia, habría descendientes de las huestes de Genghis

Khan que tanto asolaron Europa Oriental en la Edad Media. El fenómeno no era tan raro, pues era sabido que, en sus correrías, algunos de estos guerreros llegaron a alcanzar la Península Ibérica.

El hecho es que en la vida civil, Waldemar siempre había ido por libre. Esta actitud, en aquella época —y en todas las épocas— conlleva sus riesgos, aunque también sus compensaciones. Ya en su edad más juvenil —pues ahora tenía 26 años— frecuentó algún que otro calabozo de la policía checoslovaca. Sus padres regentaban una tienda de textiles y prendas de cuero en Praga y no les iba nada mal, pero Waldemar, el benjamín de la familia, les traía de cabeza. Estaba metido en pandillas de gamberros y cuando en los salones de baile había pelea y salían a relucir las navajas, siempre estaba en el follón. Al final ocurrió lo inevitable; los que juegan con fuego se queman: en 1935 fue internado en uno de los correccionales de la capital checoslovaca.

Si todo hubiera quedado en una *estancia* más o menos larga en el reformatorio, la cosa a la postre no hubiera sido tan grave; pero en los años 30, la práctica totalidad de Europa estaba sumida en intensas convulsiones político-sociales, y soplaban vientos de guerra.

Fruto del Pacto de Múnich de 30 de septiembre de 1938, firmado por Hitler, Mussolini, Daladier y Chamberlain; Alemania, que ya se había apoderado de Austria mediante el Anschluss, continúa decididamente su expansión.

Primero invade y se anexiona la región del Sudetenland —región de los Sudetes, en la antigua Checoslovaquia—, el 1 de octubre del mismo año, al día siguiente de firmar el susodicho acuerdo. Luego, en 1939, rompiendo la Entente de Múnich, ocupa y domina el resto de ese país y el 16 de marzo se crea el Protectorado de Böhmen und Mähren —Bohemia y Moravia—. Acto seguido, Eslovaquia, es decir lo que quedaba de Checoslovaquia después de las dos anexiones anteriores, se convierte en un Estado satélite del Tercer Reich.

En este escenario, la situación del díscolo Waldemar no hace más que agravarse. Los administradores de los nuevos territorios no son precisamente una *perita en dulce*. Llamado a filas por el ejército alemán, es internado inmediatamente en un pelotón de castigo de la Wehrmacht, a causa de unas extraños hechos que nunca llegan a aclararse del todo. A pesar de ello, con el inicio de la Operación Barbarroja, el 22 de junio de 1941, es destinado a la compañía de infantería 150 que participa en la invasión de la Unión Soviética.

Ciertamente, el capitán era consciente de que una unidad siempre tenía que tener su cuota de *raros*, pero Waldemar se llevaba la palma. Al final, para no perjudicarle más, le dejaba en paz, pues en la mayoría de los casos los problemas del soldado consistían sólo en pequeños episodios de indisciplina. Ahí radicaba en parte el éxito de Willy, en conocer muy bien a sus hombres y por ende, tener muy claro lo que quería y lo que podía exigir a cada uno de ellos. En este sentido, el checo no era precisamente un cobarde sino todo lo contrario. Junto a Gerald Funke, Klaus Zimmermann, Thomas Schulze, Walter Schuhmacher, Hans Witzcke y Albert Bukovsky, Waldemar Simka era uno de sus mejores soldados. Cuando había que ir de patrulla a zonas peligrosas, cuando había que dar un golpe de mano o era necesario desminar una zona, siempre se presentaba voluntario.

Su temeridad rayaba en el espíritu suicida y en eso coincidía con el sargento Funke, pero a diferencia de éste, sus pequeñas fechorías habían impedido hasta el presente que obtuviese una cruz de hierro muy merecida. Al final, para el capitán Meinhof, el conjunto inclinaba la balanza del lado del soldado. Éste lo sabía y por ello se permitía ciertas liberalidades que el oficial nunca habría consentido a otros, pero ése era el precio que Willy debía pagar para poder emplearlo en las misiones más arriesgadas.

Ahora,Waldemar había hecho honor a su fama. Al escuchar su espontánea invocación a las armas blancas, el capitán saltó cual resorte, como si justamente una bayoneta le hubiese pinchado en cierta parte de su anatomía.

—¿*Was sagst du*? (¿Qué dices?) —exclamó Willy perplejo, mirándole fijamente y con cara de pocos amigos. —Luego, frunciendo el ceño y ladeando la cabeza hacia uno y otro lado, se acercó al soldado y añadió—: ¡No estoy para bromas!, pero ¿dónde cree usted que se encuentra: en la Edad Media, en la época caballeresca, en un torneo...? ¿Qué cree usted que íbamos a conseguir lanzándonos con nuestras bayonetas contra los T34 o los lanzallamas de los rusos? —Finalmente, en un tono más distendido dentro de la tensión del momento, le dio unas palmaditas en la cara y le dijo—: ¡Tranquilízate Waldemar! Ya sé que han muerto amigos tuyos y que les tienes ganas a los rusos, —y reiteró de nuevo—: ¡Tranquilo!

La admonición del oficial hizo mella en el soldado, que agachando la cabeza y expresando con sus bellos ojos oscuros una gran tristeza, se quedó callado. Entonces el capitán, dando por zanjado el incidente, consultó su reloj de pulsera, alzó la mirada, y en tono solemne se dirigió a la tropa:

—Son ahora las dos menos cuarto de la tarde y, cómo sabéis, hasta las nueve de la noche no esperamos que vengan nuestras tropas a rescatarnos. La radio está rota y no es posible informar al mando de nuestra situación. Hemos luchado valerosamente. Me siento ¡muy orgulloso! de todos y cada uno de vosotros; mejores soldados no podía tener, ¡que no os quepa ninguna duda! Pero, lamentablemente, con las armas que tenemos, casi sin municiones, y con poco más de 50 hombres aptos para cubrir toda la posición; no hay victoria posible en el próximo ataque. Tampoco es viable resistir hasta las nueve de la noche. ¡*Ganz unmöglich*! (¡totalmente imposible!).

«Por otro lado —continuó—, no estamos en condiciones de retirarnos por nuestros propios medios ¿Me queréis decir con qué vehículos? ¿Y qué sería de los heridos graves?... ¡Tendríamos que dejarlos! *¡Es kommt nicht in Frage*! (¡Eso, bajo ningún concepto!). Además, incumpliríamos las órdenes y nos formarían consejo de guerra, por abandono de la posición y de la misión de custodia que tenemos encomendada. Hemos empezado esta guerra juntos y juntos tenemos que seguir, por nosotros, por la *Kameradschaft* (la camaradería) y por nuestro honor de soldados. Siempre cabe optar por sacrificarnos, pero nuestro sacrificio no servirá de nada, o mejor dicho, sí servirá con toda certeza para engrosar el ya abultado número de viudas y huérfanos de nuestra querida patria, que tarde o temprano, no lo olvidemos, tendremos que reconstruir.

«Finalmente, concluyó—: Propongo sin más, que dejemos de luchar. Ésta es mi opinión. Sin embargo, no quiero hacer uso del mando para imponer la decisión. Si la mayoría no estáis de acuerdo, pelearemos hasta la muerte. También lo haremos si los rusos no se comprometen a respetar nuestras vidas y mandar a nuestros heridos al hospital de campaña más próximo. ¿Qué deciden ustedes?

Deliberadamente, el oficial no había querido utilizar la palabra humillante de la rendición o capitulación, para no echar más leña al fuego. Transcurridos unos minutos, como nadie articulaba palabra y el tiempo apremiaba, el capitán Meinhof zanjó la cuestión en el sentido del honor y de la vida:

—¡Camaradas! Si interpreto bien vuestro silencio, estáis conformes con mi propuesta; volved entonces a vuestros puestos y esperad órdenes. —Segundos más tarde, se dirigió a Zimmermann:

—¡Sargento, prepare una bandera blanca y tráigame al capitán Peckmann!

—*Jawohl*, mi capitán —respondió satisfecho y, acercándose a él, añadió sin que nadie le oyese —: Me alegro de su decisión que hago mía. Es lo mejor para todos. Aunque yo sé que algunos no están de acuerdo, la mayoría sí lo estamos y los demás, en cualquier caso, tienen un profundo respeto y una fe ciega en usted. Willy, es usted un gran líder.

—Gracias, Klaus. No ha sido fácil tomar esta decisión. No quiero convertir esta trinchera en un cementerio— le confesó en voz baja—. Han muerto ya demasiadas personas y no vamos a conseguir nada si continuamos luchando. Hemos demostrado a los rusos de lo que somos capaces. Les hemos hecho morder el polvo, pero no debemos abusar de nuestra determinación. ¿Cuánto duraríamos, quince, quizás veinte minutos? ¿Y luego qué? —continuó—. En el próximo ataque todos moriríamos, los hombres válidos y los heridos, que no tendrían ninguna posibilidad de sobrevivir. Los rusos no iban a perdonar lo que les hemos hecho. De esta manera, algunos, espero que sean bastantes, se salvarán. Además, hemos cumplido con nuestro deber y no tenemos que avergonzarnos de nada. Hay que saber abandonar a tiempo en ciertas ocasiones, y ésta, Klaus, es una de ellas. Pero recuerde que todavía no hemos acabado y no podemos bajar la guardia.

A los pocos minutos, el capitán Peckmann, al que ya nadie vigilaba, enterado del vuelco que había dado la situación, apareció exultante y crecido como si le hubieran quitado un gran peso de encima:

—¡Si ya se lo había dicho yo! —afirmó en tono pedante e insolente. Era imposible resistir contra los tanques y esas masas de rusos —y añadió muy ufano—: Si me hubiese hecho caso, capitán, sus hombres estarían todos vivos. Ha sido un grave error plantear una resistencia suicida.

—Usted no es un militar, Peckmann, ¡usted es un traidor! —le reprendió el capitán en su cara—. Si salimos de ésta, no le quepa ninguna duda que daré cuenta al mando y con toda probabilidad usted será sometido a consejo de guerra, por cobardía frente al enemigo.

—Capitán, no le consiento ningún insulto. Todo ha acabado ya. ¡No esperemos más! ¡Cumpla el compromiso que ha asumido con sus hombres!, ¿tiene la bandera preparada?, ¡partamos ya!, ¡comuniquemos nuestra decisión a los rusos!

**

Una vez en el exterior de la trinchera y siguiendo las instrucciones de los soviéticos, los dos oficiales, armados únicamente con sus pistolas de reglamento, se dirigieron al encuentro del enemigo enarbolando una bandera blanca. A los pocos minutos y en un punto intermedio, tres oficiales rusos, montados sobre un jeep, les estaban esperando. Entre ellos se encontraban el comandante Sokolov, que ejercía de traductor, y el coronel Vasiliev, el jefe del regimiento que había dirigido los ataques contra las tropas alemanas.

Después de darse los saludos de rigor, Vasiliev, como oficial de mayor graduación, preguntó a los alemanes si estaban dispuestos a rendirse. El capitán Peckmann, ansioso por entregarse, se adelantó y asintió con vehemencia. En ese momento, el capitán Meinhof le contradijo secamente.

—¡No tan rápido, señores! El *Hauptsturmführer* podrá decir misa, pero yo tengo el mando directo de mi unidad. He hablado con mis hombres y están conformes, siempre que ustedes aseguren que respetarán nuestras vidas; evacuarán a nuestros heridos al hospital más próximo; y nos dejarán enterrar y rendir honores a nuestros camaradas muertos. Si no se aceptan estas condiciones, ¡estamos dispuestos al sacrificio! Y no les quepa ninguna duda de que nos llevaremos a un buen número de sus soldados por delante.

Entonces Alexey, que a pesar de las apariencias era un experto negociador y un apaciguador nato, intervino:

—Si me permite, coronel Vasiliev, estoy de acuerdo con lo que pide el capitán Meinhof; es conforme a las leyes de la guerra y no dificulta en nada nuestras operaciones.

—Me parece también razonable —confirmó Peckmann mientras miraba a Meinhof lleno de ira, con unos ojos que parecían destilar fuego.

—¡Bien, caballeros! —asintió a su vez el coronel—. Por mi parte, estando el comandante Sokolov de acuerdo, tampoco hay problemas. Aceptamos sus condiciones. Vuelvan ahora a su unidad, pero antes escuchen atentamente: como máximo a las tres de la tarde, saldrán ustedes y sus hombres de la trinchera, completamente desarmados y sin cascos. Se quedarán allí, delante del parapeto, hasta que nosotros lleguemos. —Alexey tradujo a Willy lo que había dicho su superior.

—¡Pero, coronel!, ¡eso nos deja apenas cuarenta minutos! Es muy poco para organizar la rendición. ¡Necesitamos más tiempo! —exclamó Willy en un intento de dilatar la situación, pensando que alguna avanzadilla de las compañías de rescate de la Wehrmacht pudiera estar ya cerca.

Al escuchar el ruso la traducción que le hacía el comandante Solokov, no dio crédito a lo que acababa de oír. ¡Estaba perdonando la vida a los alemanes! ¡Y todavía venían con exigencias! Gesticulando con su mano derecha, como si estuviera blandiendo un sable cosaco que respaldara cada una de sus palabras y, casi a gritos, zanjó la cuestión.

—¡Bajo ningún concepto! ¡Es absolutamente imposible! Ya estamos perdiendo mucho tiempo. A las tres de la tarde, si no se han rendido, atacaremos y les aplastaremos sin piedad. ¡No habrá cuartel!

De vuelta a la compañía y utilizando un tono que no revelaba ninguna frustración por la decisión de rendirse, sino por el contrario un fortísimo deseo de abandonar el promontorio donde se encontraban, y ponerse en manos de los rusos, el capitán SS se dirigió a Willy:

—Dé las órdenes oportunas para que todos los que se tengan en pie salgan de la posición desarmados. ¡Hagámoslo ya! ¡A qué estamos esperando! —Pero su insistencia cayó en saco roto:

—Antes de entregarnos, capitán, tenemos tareas ineludibles, ¡debería saberlo! —le frenó Willy en seco con el mismo tono de prepotente desprecio que había utilizado el SS, y añadió—: Usted me sorprende mucho, Peckmann. Sepa desde ahora que no voy a dejar al enemigo sacar partido de esta situación más de la cuenta.

Ignorando deliberadamente sus protestas y encomendando a Klaus que no le perdiera de vista, el capitán Meinhof se encaminó a la casamata, que horadada en la tierra, había sido durante meses su puesto o más bien su cueva de mando. Después de pedir a unos soldados que montaran guardia para que nadie le molestara, abrió la puerta medio desvencijada. Nada más entrar y cerrarla tras de sí, se postró de hinojos, y aquejado de fuertes nauseas se puso a vomitar con la fuerza de un surtidor. Toda la tensión que había vivido le pasaba ahora factura de manera incontrolada. El asco y la bilis le subían por el esófago y no podía evitarlo. Era lo que en el lenguaje bélico se llamaba fatiga de combate, la rebelión del subconsciente emocional, y la gota que hacía colmar el vaso residía en los últimos acontecimientos. Willy llevaba ya cuatro años de campaña militar, *metiendo las manos en la mierda,* pasando mil penalidades, exponiendo su vida cada dos por tres, no en los cómodos cuarteles o trenes de mando de los generales de la Wehrmacht, sino entre sus soldados, codo con codo, siendo el que primero avanzaba para dar ejemplo. Había sobrevivido hasta ahora, ¡Todo un milagro! Donde tantos oficiales habían caído, en algunos casos sin poder siquiera recuperar el cuerpo para las honras fúnebres. Pero, psicológicamente, lo que estaba pasando ahora se llevaba la palma.

Después de la vomitona, le sobrevino una crisis de llanto que sofocó inmediatamente con sus manos. Entonces empezó a quejarse lastimeramente en voz baja: «¡Dios mío! ¿Qué te he hecho? ¿Por qué me haces pasar este trago tan amargo? ¡Dame fuerzas para superar este trance!».

Durante unos segundos, la idea liberadora del suicidio le pasó por la cabeza. ¡Qué fácil desligarme de todo ahora! Si lo hago, para muchos, ¡habré muerto con honor! Pero luego pensó en sus hombres, sus familias... su familia. Las tensiones acumuladas eran ya demasiadas y Willy, sin embargo, debía seguir aparentando ser muy fuerte, el más fuerte de la manada. Tenía que asemejarse a la roca basáltica del acantilado, aquélla que resiste todos los embates de la fortísima marejada, y al mismo tiempo, al faro de luz potente y brillante que evita el naufragio de los barcos de pesca. Eso es lo que tenía que hacer ahora, ya que no había tenido el máximo honor de un militar: morir en el campo de batalla. Willy era creyente y consideraba que cada hombre tiene que cumplir una misión en la vida. Esa idea de responsabilidad y compromiso, junto con el orgullo de pertenecer a una nación que había sobrevivido a las pruebas más duras, y que era capaz de sobreponerse a las mayores dificultades, eran lo que ahora le daba fuerzas para afrontar lo inevitable.

Repuesto en parte de sus emociones, abrió una pequeña y elegante caja negra de madera lacada que tenía en su mochila. Dentro brillaba la EK 1, la cruz de hierro de primera clase, que tanto le había costado conseguir y tanto apreciaba; aunque no le gustase hacer alardes. La puso en la palma de su mano y cerró el puño con fuerza, con mucha fuerza. En ese preciso instante, se sintió transportado al lugar y al momento donde, meses antes, se celebraba la ceremonia de entrega de medallas, y la rememoró:

Es un día soleado del mes de mayo de 1942. Los soldados y oficiales del regimiento, que durante 1941 han destacado por sus valientes acciones de combate excediéndose en el cumplimiento del deber, se hallan reunidos en la plaza de la ciudad ucraniana donde se encuentra el cuartel general de la división. La estatua de Lenin, o lo que queda de ella, ha sido cubierta con la bandera tradicional alemana y no con la bandera nazi que, como prescriben las ordenanzas, ondea en la fachada del palacio de la comandancia con los colores rojo, blanco y negro de la esvástica.

Para esta ocasión, la banda de música de la división se ha desplazado al centro de mando. Mientras sus miembros ponen a punto los instrumentos, los militares que van a ser condecorados se forman marcialmente en medio de la explanada. Cuando todo está dispuesto, la *Fehrbelliner Reitermarsch*, interpretada magistralmente por la orquesta, empieza a sonar concitando la admiración, no sólo de los militares, sino también de bastantes curiosos que asisten a la ceremonia como si se tratase de un día de fiesta, de un respiro en la tensión bélica que también sufre la población civil.

El coronel Barón, Ludwig von Heusenberg, en elegante uniforme de gala, preside el acto desde el podio que, en un costado de la plaza, se ha erigido para la ceremonia. Una compañía de honores desfila en perfecta formación delante del estrado, al paso de la oca, como sólo la

Wehrmacht sabe hacerlo. El jefe supremo de la división, el general Julius Eberhardt, también está presente, pero como es habitual en él, delega en el coronel y prefiere situarse en un discreto segundo plano, eso sí, junto a los representantes de las Waffen SS con los que se lleva tan bien.

Cuando la banda enmudece, el *Oberstleutnant* — teniente coronel— Helmut Waldmann se acerca al micrófono y pide atención para anunciar que en breve se va a proceder a la imposición de las condecoraciones. Von Heusenberg solicita permiso al general de la división y, orgulloso y emocionado, desciende de la tribuna por una escalerilla de madera. Entonces, al son de la *Preussischer Präsentiermarsch*, pasa revista a las tropas que han desfilado.

Finalizada la inspección, la música cesa y un mutismo disciplinado envuelve toda la plaza. El *Major* —comandante— que dirige la banda, mira al general Eberhardt y éste le hace una inclinación de cabeza; entonces los compases de la vibrante marcha *Preussens Gloria* —Gloria a Prusia—, resuenan enérgicos. Es la señal que espera el coronel Von Heusenberg para recompensar a los hombres que se encuentran impecablemente formados frente a la tribuna.

Oficiales y soldados reciben gozosos sus medallas de manos del propio jefe del regimiento, al que saludan marcialmente. Ahora le toca el turno a Willy. El coronel le impone sobre su uniforme la cruz de hierro de primera clase. Sin dejar de mirarle fijamente a los ojos y con gran regocijo, le dice: «Teniente Meinhof, no sabe cuánto le agradezco lo que ha hecho por nuestro regimiento, es un honor para mí hacerle entrega de esta medalla. Mientras haya personas como usted, el futuro de Alemania no está perdido, ¡muchas gracias, Willy!—remata cariñosamente, dándole un fuerte apretón de manos».

Así finaliza la primera parte del acto. A continuación, Von Heusenberg retorna al estrado y arenga a las tropas con unas palabras que son retransmitidas simultáneamente por radio a todas las unidades de la división, y que se quedarán grabadas para siempre en la mente de Willy:

«... Héroes del ejército, a partir de ahora vais a poder lucir satisfechos vuestras medallas. Con ellas, la División reconoce que os habéis superado como soldados y como personas. Durante las valerosas acciones que habéis llevado a cabo, habéis despreciado el peligro, sin pensar en vosotros mismos. En ese momento, os habéis entregado generosamente a vuestra unidad, a vuestra patria. Os habéis fundido con Alemania pero, sobre todo, lo que habéis hecho ha sido por y para ese vínculo sagrado de la camaradería, forjado a lo largo de meses e incluso años con vuestros camaradas, cuyas vidas, en muchos casos, habéis salvado generosamente. Podéis estar muy orgullosos de vosotros mismos, sois un ejemplo a seguir y encarnáis, para la eternidad, las mejores virtudes del Ejército Alemán. Ahora, antes de finalizar la ceremonia, ofrezcamos todos, a nuestros soldados condecorados, tres *Sieg Heil* (salve victoria), en señal de admiración y agradecimiento».

Entonces, como un solo hombre, la plaza retumba con las voces atronadoras de los soldados que, a su manera ritual, saludan y reconocen el valor de sus compañeros. La ceremonia finaliza apoteósicamente con el himno nacional de Alemania, el *Deutschland über alles*, que es cantado por todos los presentes, mientras se iza la bandera tradicional germana y los soldados hacen el saludo militar. Muchos son incapaces de contener sus lágrimas y lloran emocionados, pues no pueden evitar pensar y sentir a los camaradas muertos, a sus madres, sus esposas, sus novias, a los familiares de la lejana patria y a sus amigos... que no saben si volverán a ver. Así, lo que en un principio es un acontecimiento de júbilo se torna individualmente en un acto melancólico, dejando un sabor dulce y al mismo tiempo agrio.

Finalmente, poniendo broche de oro a la ceremonia, la banda militar interpreta la *Defiliermarsch* y la alegre *Preussischer Zapfenstreichmarsch*, elevando de nuevo los ánimos. Al ritmo de la música y al anochecer, la compañía de honores abandona la plaza desfilando con antorchas encendidas.

La ensoñación del capitán Meinhof fue breve, pero suficiente para que sintiera como todo su cuerpo se llenaba de energía y su mente de una seguridad absoluta en lo que estaba haciendo. Como arpías vencidas, los pensamientos negativos se alejaron de su cerebro y en cuestión de segundos, mientras continuaba asiendo con fuerza su cruz de hierro, la recuperación física y psíquica fue completa. Acto seguido, abrió la mano, y mirando la insignia se dijo a sí mismo: «Es ahora cuando debo ponérmela y lucirla; así impresionaré a los rusos. No quiero que se llamen a engaño por nuestra rendición; que en ningún momento se les pase por la cabeza que es por cobardía. ¡Jamás!».

Entonces, Willy se sintió de nuevo transformado.

**

Transcurridos unos minutos, que a los soldados se les hicieron eternos, el capitán salió de su puesto de mando. El hombre que antes había entrado en la casamata, física y psíquicamente acabado y con la expresión de la derrota grabada en su cara, salía ahora con una mirada que expresaba la satisfacción por el deber cumplido y la serenidad necesaria para afrontar aquellos difíciles momentos. Como muestra del máximo respeto y también de la máxima confianza, se hizo un silencio sobrecogedor. Entonces, Willy se dirigió a los supervivientes de la compañía que se habían reunido espontáneamente en torno a él: «¡Señores, pongámonos ahora manos a la obra! ¡Cumplamos con nuestro aciago deber!».

Lo primero que ordenó fue inutilizar las armas; todos,febrilmente, se aplicaron a ello. En muy poco tiempo, las ametralladoras y los morteros quedaron destrozados a martillazos. Los máuser y las armas automáticas compartieron la misma suerte. Luego hicieron explotar las granadas que quedaban, así como la munición de los morteros y las minas antitanque. Sólo el capitán y los suboficiales conservaron sus pistolas reglamentarias, para entregárselas a los rusos en señal de rendición.

Los heridos graves que estaban conscientes fueron tranquilizados psíquica y químicamente, con morfina, remedio usual que se suministraba en muchos casos para calmar el dolor, y en otros, la angustia ocasionada por el miedo a la muerte.

Cumplido con el protocolo, que realizaron a la perfección y en un tiempo récord, los suboficiales y los soldados, que habían despreciado e ignorado deliberadamente al capitán Peckmann mientras cumplían con sus obligaciones, se agruparon desarmados, con sus macutos y sin sus cascos, al pie de una de las rústicas escalerillas que conducían al exterior de la trinchera.

—Señores —declaró el capitán Meinhof resueltamente, pero con la voz teñida de emoción—, ya ha llegado el momento, muchas gracias por todo. ¡Viva Alemania!

—¡Viva! —gritaron a su vez todos los soldados.

Luego, a medida que iban subiendo por la escalerilla, les fue dando la mano con fuerza, uno a uno, reiterándoles individualmente su agradecimiento. Él fue el penúltimo en salir; el último fue el capitán Peckmann, a quien no se le dejó subir antes, a pesar de su insistencia.

Unos minutos después de la hora convenida, los soldados alemanes estaban situados fuera de la trinchera, con la bandera blanca desplegada. Los rusos hicieron muy pronto acto de presencia. Inmediatamente y con gran celeridad, cumplieron su parte del pacto. Se hicieron cargo de los heridos de gravedad, a los que evacuaron en un camión ambulancia, y dejaron a los alemanes enterrar dignamente a todos sus muertos, 70 soldados en total, la mitad de la compañía. Entre ellos, el bravo sargento Funke, que había frenado en seco el primer ataque ruso. Encima de las cruces colocaron sus respectivos cascos de acero. El capitán Meinhof apenas podía contener la emoción, pues conocía a todos y cada uno de los caídos y sentía un sincero afecto por ellos. Habían formado un equipo extraordinario; pero ahora llegaba el momento de la separación... hasta la eternidad.

Después de arrodillarse y poner durante unos segundos la palma de su mano sobre el montículo que formaba cada tumba, como hacía siempre que enterraban a alguno de sus hombres, dio la palabra al sargento mayor. Klaus se lo había pedido con insistencia, y el discurso que pronunció sobre sus queridos camaradas muertos en combate fue muy sentido. Habían sido ¡tantos meses!, ¡tantos días juntos a todas horas! Y de manera ¡tan intensa!, que olvidarlos sería imposible. Siempre formarían parte de sus vidas, hasta la muerte; siempre los tendrían presentes, con sus virtudes y defectos. Habían estado unidos en la desgracia que conlleva una guerra; pero también habían disfrutado de momentos muy entrañables.

Como es lógico y humano, cada soldado tenía sus preferencias y se llevaba mejor con unos u otros. Pero incluso entre aquéllos que no se trataban demasiado, se había forjado un vínculo de acero fortalecido en los últimos meses y cuyo colofón sangriento lo había impulsado al infinito.

Los supervivientes partían a lo desconocido con la *Kameradschaft*—la camaradería— en su corazón. Pertenecer a la compañía 150, luchando a las órdenes del capitán Wilhelm Meinhof y de su excelente equipo, había sido todo un privilegio. Klaus no fue capaz de hablar más. Al sargento, de ordinario distante aunque muy sensible, se le trababan las palabras y las lágrimas anegaban sus ojos enrojecidos. Haciendo un postrer esfuerzo, consiguió finalizar su discurso. Luego todos, también los no creyentes, rezaron un Padre Nuestro en medio del silencio sepulcral. Finalmente, entonaron la canción del soldado:

«*Ich hatte einen Kameraden,*

Einen besseren findest du nicht...».

(Yo tenía un camarada, uno mejor no lo encuentras)

El comandante Sokolov observó respetuosamente la ceremonia. Había dado órdenes estrictas de no molestar a los alemanes, que ya no representaban ningún peligro. A pesar de ser enemigos, no pudo evitar conmoverse al ver cómo estos soldados honraban y despedían a los que, hasta hacía pocas horas, eran sus camaradas vivos, su familia del frente.

Terminada la ceremonia, 54 de los 140 soldados que formaban la compañía, los que habían salido indemnes de los ataques o sólo levemente heridos, subieron a dos camiones del ejército soviético. En el primero y en la parte de detrás, iba el capitán Meinhof, junto al sargento Zimmermann y al soldado Hans Witzke.

Minutos antes, Willy y su alter ego de las SS, habían sido invitados por el coronel Yuri Vasiliev a subir a la parte delantera del vehículo. Éste, preso de una gran euforia y de mucho vodka, festejaba la toma de la posición. A pesar de sus insistencias, Willy declinó educadamente la invitación. Peckmann, por el contrario, se acomodó junto al oficial ruso en la cabina del conductor.

En la caja del camión, los *pasajeros* no cruzaban palabra. Estaban exhaustos por los combates y su estado de ánimo era muy bajo. En esos momentos, las emociones más contradictorias se apoderaban de sus mentes: la rabia contra el enemigo, que al final se había hecho con la posición; La tristeza del vacío dejado por los camaradas muertos; la alegría, pues para ellos la guerra había terminado y pensaban que ya no iban a morir, que verían a sus familiares, a sus novias, a sus hijos y amigos. El miedo a lo desconocido y el sufrimiento que seguramente les esperaba —pues no se hacían ninguna ilusión a este res-pecto—, también les agobiaba e interfería en las demás emociones, aun tratándose de hombres que habían superado las pruebas más duras en la guerra. Finalmente, para algunos, los más fanáticos y adictos al régimen nazi, la rendición significaba una deshonra difícilmente aceptable. A pesar de ello, la disciplina había prevalecido y todas las órdenes se habían cumplido escrupulosamente.

En el capitán Meinhof, lo que prevalecía era un sentimiento mezclado de tranquilidad y satisfacción por el deber cumplido. Había defendido la posición todo lo humanamente posible, pagando un alto precio en vidas humanas. Si no se hubiesen rendido, habrían acabado con todos en escasos minutos, sin conseguirse nada a cambio. Continuar resistiendo hasta las nueve de la noche ante una fuerza aplastantemente superior y casi sin munición, era imposible y absurdo. «Por otro lado —pensó esbozando una sonrisa—, hemos logrado que los rusos no se enteren de que poseemos nada menos que 25 cajas repletas de lingotes de oro. En este sentido, la misión ha obtenido un éxito parcial aunque sea por omisión. Los nuestros no se llevan el oro, pero tampoco los enemigos. De todos modos, dentro de unas horas llegarán los refuerzos blindados. A lo mejor son capaces de echar a los rusos y reconquistar el terreno».

«Sin embargo —concluyó sus pensamientos—, la mejor solución es que las cosas se queden como están. Ese oro no pertenece ni a los rusos, ni a los alemanes; sino a la desgraciada población judía de Ucrania. Nuestros asesinos de las SS les han robado, torturado y luego exterminado (como había llegado a su conocimiento por sus conversaciones con el *Oberst* Ludwig von Heusenberg). ¡Que Dios les tenga en su gloria y que perdonen nuestros pecados!».

Siendo las cuatro y media de la tarde, el camión se alejaba del promontorio que los alemanes habían defendido tan encarnizadamente. La guerra había terminado para ellos, pero un durísimo cautiverio aguardaba ahora a los supervivientes. El capitán Meinhof miraba a cada uno de sus hombres con orgullo no disimulado:

«¡Mejores soldados no podría haber tenido! Espero que nos lleven a todos al mismo campo de prisioneros. Tengo que velar por que vuelvan sanos y salvos a Alemania; la patria nos necesita, nuestras familias y nuestros amigos, también».

***

Cautiverio

El segundo apellido de Hans Witzcke no era alemán, sino ruso. Su abuelo materno, Dimitri Bogdanoff, había nacido en San Petersburgo, la antigua capital de Rusia fundada por el Zar Pedro el Grande como una ventana hacia el mundo occidental, y luego rebautizada como Leningrado en la época soviética. A finales del siglo XIX, la situación económica de Rusia se agravó, sobre todo en el campo, donde reinaba un sistema cuasi feudal que a los campesinos no les dejaba muchas salidas. Dimitri, que trabajaba como administrador de una explotación agrícola cercana a la ciudad, se quedó sin trabajo. Entonces decidió emigrar a Alemania, en vista del auge económico que estaba experimentando el país.

El nuevo Estado, el Deutsches Kaiser Reich –Imperio Alemán del Kaiser—, proclamado en la Sala de los Espejos de Versalles el 18 de enero de 1871, había experimentado un proceso acelerado de urbanización e industrialización, basado principalmente en el crecimiento de las industrias derivadas del carbón y del acero —yacimientos del Ruhr— y más tarde, en el de las químicas y eléctricas.

La fuerte alianza de la industria con el capital financiero era otra de las causas de esta transformación económica y social. El resultado fue que, antes de la Primera Guerra Mundial, la Alemania del Káiser Guillermo Segundo se convertía en la nación más poderosa de Europa, por delante del Imperio Británico y sólo superada por los Estados Unidos de América.

En este ambiente de bonanza económica, el abuelo de Hans no tuvo mayores problemas para encontrar trabajo, y asentarse definitivamente en el país, con su mujer y sus hijos pequeños. Uno de ellos era la madre de Hans, Galina

Bogdanova, que siempre hablaba en ruso a su hijo para que éste no perdiera su segunda lengua. Pero cuando Hans fue movilizado para tomar parte en la Operación Barbarroja, no consideró prudente comunicar al ejército su dominio del idioma eslavo. Las doctrinas políticas racistas del nacional-socialismo, que preconizaban la superioridad de la raza aria y el menosprecio de la eslava, hacían contraproducente manifestarse conocedor —y en realidad admirador— del idioma y de la cultura rusos. Su madre le había inculcado desde pequeño que no tenía nada de qué avergonzarse, sino todo lo contrario, por estudiar y dominar el habla de Pushkin, de Tolstoi y de Chejov.

Por otra parte, la Wehrmacht ya tenía sus propios intérpretes y traductores. Alguna vez, durante las operaciones en el frente, Hans trabó conversación con prisioneros rusos, aunque tratando de pasar desapercibido. Willy, sin embargo, lo sabía, pues Hans, por motivo de lealtad y patriotismo, se lo había confesado. No obstante, pidió al oficial que no lo hiciese público; que sólo recurriese a él como traductor en caso de extrema necesidad. El capitán accedió a ello, siempre que pudiera contar con un sustituto, y cumplió con su palabra. Incluso cuando rindió la compañía, no utilizó los servicios del soldado, pues el capitán Peckmann era intérprete de ruso.

El hecho es que por una de esas casualidades del destino, en uno de los camiones que transportaba al cautiverio al capitán Meinhof junto a suboficiales y soldados de su unidad, Hans estaba sentado frente a aquél, justo al lado de la sucia ventanilla que desde la parte trasera del vehículo comunicaba con la cabina del conductor. Los rusos habían cometido el descuido de no cerrarla completamente. El soldado, como era en él sempiterna costumbre cuando no tenía nada que hacer, estaba dormitando.

Willy, por su parte, no desaprovechaba ninguna oportunidad para enterarse de lo que pasaba a su alrededor y, en esta ocasión, tampoco lo hizo. Sigilosamente, corrió un poco la ventanilla y le dio a Hans unas palmaditas en las rodillas. El soldado se sobresaltó y preguntó al capitán con un gesto. Éste, sin abrir la boca, señaló con el índice de su mano derecha, primero hacia la ventanilla, y luego hacia el propio soldado; finalmente puso su mano izquierda detrás de la oreja. El lenguaje gestual era algo que en la compañía se cuidaba al máximo pues, en caso de ataque, el estruendo de las armas hacía difícil entenderse. También era una técnica muy útil cuando había que salir de patrulla y no ser oído.

El soldado captó rápidamente el mensaje y acercó su cabeza a la ventanilla. A pesar del ruido del motor y del traqueteo del camión, cuya suspensión era muy deficiente, consiguió escuchar lo que se decían, en voz baja pero audible, el coronel Vasiliev y el oficial de las SS: «Me alegro que todo haya salido conforme a lo previsto, capitán— afirmó el coronel».

—Sí, pero por poco se va todo al garete, por culpa de la obstinada resistencia de estos locos —matizó el capitán Peckmann.

—Bueno, lo importante es que ya deben de estar sacando las cajas de su escondrijo. Ya sabe que según lo convenido, hay que guardar las formas; tendrá que esperar unos meses hasta que le llevemos a Moscú y le demos las suyas. De momento, le enviaremos a un campo de prisioneros, digamos... de régimen suave; hay que disimular y cumplir con las formalidades —insistió el coronel.

—No importa. La guerra ya no va a durar mucho y pronto estaré de vuelta en Alemania —concluyó el *Hauptsturmführer*.

Hans no daba crédito a la conversación, que por descuido, por la euforia incontenible del momento, o por un exceso de confianza, acababan de mantener los dos militares, en teoría enemigos. De inmediato, le hizo un gesto al capitán para que se le acercara y así poder decirle al oído lo que acababa de escuchar. La cara, primero de estupor y luego de rabia, que puso Willy Meinhof, era difícil de describir. Si ya de por sí la rendición era dolorosa, sumar a ello la traición de un oficial de la división Leibstandarte SS Adolf Hitler, una de las más prestigiosas unidades militares de élite, era la gota que colmaba el vaso. «¿No estaban integradas las Waffen SS por la raza de *superhombres* que, según estaba prescrito, iban a liderar la Alemania del futuro?». Se preguntó Willy con sarcasmo. Pero el capitán, fiel a su espíritu pragmático, controló sus emociones e hizo lo único sensato que podía hacer: preservar la información para el futuro.

Una vez llegados al primer destino, un campamento provisional donde eran concentrados todos los prisioneros, convocó al sargento Klaus, al cabo Walter y al soldado Bukovsky. Luego pidió a Hans que les relatase a ellos la conversación entre el oficial ruso y el SS. Finalmente, Willy y los demás juraron silencio sobre lo que acababan de escuchar: «¡Pase lo que pase! Nadie debe irse de la lengua. Hasta que yo, o en su caso el sargento Zimmerman, decidamos airearlo de vuelta en Alemania, nadie comentará nada. Si Peckmann llega a enterarse de algo, seremos hombres muertos. Por supuesto —añadió— es también muy peligroso que Hans hable ruso delante de él. Hay que eliminar cualquier indicio que le haga sospechar que su conversación con el coronel Yuri Vasiliev ha podido ser escuchada y entendida. Ese hombre no tiene escrúpulos, y no le temblará la mano si ha de eliminar a un testigo potencial. Es muy importante que cuando estemos juntos guardemos silencio sobre este tema.

Mientras los supervivientes de la compañía 150 afrontaban su cautiverio, la situación bélica para las fuerzas del Eje en general, y para Alemania en particular, no hizo más que empeorar hasta el colapso final.

En la Conferencia de Teherán, a finales de 1943, los aliados asumieron el compromiso de preparar la Operación Overlord que abriría el tan ansiado Frente Occidental, demandado reiteradamente por Stalin. El seis de junio de 1944, que después sería conocido como El *día más largo*, por la película del mismo nombre, las tropas aliadas desembarcan en Normandía. En agosto, es decir, más de cuatro años después de su ocupación en junio de 1940, París es liberado.

Tras el fracaso aliado de la Operación Market Garden, que a iniciativa de un optimista general Montgomery pretendía acabar la guerra antes de tiempo, y que sería llevada al celuloide muchos años después bajo el título *A bridge too far* —Un puente demasiado lejano—, la reacción alemana no se hace esperar y se desencadena la Ofensiva de las Ardenas. Esta acción se desarrolla durante los meses de diciembre de 1944 y enero de 1945. Será el último intento de victoria de las tropas germanas en el Frente del Oeste; *los estertores de un coloso* que había querido abarcar demasiado. Fracasada la ofensiva, entre otros factores debido al buen tiempo y a la superioridad aérea de los aliados, los alemanes, como toro acorralado, se retiran a sus posiciones al otro lado del Rin; a la espera del golpe final.

En el Frente Sur, en Italia, la progresión de las tropas aliadas es muy lenta. En 1943 desembarcan primero en Sicilia y luego en Salerno, Tarento y el Estrecho de Messina. En 1944 superan la línea Gustav y desembarcan en Anzio, alcanzando Roma el 4 de junio. En el Frente del Este, a raíz del fracaso de la Operación Ciudadela en el saliente de Kursk, en julio de 1943, las tropas alemanas pasan a la defensiva. El mes de diciembre del mismo año en un frente de más de 1.400 kilómetros, el Grupo de Ejércitos Sur, comandado por Erich von Manstein, es derrotado en la batalla del Dniéper que llevará a la reconquista de Ucrania.

El resultado de este último enfrentamiento para ambos bandos es aterrador. En total se supera el millón de muertos.

La retirada alemana se intensifica, y a finales de mayo de 1944, es decir casi tres años después del inicio de la Operación Barbarroja, sólo Bielorusia y los Estados Bálticos continúan todavía en poder de los nazis dentro del territorio soviético. A finales de agosto, Bielorusia es reconquistada y Rumanía, que ya está siendo invadida por el Ejército Rojo, cambia rápidamente de bando. Durante el mes de septiembre, Bulgaria declara la guerra a Alemania, su otrora aliada, y Finlandia, a instancias soviéticas, expulsa a los soldados alemanes. El resultado es que, en diciembre de 1944, los ejércitos de Stalin volverán a controlar prácticamente todo el territorio de la URSS.

Los primeros meses de 1945 enmarcarán el desenlace de la Segunda Guerra Mundial. En el Frente del Oeste, los aliados, mediante la denominada Operación Plunder, cruzarán el Rin los días 23 y 24 de marzo. El éxito es total. Las unidades alemanas del Grupo de Ejércitos B, con casi 500.000 hombres, son embolsadas en la región del Ruhr. En abril estas tropas son destruidas y su comandante en jefe, el general Walter Model, se suicida. Es prácticamente el fin del Frente Occidental. Entonces, el comandante aliado, Dwight Eisenhower, detiene el avance hacia Berlín y dirige sus tropas hacia objetivos secundarios como Dinamarca, la ciudad de Dresden o Baviera.

En los demás escenarios bélicos, el derrumbe del Tercer Reich es igualmente notorio. La ofensiva del Óder-Vístula, iniciada en enero de 1945, hace que el mes siguiente las tropas soviéticas se desplieguen a lo largo del río Óder, a 60 kilómetros de Berlín. En los Balcanes, los partisanos del mariscal Tito, junto al Ejército Rojo, liberan Yugoslavia y luego Sarajevo, Croacia y Eslovenia. Las tropas alemanas son cercadas y destruidas en Hungría, en la batalla de

Budapest. El 9 de abril, Viena cae en poder de los soviéticos.

El acto final de la tragedia tiene lugar en Alemania, donde el 16 de abril se inicia la batalla de Berlín. Hitler, desesperado, recurre a las milicias populares, la denominada Volksturm, pero sin gran repercusión en el resultado final. Como señal inequívoca de cuál iba a ser también su destino, el 27 de abril, su amigo y aliado Benito Mussolini, el antaño orgulloso Duce de la Italia fascista, es apresado junto al lago Como con su amante Clara Petacci. Al día siguiente, los dos serán ejecutados por partisanos comunistas y sus cuerpos vejados por la multitud en la plaza Loreto de Milán. El 30 de abril, el *Führer*, que se halla en Berlín en el búnker de la Cancillería, se casa con Eva Braun, hace testamento, y nombra sucesor al Gran Almirante Karl Dönitz. Luego se suicida mordiendo una cápsula de cianuro y disparándose en la sien.

Finalmente, primero en Francia, en la ciudad de Reims, el 7 de mayo de 1945, y luego en Berlín —por las protestas soviéticas— el 8 de mayo, Alemania se rinde incondicionalmente a los aliados, poniéndose término en Europa a la Segunda Guerra Mundial. El 15 de agosto finalizará también en el Pacífico, con el anuncio de la rendición del Japón por el emperador Hirohito, escenificándose el acontecimiento el dos de septiembre siguiente sobre el acorazado Missouri, en la bahía de Tokio.

**

El cautiverio de los soldados de la Wehrmacht apresados en el Frente del Este fue durísimo. Aunque según las distintas fuentes, las cifras varían; se calcula que más de 500.000 soldados alemanes perecieron en los campos de concentración soviéticos. La repatriación de los últimos prisioneros pudo efectuarse gracias a las conversaciones del canciller de la nueva Alemania, Konrad Adenauer, con los dirigentes de la Unión Soviética, en octubre de 1955. Al año siguiente, los más de 9.000 que aún quedaban en la URSS volvieron a su patria. Muchos de ellos habían sido juzgados y condenados en Rusia por delitos cometidos durante el conflicto, siendo considerados criminales por las autoridades soviéticas. De esta manera se ponía fin a un engorroso asunto que emponzoñaba las relaciones entre los dos países, dificultando los contactos políticos y sobre todo... económicos.

Si bien nada justificaba las penurias y los malos tratos sufridos por los soldados alemanes cautivos en la URSS, especialmente por aquellos que no habían cometido crímenes de guerra, el hecho en sí debe analizarse en su contexto histórico. En el Frente del Este, el enfrentamiento entre las potencias nazi y soviética había sido cruel y despiadado en extremo. Más de 26 millones de personas, pertenecientes a la URSS, murieron a causa de la guerra. De entre ellas, 8 millones de militares. De estos, por encima de 2,5 millones murieron en Alemania a pesar de tener la condición de prisioneros de guerra. Esta cifra asciende, en términos relativos, a más del 55% del total de los soldados rusos capturados.

Como ejemplo macabro y cruel en extremo del trato recibido por los prisioneros soviéticos en Alemania, no debería ser olvidado que 600 soldados del ejército rojo y 250 presos enfermos fueron gaseados en Auschwitz el 3 de septiembre de 1941 para probar el Zyklon B. Este gas sería luego utilizado profusamente por los nazis en su orgía criminal y racista, exterminando sin justificación alguna a más de seis millones de judíos, y a otras muchas víctimas inocentes como a gitanos, homosexuales y opositores políticos. Stalin no iba a la zaga de Hitler en esta espiral del terror, pero salió victorioso de la guerra. Ello siempre diluye las responsabilidades y hace muy difícil exigirlas.

El hecho es que el régimen soviético se ensañó a menudo, por acción u omisión, con sus prisioneros germanos. Así por ejemplo, en el campo de Beketovka —en el área de Stalingrado— las condiciones de vida fueron particularmente extremas. De los 50.000 miembros de la Wehrmacht allí custodiados y pertenecientes al sexto ejército del *Generalfeldmarschal* —General y Mariscal de Campo— Friedrich von Paulus, que se había rendido a los rusos en febrero del 43, más de 45000 habían muerto en octubre del mismo año, sólo ocho meses después de la capitulación.

En el campo para oficiales de Frolovo, en la misma zona, de los cinco mil militares internados sólo sobrevivieron mil. Muchos otros presos alemanes fueron enviados a las regiones más remotas. Es el caso del campo de Karaganda —en Kazajstán—donde los transportes, realizados en vagones de ganado, llegaron a durar hasta 20 días con una altísima mortandad y donde el alojamiento consistía en hoyos excavados en la tierra.

El peor de todos fue el campo de Vorkuta, en Siberia. Un campo de *régimen especial* donde a partir de 1947 se enviaba a los criminales de guerra, a los SS, a los miembros de la policía secreta, o a los nazis más recalcitrantes. Otros, con una finalidad clara de adoctrinamiento, fueron llevados a campos de *educación antifascista*, como el de Yelabuga.

Los supervivientes de la Compañía 150 no fueron internados en el mismo lugar. El capitán Meinhof fue trasladado al campo de Krasnogorsk, en el área de Moscú. Los soldados que no estaban heridos, al de Basianovsky, en la zona de Stalingrado.

✻✻

Fiel a sus creencias, pero en un ambiente claramente hostil, Willy hizo lo imposible para que el cautiverio fuese lo menos lesivo contra su dignidad de soldado y, antes, de persona. Cuando consideraba que el trato era vejatorio, recurría a sus conocimientos de licenciado en Derecho. Normalmente invocaba la Convención de Ginebra de 1929, relativa al trato de los prisioneros de guerra. La respuesta que recibía eran el silencio, algunas palabras optimistas, el desprecio, o incluso en varias ocasiones la entrada en una celda de castigo no precisamente cómoda. El hecho es que su voluntad de hierro, unida a su amor por la vida, le hizo superar las agresiones, las enfermedades y las penosas condiciones de vida en los campos de cautiverio. Finalmente, en enero de 1951, a los casi seis años del final de la guerra y ya cumplidos los 35 años, Willy fue puesto en libertad pudiendo regresar a la patria.

La suerte de sus camaradas de armas fue dispar. Los heridos graves, que a finales de octubre de 1943 habían sido trasladados a un hospital de campaña soviético, no lograron sobrevivir. Pero también otros soldados de la compañía, no heridos en combate, perecieron durante el cautiverio. El balance final es que de los 140 hombres que componían la unidad, sólo 38 volvieron a la patria. En realidad, esta cifra era alta. Podía considerarse casi un milagro que tantos lo hubiesen podido contar, después de todas la penurias soportadas. Willy, muy a pesar suyo, no tenía noticias de la suerte que habían corrido sus soldados. Después de su internamiento con otros oficiales en el campo de Krasnogorsk, perdió el contacto con sus hombres.

De vuelta en Alemania, no quería saber nada de la guerra y menos de su estancia en los campos de prisioneros, de los que nunca hablaba. Estaba absolutamente asqueado. Cuando su madre o su hermana le preguntaban, siempre respondía con evasivas o con el silencio y una mirada profunda, llena de tristeza.

El contraste con el país que Willy había dejado en 1943, y aún más con el de 1945, era enorme. Renacida, democrática y económicamente pujante, en 1951 Alemania Occidental se estaba beneficiando del Plan Marshall, creado por los Estados Unidos de América para ayudar a la reconstrucción de la Europa destruida en la Segunda Guerra Mundial. Estas ayudas, pero sobre todo las ansias de vivir, la laboriosidad, la disciplina, y la capacidad de ahorro e inversión de todo un pueblo, propiciaron una de las épocas de mayor crecimiento económico en la historia del país germano. Es el denominado Milagro Alemán, capitaneado por el canciller Konrad Adenauer y su ministro de economía Ludwig Erhard. Después de restablecerse rápidamente la libertad de precios y estimular la actividad de las empresas, se obtuvieron tasas de crecimiento cercanas al 8% anual, acabando con el paro.

Ante el asombro de los vencedores en la guerra, Alemania, mutilada y partida en dos, resurgía pujante de sus cenizas. La Bundesrepublik Deutschland o Westdeutschland —Alemania del Oeste— se convertía en una de las primeras potencias industriales del mundo capitalista, al tiempo que la Deutsche Demokratische Republik, también denominada Ostdeutschland u Ostzone —Alemania del Este—, llegaba a ser el país más desarrollado del Pacto de Varsovia.

***

Depravación

La liberación de Willy, su vuelta a Alemania después de la guerra, y el añorado reencuentro con la familia, no produjeron el efecto que todos esperaban. El hijo mayor de los Meinhof se había convertido en un ser extraño; alguien muy distinto al muchacho alegre, optimista y lleno de energía que, diez años antes, reunía todos los requisitos para ser feliz y hacer felices a los demás.

En realidad, desde el inicio de la guerra, sólo había vuelto a casa con motivo de unos permisos que se espaciaban cada vez más, en la misma medida que el conflicto bélico se enquistaba. En 1943, sólo lo consiguió en una ocasión, pues la derrota de Stalingrado no permitía prescindir de unas tropas cada vez más escasas.

Convertido ahora, a principios de 1951, en un hombre físicamente joven pero psíquicamente viejo, a causa de las experiencias traumáticas de la guerra y del largo y durísimo cautiverio en el campo de prisioneros de Krasnogorsk, Willy no terminaba de acomodarse a la vida civil. Estaba sufriendo las secuelas de los terribles años anteriores; se había quedado atrapado en el pasado. Desde el primer momento, a su madre y a su hermana Erika les preocuparon mucho su actitud y su comportamiento. Algo no funcionaba.

—Willy —le decía su madre— comprendo que lo que has pasado en Rusia ha sido terrible, pero no puedes encerrarte tanto en ti mismo. A veces, pareces una olla a presión que estuviese a punto de estallar. En otros momentos, estás completamente ausente. Me preocupa que seas capaz de desconectar hasta ese punto de los que te rodean y te quieren, hijo. Si tu padre viviera, te llenaría de moral. Ya sabes cómo era: ¡siempre positivo ante la adversidad!

—No me compares con papá. ¡Yo no tengo su fuerza! Era un hombre increíble. ¡Lo aguantaba todo! La verdad es que no sé de dónde sacaba energías para trabajar y multiplicarse tanto. A mí, madre, ahora que ya no estoy en las trincheras ni en el campo de prisioneros, a menudo me asalta la angustia... y me siento fatal. He aguantado lo indecible —continuó—. Tenía que demostrar a mis hombres que era el más fuerte, el soporte de la manada, el que se preocupaba o, mejor dicho, se ocupaba de todo; el de los nervios de acero. Ahora estoy hecho polvo... no soy una piedra, soy una persona... y ya no puedo más.

—Pero, hijo, ¡debes sobreponerte! No puedes seguir así.

—No me digas nada; ya no tengo que fingir ningún aplomo. ¡Déjame en paz! ¿No lo entiendes?

Los nervios de acero de Wilhelm Meinhof se habían roto, y el menor obstáculo se convertía ahora en algo insalvable. No quería ni podía plantearse ningún objetivo. Sólo deseaba dejarse llevar por el río de la vida, como láudano redentor, dándose con desenfreno a todos los placeres y creyendo que, de esta forma, alejaba sus fantasmas y recuperaba el tiempo perdido, con total olvido de su alma.

Para esta empresa, los medios no le faltaban. Los negocios de la familia, aun sin actividad desde hacía más de seis años, habían sido muy prósperos. Invertidas las ganancias en propiedades inmobiliarias, próximas a la ciudad de Karlsruhe, su valor había crecido mucho tras la fundación de la República Federal de Alemania en 1949 y el auge económico que se iniciaba en la década de los 50.

El hecho es que Willy empezó a *relajarse* en exceso, suave y dulcemente, sin preocuparse de con quien estaba o dejaba de estar y derrochando el dinero a manos llenas.

Muy pronto, la prensa local, ávida de frivolidades, se hizo eco de sus *hazañas* y él se convirtió en una celebridad, en uno de esos solteros de oro tan codiciados. Se pavoneaba por las calles de Karlsruhe en un Mercedes descapotable último modelo, que había adquirido recientemente. Lo hacía sin ningún recato, acompañado de las mujeres más bellas que, como abejas presurosas, acudían al panal en busca de recursos, prestancia social y, quién sabe si algún día, buenos genes.

¿Qué quedaba del joven honesto, del valeroso y condecorado oficial que infundía tanto respeto y admiración en sus soldados y era tan valorado por los mandos? Aparentemente... muy poco. A nadie, que no le conociese bien, se le hubiera pasado por la cabeza que Wilhelm Meinhof, ahora un ser pedante, egoísta, superficial, frívolo y juerguista, se había comportado en otros tiempos como el líder de unos hombres que rara vez ponían en cuestión su autoridad.

Pasaban los meses y Willy seguía enfangado en su nueva vida depravada y carente de sentido. Ya no era capaz de afrontar los problemas cara a cara, y se refugiaba en la huida, alejándose cada vez más de su hermana, su madre y sus amigos. Entonces, empezó a acariciar la idea del suicidio. Se había hecho con una pistola Luger, como la que él usaba en la guerra. A menudo se encerraba en su cuarto, la acariciaba, y se la ponía en la frente. «¡Qué fácil acabar con todo y reunirme con mis camaradas! —pensaba obsesivamente—. ¿Por qué no me matarían en el segundo ataque? ¡Cuánto os echo de menos!».

En ese momento pasaba revista a cada uno de sus soldados, detallando mentalmente sus virtudes y sus defectos, o recordando sus acciones en combate. Así, podía estar horas. Finalmente se preguntaba: «¿Cuántos habrán sobrevivido? ¿Estará alguno todavía en Rusia? ¿Qué habrá sido de Bukovsky, de Hans, de Walter, de Klaus, de Waldemar y de los otros?». Luego, muy afectado emocionalmente, se bebía media botella de Schnapps —un aguardiente de aproximadamente 40 grados— y caía rendido, entrando en el mundo de los sueños. Pero su mente inconsciente no podía huir de las escenas de la guerra y del campo de prisioneros que, como termitas rabiosas, le asolaban en pesadillas interminables. Entonces sentía y revivía todos los horrores. A menudo se despertaba en medio de la noche, bañado en sudor frío, y tenía que incorporarse a causa de la angustia que le atenazaba.

Para serenarse, caminaba solo por la ciudad durante horas, en un paseo infernal, hasta que la crisis remitía: «¿Por qué me ocurre esto? ¡Qué impotencia! ¡No quiero sufrir! —se quejaba mientras la angustia se enredaba alrededor de su cuello—. Quiero dormirme... y morir dulcemente, quiero reencontrarme con mis camaradas. Junto a ellos, mi vida tenía sentido; ahora sólo veo la negrura del vacío...».

Luego se acordaba de su madre y su hermana, pensando que no tenía derecho a dejarlas solas en este mundo de víboras. ¡Su querida hermana Erika! Ella no era culpable de lo que le había pasado, de lo que le estaba pasando. Tampoco su madre, a la que se sentía muy unido, aunque apenas lo expresaba. Le costaba mucho decirle palabras de cariño, pero la quería profundamente; como sólo se puede querer a una madre.

Eso le salvaba de momento. Pero la idea de poner fin a sus días, al sufrimiento insuperable que a menudo le torturaba, no cesaba. Estaba ebrio de muerte, la dulce amiga, su más fiel acompañante, aquella que nunca le iba a traicionar y que siempre le decía la verdad. En una espiral infernal, sus aventuras nocturnas ya no le reportaban ningún placer y quería... emociones más fuertes.

Una de esas noches de pesadilla, mientras tomaba su enésima copa en la barra de un conocido cabaret de la parte más antigua de la ciudad, alguien apareció y entabló conversación con él. La charla, en un principio intrascendente, se fue deslizando hacia posturas cada vez más relativistas y nihilistas. Entonces, el desconocido le comentó que en un local de Karlsruhe, se estaban cruzando apuestas en el juego de la ruleta rusa. Willy, que creía estar de vuelta de todo y sin ganas de vivir, prestó la mayor atención a lo que aquel hombre misterioso, salido de la nada, le decía:

—Una bala en el tambor del revólver es el pasaje a la muerte rápida— afirmó rotundo—. Si tienes mala suerte, Caronte te estará esperando con su barca para atravesar el lago del olvido y pasar al otro lado, al mundo de las sombras y de la vida eterna, donde dejarás de sufrir. Si la fortuna te acompaña, sobrevives y te enriqueces, ¡mucho más de lo que jamás hubieras imaginado!, pues se han jugado enormes sumas de dinero. Tu ganancia consiste en un porcentaje de las cantidades que se arriesguen, junto a lo que tú mismo puedas obtener apostando. ¿Y qué más da, querido Willy? —continuaba preguntándole aquel hombre de cara gélida e inexpresiva pero que, al mismo tiempo, le intrigaba y le atraía—. ¡Si ya estás muerto en vida! ¡Si nada te importa! Si sólo sientes que estás vivo en los extremos, cuando te juegas todo y descargas una buena dosis de adrenalina. Después te sientes bien, ¿no es así?

—Parece que me estás leyendo el pensamiento. ¿Cómo te llamas, desconocido?

—Es indiferente cómo me llame. No soy tu consejero, pero me interesa tu caso. Digamos que soy un investigador apasionado de la mente humana y que estoy aquí para ayudarte en tu angustia. La vida, a veces, no nos da otra salida y piensa, amigo, que me he cruzado en tu camino en el momento más oportuno.

—Pero, ¿no nos hemos visto antes? Tu cara me trae recuerdos, experiencias ya vividas y, sin embargo, no logro identificarte. Te confundes con muchos y con ninguno en particular. Contigo me siento bien.

—No soy ningún fantasma, soy de carne y hueso, como puedes comprobar. Vivo en esta ciudad, en la Dolfus Strasse (calle Dolfus) 10, pero yo soy como tú: un ser de la noche. Eso significa que quizás coincidamos otra vez, o no. ¿Acaso importa? Si ya no esperamos nada de este valle de lágrimas. Yo te ofrezco las sensaciones más fuertes; aquellas en las que notamos que la vida se nos puede escapar en una fracción de segundo. Sólo así saldrás de tu letargo; en tu caso, ¡siempre para bien! ¡Ganes o pierdas!

El resto de la noche, incansables, los dos estuvieron bebiendo y charlando animadamente de otros temas. El desconocido, alto y bien proporcionado, no miraba, penetraba a sus contertulios con unos ojos negros y profundos que parecían leer en el interior de las almas. Uno de los detalles que más impresionó a Willy era la dificultad para definir la edad que tendría aquel sujeto. Su porte irradiaba clase y elegancia. Tenía un recortado y fino bigote, el pelo engominado y brillante, a lo Rodolfo Valentino, y una indumentaria más propia de modas ya pasadas. Iba vestido de media levita y etiqueta, con chaleco plateado y plastrón de color rojo, como si acabara de llegar de algún acto solemne y ceremonioso o de un rito iniciático y secreto, en alguna secta olvidada. Un anillo de oro y brillantes, con la forma grabada de una serpiente; y un fino bastón de madera labrada, con empuñadura de ámbar e incrustaciones de oro y marfil, completaban su imagen dando al conjunto un aspecto enigmático y arrollador.

La verdad es que, aquella noche, el desconocido se convirtió en el rey del tugurio. Cual estrella cinematográfica, ejercía una atracción irresistible sobre la mayoría de los que estaban allí y, en particular, sobre los clientes más asiduos, a quienes Willy ya conocía por haber frecuentado el local, uno de sus preferidos en las noches de Karlsruhe. A todos se dirigía por su nombre, como si fuesen de la familia o amigos de toda la vida, citándoles algún detalle secreto de su existencia o preguntándoles sobre alguien muy próximo. Pero al mismo tiempo, el desconocido se comportaba de una manera extraña. Cuando algunas mujeres y hombres de «mala vida» se le acercaban, requiriendo u ofreciendo sus favores; a él le bastaba una simple mirada de sus fulgurantes ojos para paralizarles, para helarles la sangre, para hacerles dar la vuelta sin mediar palabra y apresuradamente, como si hubiera leído sus pensamientos más recónditos y ellos lo supieran.

A Willy, su experiencia con aquel ser misterioso no le pareció fruto de la casualidad, sino más bien de la causalidad. La extraña personalidad del señor X le había cautivado; quería saber mucho más de él. Alguna fuerza extraña le impulsaba a ir otra vez a su encuentro. Al despedirse, el desconocido le dijo que pronto se verían de nuevo, que era un asiduo del local donde se habían conocido y de muchos otros. Pero cuando unos días después, Willy volvió al cabaret en cuestión, nadie parecía acordarse de la juerga del viernes anterior.

—Creo que te has equivocado, aquí no ha estado quien tú dices. Me acuerdo perfectamente que viniste solo, estuviste tomando copas hasta altas horas de la madrugada y luego te fuiste, sin compañía alguna —le dijo el barman que añadió con total seguridad—: Además, de una persona tan elegante y tan bien vestida, nos acordaríamos todos. ¡Debes de haberlo soñado! Serán las copas que te tomaste. Por cierto, ¿no te apetece un whisky?

Luego se dirigió a una de las coristas más bellas e insinuantes: «Kornelia, ¿te acuerdas de ese señor al que estuviste echando las flores toda la noche? ¿Recuerdas que, en un momento dado, bastó una de sus miradas para que te apartases como un rayo de nosotros?».

—Pero ¿qué estás diciendo, Willy, cariño? Si fuiste tú, ¡precisamente tú! Quien me diste de lado esa noche. Por cierto, ¡no lo vuelvas a hacer! Ya sabes lo que te aprecio y lo que me gustas... bribonzuelo —añadió, ofreciéndole unos bellos y carnosos labios que Willy rechazó secamente, pues no estaba para bromas.

Esa noche, Willy no pudo pegar ojo. ¡Si él lo había vivido! ¿Cómo podían negarlo con tanta seguridad? Luego, los pensamientos paranoicos se fueron apoderando de él: ¿se tratará de un complot contra mí? ¿Pero qué pretenden? Finalmente, la cordura fue templando poco a poco su atormentada mente y, agotado por las emociones, cayó sumido en un profundo sueño.

**

Al día siguiente, por la mañana, se acercó al número 10 de la Dolfus Strasse, el domicilio que su atractiva y enigmática compañía le había indicado. Al llegar, una señora grande, fuerte y hermosa, que parecía ser la portera del inmueble y que, con sus poderosos brazos, sostenía una enorme escoba entre las manos, se le quedó mirando con cara de pocos amigos, anticipando gestualmente el rechazo a la comunicación.

—Perdone, señora. ¿Es usted la portera del inmueble? —preguntó Willy poniendo la mejor de sus caras.

—No, si le parece soy Blancanieves —le contestó la interpelada de modo insolente y sin venir a cuento. —Pero Willy no se arredró y no se dio por aludido.

—Perdone de nuevo que le moleste en sus quehaceres. Ya veo lo ocupada que está, pero voy a ser muy breve, si me lo permite. En esta casa vive un amigo mío, una persona que conocí el viernes pasado y que me dio esta dirección. Es muy importante que vuelva a verle, por un asunto de familia que me trae de cabeza. Sólo con su ayuda podré resolverlo.

—¿Y qué quiere que le diga yo? —respondió la portera ya algo menos tensa, pues las buenas maneras del recién llegado le habían agradado y, en parte, desarmado.

—Le doy las gracias anticipadas por su colaboración. El señor en cuestión...

Willy describió con la mayor exactitud el físico inconfundible del desconocido, así como su manera de vestir, añadiendo todos los detalles que pudo.

—Creo que le conozco. ¡Sí, le conozco! Hace muchos años que ya no vive aquí ni viene de visita. Mi madre me hablaba de él como de un ser extraordinario, un vidente o algo así, alguien que leía los pensamientos. Pero de eso hace ya mucho tiempo. Ese hombre debe de tener ya, por lo menos, ¡90 años! Mamá tenía trato con él, cuando, al igual que yo ahora, era la portera del inmueble. Sin embargo eso fue ¡antes de la Gran Guerra! —exclamó mirando a Willy con cara de sorpresa, mientras levantaba al unísono sus fuertes brazos y continuó:

—Ella me contó que este señor frecuentaba los círculos del Káiser Guillermo, que venía a menudo acompañado de personajes importantes y conocidos, y de señoras solteras y... casadas —concluyó, sonriendo con picardía y luego esbozando un gesto de humana comprensión.

—¿Está usted segura, *Frau* (señora)...

—Me llamo Ulrike —respondió velozmente al tiempo que apoyaba la escoba en la pared y, con coquetería, acariciaba su larga y hermosa cabellera rubia. De ésta, nacían dos largas trenzas a la antigua usanza, que llegándole hasta la cintura, parecían convertir a la portera en algún personaje de una ópera Wagneriana, o en una de las más *grandes* reinas de los vikingos, y no en el sentido figurado del adjetivo.

—Ulrike —continuó Willy—, parece usted muy segura de lo que dice, de lo cual me alegro, pues me despeja todas las dudas que tenía. Seguramente me he equivocado. Es evidente que no puede tratarse de la misma persona. Será pariente o no sé... el caso es que me dio esta dirección, se lo puedo garantizar.

—¡Qué extraño es todo esto! —exclamó Ulrike, que no dejaba de pensar en la coincidencia de la descripción que le había dado Willy con lo que le había contado su madre de pequeña.

—A mí, también me lo parece —afirmó éste dando por zanjada la cuestión, pues ya no sabía ni qué pensar, ni qué decir.

Cuando se disponía a despedirse y abandonar el inmueble, la voz dulce e insinuante de la mujer le sorprendió:

—¿Quiere una taza de té con un trocito de *Mohnkuchen* (tarta de semillas de amapola)? —le preguntó, añadiendo luego a modo de cebo—: Tengo dentro unas fotos que quizás puedan interesarle.

Estas dos proposiciones le convencieron plenamente, pues daba la casualidad que la tarta de semillas de amapola era su preferida; hacía mucho tiempo, en realidad años, que no la probaba.

—Me encantaría, Ulrike—asintió al tiempo que pensaba: «Esta chica empieza a caerme demasiado bien y es que la carne es débil. Además, a ver lo que me enseña, continuó reflexionando mientras en su mente se mezclaba la curiosidad y el deseo».

Al entrar en la portería, no pudo evitar fijarse en las maravillosas, prominentes y fuertes caderas de Ulrike, que no hacían presagiar nada bueno en el sentido moral del término.

— ¡Pero siéntese! ¿Señor...?

—Wilhelm Meinhof, para servirle a usted en lo que sea menester, pero si lo prefiere me puede llamar Willy —declaró éste, mientras hacía una reverencia y estampaba un sonoro beso en una de las manos que, minutos antes, había asido una enorme escoba como si se tratase de un aparato de gimnasia—. Ella se quedó gratamente sorprendida por el gesto galante, al que no estaba acostumbrada. Luego se metió en la cocina.

—¿Willy, quieres el té muy caliente o lo prefieres del tiempo? —le ofreció con una voz suave y melosa que le agradó mucho.

—Como quieras, Ulrike —respondió el excapitán—. «¡Qué barbaridad, qué cambio de actitud!», se dijo interiormente.

—Mi Hermann no ha venido todavía. No viene hasta las cinco de la tarde —confesó Ulrike poniendo una sonrisa pícara, mientras con un nuevo gesto de coquetería calculada, estiraba un poco su camisa descubriendo la parte superior, y algo más, de unos grandes y hermosos senos que, libres, se balancearon graciosamente al inclinarse sobre la mesa para poner las tazas de té.

Willy, que empezaba a derretirse como un helado expuesto de repente a un calor abrasador, no pudo apartar la mirada del nuevo y prometedor descubrimiento. Lo que vino a continuación, le dejó sorprendido... Ulrike había puesto sobre la mesa el álbum de fotos de su madre. En una de ellas, la anterior recepcionista aparecía junto con cinco personas más, antiguos moradores de la casa. Justo en medio de los retratados, el enigmático personaje, elegantemente vestido con su smoking, su corbata de color rojo y el bastón de madera labrada, miraba fijamente al operador con una sonrisa cautivadora. El pie de la foto no podía ser más claro: «15 de febrero de 1910, con algunos vecinos». Luego le enseñó otra, esta vez sólo con su madre. Bajo la foto figuraba la frase: «Con mi vecino preferido, el lector de almas, señor...» Curiosamente, el nombre aparecía tachado. Willy se quedó mirando fijamente a Ulrike:

—No sé qué decir... Es el mismo hombre con el que he hablado largo y tendido hace apenas unos días. ¡Esto es increíble! —exclamó confundido y con la voz partida por la emoción—. ¡Está igual!

—No digas nada, Willy —susurró Ulrike.

Luego entrelazándose y acercando sus caras, ambos se fundieron en un beso salvaje, como si hubieran estado deseando ese momento desde hacía mucho tiempo... y es que la vida, a veces, de manera inesperada e inexplicable, ofrece las mayores sorpresas.

**

Era un sábado desapacible del mes de septiembre de 1951, cuando Willy se encaminó al misterioso lugar del que le había platicado el dandy desconocido. Estaba situado en uno de los barrios centrales y más antiguos de Karlsruhe. Atravesando un patio, dentro de lo que parecía ser una casa muy respetable, una pequeña puerta daba acceso al *Club de los suicidas*, por llamarlo de alguna manera, pues no había rótulo ni indicación alguna. Sólo dando previamente el santo y seña, que su *introductor* le había revelado, se podía acceder al local clandestino. Dentro, la puesta en escena no podía ser más efectista.

En un hemiciclo, de aproximadamente 400 metros cuadrados, rodeado de columnas cilíndricas horadadas por hornacinas con estatuas de gladiadores y emperadores romanos y en donde no cesaba de sonar una música de swing y de Jazz, alternada con diversas piezas del Réquiem de Mozart y fragmentos de óperas de Wagner, se hallaba algo parecido a un estrado de mármol rojo con vetas blancas. Sobre él reposaba una grande y sólida mesa de madera de caoba sin ningún adorno. Detrás, solo había una silla estilo Luis XV, con sus formas redondeadas y su amplio respaldo ricamente tapizado en un tono amarillo-oro que contrastaba con la sobriedad y el color oscuro del mueble. La plataforma permanecía iluminada por cuatro pequeños focos cenitales, verdes y rojos. Otro gran proyector, con un haz de luz intenso y potente, enmarcaba la silla y el núcleo central del pedestal.

Aquella noche, alrededor de 200 personas, hombres en su gran mayoría, sentados en el graderío que dominaba todo el escenario, o de pie en las escaleras y pasillos de acceso, charlaban animadamente. Algunos de ellos entregaban en ese momento elevadas apuestas a una especie de crupier, que destacaba por su altura y prestancia y por su elegantísima vestimenta. Tocado con frac, pajarita y fajín negro a juego, pantalones adornados con cintas laterales de raso de color rojo, camisa blanca con lorzas y sombrero de copa, el empleado, cual gigoló, suscitaba la admiración del público femenino. Discurriendo con soltura entre los clientes, recogía el metálico de las apuestas, las anotaba en el talonario que portaba, lo firmaba, y devolvía recibos a los excitados jugadores.

De uno de los paramentos laterales del local, en un lugar elevado al que se accedía por una escalera móvil, colgaba una gran pizarra negra iluminada por varias lámparas. Allí, una bella y estilizada mujer teutona, en paños bordados muy menores y sugerentes, anotaba los importes de las apuestas sobre la vida y la muerte.

Al mismo tiempo, otra esbelta valquiria, que exhibía una reducidísima pero elegante lencería de bellos encajes y arabescos, daba información exacta sobre el curso de los envites a través de un micrófono de pie, mientras sonreía al público sensualmente y sus bellísimos ojos azules hacían guiños, más o menos descarados, a algunos de los opulentos asistentes. El licor, el whisky, los cócteles y la cerveza, preparados y servidos en un lujoso bar o en bandejas que portaban bellas camareras, vestidas a la usanza regional, corrían a raudales por todo el establecimiento. A pesar de los potentes extractores, el humo del tabaco formaba una neblina que pronto lo invadía todo, contribuyendo a crear un ambiente de siniestra y depravada animación, un averno donde el diablo, a buen seguro, se hubiera encontrado en su salsa.

Lo cierto es que la temeridad y la obsesión enfermiza de hacerse muy rico en poco tiempo o el hastío existencial, unidos a la necesidad irrefrenable de experimentar nuevas sensaciones, propiciaban que unos cuantos hombres decidieran retar al destino de la manera más radical. Ponían en juego nada menos que su propia vida mientras otros, ávidos de emociones fuertes y carentes de escrúpulos, acudían a disfrutar del degenerado pero cautivador espectáculo.

De repente, La marcha fúnebre de Sigfrido, de Richard Wagner, empezó a sonar con fuerza por los altavoces. Transcurridos unos minutos, la música cesó y el cierre del primer turno de apuestas fue anunciado. Un presentador, elegantemente vestido con traje oscuro y corbata a juego, luciendo un parche negro orlado de diamantes sobre uno de sus ojos, presentó, bajo seudónimo, al primer protagonista de la ruleta rusa. Inmediatamente, el osado irrumpió en escena y se situó de pie, a su lado. Una larga capa de seda morada y de cuello vuelto, que rozaba el suelo, le envolvía casi totalmente y un elegante antifaz de terciopelo negro, que recordaba los carnavales de Venecia en la Plaza de san Marcos, rodeaba su aparición de un halo de misterio... quién sabe si macabro.

Después de la presentación, el desconocido abandonó el estrado y se situó unos pasos atrás, en las oscuras bambalinas. Entonces se abrió un segundo turno de apuestas, en el que los rezagados, los supersticiosos o los dubitativos, tenían una última oportunidad. Por fin se aproximaba el momento de la verdad, el que el público morboso, sediento de emoción, de sangre, o de dinero, tanto esperaba.

El procedimiento era tremendamente sencillo y brutal. Sonaba ahora el Dies Irae, del Réquiem de Mozart y, pasados unos segundos que se hacían eternos, se anunciaba el cierre total de las apuestas: «*Rien ne va plus*». Después de la declaración, todas las luces del local, incluso las que iluminaban el estrado, se apagaban. Acto seguido, se encendía un foco móvil que seguía al presentador en sus movimientos. El anunciante, abandonando el podio y acercándose al público, entregaba sucesivamente a tres espectadores una pistola con mecanismo de tambor —un revólver— para que comprobasen que no estaba cargado. Luego, con lenta y afectada solemnidad, volvía al estrado. En ese momento, el *protagonista de la noche* reaparecía en escena, situándose de nuevo a la derecha del presentador. Éste, como si del propio destino se tratase, introducía una bala en el tambor, lo cerraba, lo hacía girar con fuerza y, cuando se detenía, asía el arma por el cañón ofreciéndola al actor de la tragedia. El silencio que acompañaba la puesta en escena era total. Parecía como si Cronos —dios de las edades— deseoso por conocer el desenlace del destino, hubiera abandonado sus quehaceres deteniendo el tiempo mortal.

Antes de abandonar el escenario, el presentador pronunciaba en voz alta y nítida, difundida por los altoparlantes, las siguientes palabras rituales que llegaban hasta el lugar más recóndito del local: «Has venido aquí por decisión propia, nadie te ha obligado. Ahora, durante unos segundos, tienes el destino en tus manos. ¡Que la suerte te acompañe o que la tierra te sea leve!».

A continuación, el osado gladiador que iba a retar al destino, se dirigía a la mesa, se sentaba, cogía la pistola, apoyaba su cañón en la sien y, si tenía valor, accionaba el gatillo. En algunas ocasiones, los candidatos de la muerte, cuando llegaba la hora de la verdad, abandonaban avergonzados y abucheados, y se les obligaba a quitarse el antifaz. Otros, los menos, después de haber sobrevivido, levantaban la mano derecha haciendo el signo de la victoria. Este gesto significaba que estaban dispuestos a continuar en la ruleta, tentando la suerte con un nuevo disparo. En esos casos, la emoción y las apuestas se desbordaban, y la audiencia, aplaudiendo morbosa hasta la extenuación, rugía de placer. Entonces, el revólver quedaba sobre la mesa a la vista de todos, sin poder ser manipulado de nuevo... hasta la *segunda actuación.*

Cuando el turno le llega a Willy, el presentador, después de cumplir con todos los ritos, le entrega la pistola. Él toma asiento como un autómata, frente al público; apoya el arma sobre su sien y, sin titubear, acciona el gatillo. Entonces, todo se oscurece a su alrededor. Ya no ve nada; sólo se siente flotando sobre una esponjosa nube de algodón, en medio de una fría noche de luna llena.

De repente, como si hubiese abandonado su envoltura carnal y fuese un espectador de la tragedia, ve aparecer frente a él a sus camaradas muertos. Estos, rodeados de un halo brillante que enmarca los límites difusos de unos cuerpos etéreos, le miran fijamente, sin pestañear, carentes de expresión.

Allí están el bravo sargento Funke, que se había sacrificado destruyendo dos tanques durante el primer ataque de los rusos a la compañía; el soldado de primera clase Hans Witzke, el más leal... y todos los demás.

—¿Qué hacéis aquí, camaradas? ¿Estoy muerto? ¡Me alegra veros! Quiero estar con vosotros para toda la éternidad.

—¡No, capitán! —se dirige a él, el espectro del sargento Funke—usted no puede abandonarnos ahora.

— ¿Abandonaros? ¡Si quiero ir con vosotros! Sólo así saldré de esta pesadilla infernal y encontraré la paz, ese bien tan anhelado que persigo pero que no hallo en este mundo carnal.

—¡No, capitán! —insistió Funke—. No debe tomar esa decisión. Tiene muchas tareas por delante. ¡Piense en los que le rodean! Piense en el bien que todavía puede hacer. ¡No sea cobarde! ¡No se rinda! —añadió potente la impersonal voz de ultratumba.

—¿Cómo me llamas cobarde, tú, precisamente tú? ¿Acaso consideras que es una cobardía pegarse un tiro? ¿Acaso no es un acto de temeridad lo que hiciste en Rusia?

—En sí, lo que usted va a hacer es un acto de valentía, pero en el marco de toda una vida por delante y con una misión por cumplir, es una cobardía. No sirve para nada, ¡no aporta nada! Sólo nos inspira la mayor lástima, capitán Wilhelm Meinhof —exclamaron todas las voces al unísono—. Está usted huyendo de sus responsabilidades, ¡que Dios se apiade de su alma!

—¿Y qué te han traído a ti, Funke, tus responsabilidades? ¿Crees que valió la pena lo que hiciste? ¿Crees que mereció la pena tanto sacrificio? Luego irónicamente, siempre sobreviven los malos; los mejores mueren en la guerra, ¡con vosotros quiero estar!

—¡No capitán, todavía no! Recuerde que son los pequeños pero a la vez grandes actos, las buenas y valerosas acciones, los que redimen a la humanidad, los que nos hacen creer todavía en ella. Los malos actores, por exceso de confianza en sí mismos, acaban dando un paso en falso y caen, en la vida terrena. ¡Piense en ello... Adiós, capitán Meinhof!

En cuestión de segundos, como si desfilaran rodeados de neblina en una procesión de una noche de ánimas, los espectros desaparecen, uno a uno, dirigiendo una mirada llena de pena hacia Willy. Entonces, la oscuridad se adueña de nuevo de su mente, y la insensibilidad, de su cuerpo... Poco a poco va perdiendo la conciencia, precipitándose por un abismo intemporal donde, mientras cae, todavía puede ver a otras personas desconocidas que, con mirada de espanto, desaparecen tragadas por un remolino negro.

***

Hamburgo

Los servicios municipales encontraron a Willy tendido en el suelo, en la Plaza del Mercado, junto a la estatua del Conde Ludwig Brunnen. Apestaba a alcohol y a tabaco. En un principio, pensaron que se trataba de uno de tantos borrachos que son encontrados el domingo por la mañana, en cualquier sitio, durmiendo la mona. Como no conseguían reanimarle, llamaron a una ambulancia que lo trasladó a un pequeño hospital de la ciudad. Allí, tampoco reaccionó, ni a los diferentes estímulos, ni a la medicación que le era administrada. Parecía muerto en vida, como en un estado cataléptico. Le hicieron todas las pruebas habidas y por haber, pero no hallaron lo que tenía. Su madre y su hermana fueron avisadas inmediatamente, gracias a los datos que figuraban en la agenda del enfermo.

A las 24 horas de su hospitalización, ante la incertidumbre y el temor de que la situación empeorase, el médico se reunió a solas con las dos:

—*Frau* Meinhof, no podemos diagnosticar lo que tiene su hijo. No ha reaccionado a la medicación que le hemos dado. Como verá, ahora está tranquilo; reposa plácidamente, pero su pronóstico es reservado.

Mientras el médico pronunciaba estas palabras, Edith acariciaba a Willy en las mejillas y luego tomaba amorosamente, entre sus manos, la mano inerte de su hijo.

—Tiene las constantes vitales muy bajas —continuó el galeno—. Parece como si quisiera irse de este mundo, aunque aparentemente sea un hombre robusto. ¿Estaba tomando alguna medicación? ¿Notaba usted algo fuera de lo normal estos últimos días?

—Llevaba meses autodestruyéndose. No hacía caso a su madre, a su hermana, ni a sus amigos. Me duele reconocerlo, pero bebía mucho. Creo que no puede superar los sufrimientos de la guerra y luego del cautiverio con los rusos. Piense que han sido once años de su vida, con la máxima tensión. Las últimas semanas le sentía muy ausente y al mismo tiempo alterado. En el cajón de su mesilla de noche, había una pistola. Me enfadé con él y le dije que se desprendiera inmediatamente de aquello... pero no me hizo caso. Seguía encerrado en sí mismo y no pedía ninguna ayuda. Entonces sólo podía rezar, para que todo volviera a ser como antes.

«Doctor —continuó Edith emocionada—, antes, mi Willy era un muchacho alegre y optimista, a pesar de la guerra. Cuando venía de permiso, era como si disfrutásemos de una fiesta permanente. Su padre ya no vivía pero él se cuidaba de todo, pues su hermana Erika era casi una niña. Hacía lo imposible por mantenernos al margen del conflicto, y no nos contaba prácticamente nada del frente. Yo pensaba que ahora su vida iba a transcurrir con normalidad. Le decía, a menudo, que tenía que estar muy agradecido al destino, porque había sobrevivido donde tantos otros no pudieron contarlo; que lo que le tocaba en este momento era trabajar, fundar una familia y disfrutar de la existencia sanamente, sin hacer cosas raras ni poner en peligro su vida.

—La comprendo, *Frau* Meinhof. Todos hemos vivido esa pesadilla de la guerra, unos con más fortuna que otros. Ahora, su hijo está en manos de Dios. Cada día que pase sin empeorar, es buena señal. Lo único que podemos hacer por nuestra parte es mantenerlo en observación. Si vemos que sigue sin reaccionar, no habrá más remedio que trasladarle al Hospital de Veteranos de Hamburgo. Allí, hay un pabellón de cuidados especiales, donde le atenderán con mejores medios que nosotros.

—Gracias doctor, mi Willy superará todo esto, ¿no es verdad Erika? —preguntó emocionada a su hija.

—¡Claro que sí mamá! Él prometió que volvería de la guerra y estaría con nosotras —respondió pensando en verdad que si su hermano había aguantado tanto, ahora iba a superar lo que ella creía ser sólo una crisis pasajera, una especie de coma del que se iba a recuperar. Luego, tratando de quitar hierro al asunto, aunque con lágrimas en los ojos, añadió—: ¿Te acuerdas, la última vez que vino del frente, cuando nos llevó de excursión al Schwarzwald —la Selva Negra— en el Adler Cabriolet que le regaló papá? Entonces insistía mucho en que las balas rusas no podrían acabar con él; que, después de la guerra, Alemania tendría que afrontar sus responsabilidades para resurgir con renovados bríos; y él participaría en ese momento glorioso, siempre junto a nosotras.

**

Al no experimentar ningún cambio, el paciente en coma fue conducido a la unidad de cuidados especiales del hospital hamburgués. Allí, los días siguieron transcurriendo sin novedad. Entre el personal del sanatorio, había una linda y enérgica enfermera, Ilse Zweig, que desde el primer momento se interesó por el caso de Willy.

En su inmensa mayoría, los alemanes que constituían la población activa, a principios de la década de los 50, habían conocido y sufrido la guerra mundial. Ilse, que tenía 29 años, no era una excepción. De mediana estatura y figura muy estilizada, su rostro ovalado, con finas y simétricas facciones, sus labios no excesivamente carnosos pero sensuales, sus grandes ojos verdes y felinos y una abundante cabellera castaña, que se recogía graciosamente en un moño trenzado, remataban un conjunto muy atractivo.

Con este rotundo *andamiaje*, los pretendientes no escaseaban, pero la trayectoria vital de Ilse había madurado mucho su carácter, dotándola de un fuerte dominio sobre sí misma. Si sus atributos físicos le hubieran permitido ser la típica coqueta, ambiciosa y creída, con derecho a despreciar a los demás; Ilse, por el contrario, tenía los pies en tierra y no daba demasiado crédito a la vanidad. No había caído en las redes del orgullo desmedido; lo que la hubiera hecho insoportable —como ocurre a menudo con las más bellas mujeres—.

Oriunda de Heidelberg, vivió en esa ciudad durante el período anterior a la guerra, con sus padres y sus dos hermanos. En 1933, a raíz del ascenso de Hitler al poder, entró a formar parte, voluntariamente, de la Organización Nacionalsocialista de las Jóvenes Alemanas, el Bund Deutscher Mädel, que tenía su complementaria en las Hitlerjugend para los jóvenes. A los 4 años de su ingreso, alcanzó el grado de *Mädelring*, con mando sobre más de quinientos miembros de la organización y es que ella, a diferencia de sus escépticos padres, creía en aquel entonces en las bondades del nazismo, el sistema que iba a traer la prosperidad y la felicidad a los países germánicos.

El lavado de cerebro, con el proceso imparable de la Gleichschaltung —homogeneización del pensamiento y sus expresiones—, que el *Führer* había emprendido en Alemania desde 1933, había dado muy buenos resultados. Las jóvenes adolescentes alemanas pertenecientes a la generación de Ilse, que tenían entre los doce y los catorce años cuando Hitler llegó al poder, estaban imbuidas de la ideología nacionalsocialista. El objetivo de la nazificación era conseguir hacer realidad un modelo de mujer de raza aria, esmerada en el cuidado de su cuerpo, dispuesta al sacrificio, con gran autonomía y capacidad de sufrimiento, y centrada en las labores del hogar, que debía dominar. Su deber fundamental era acompañar al hombre, como mujer y madre, siendo considerada la *conciencia racial de la nación*. La auténtica mujer alemana, y por tanto nacionalsocialista, había de ser la guardiana de la limpieza de la sangre y del pueblo, y educar a sus hijos como héroes.

Como reconocería Ilse después: «Estaba ciega, consideraba que Hitler era un superhombre, una especie de Dios, un ser infalible, y me negaba a escuchar las críticas o las informaciones que pusieran en entredicho esa visión mesiánica que yo tenía del *Führer*».

Pero todo cambió a partir del 1 de septiembre de 1939, con la invasión de Polonia y el principio del conflicto mundial que llevaría a Alemania a una gran destrucción. Al igual que muchas de sus compañeras, Ilse fue movilizada y destinada al frente como enfermera. En los hospitales de campaña, además de vivir de cerca los horrores de la guerra, tuvo noticias confirmadas de lo que hacían los *Einsatzgruppen* —los grupos de operaciones de las SS —con la población ocupada, en especial con los intelectuales polacos, las personas de religión judía y otros grupos étnicos considerados inferiores. La eficacia letal de Reinhard Heidrich, como responsable del Ministerio Principal para la Seguridad del Reich, quedó ampliamente demostrada. Entonces, Ilse fue tomando conciencia de la realidad y de la maldad y crueldad intrínsecas, en muchos aspectos, de la ideología nazi. La posterior muerte de Kuno, su hermano pequeño, en el infierno de Stalingrado, y la ejecución inmisericorde, el 22 de febrero de 1943, de Sophie, Hans Scholl, y Christoph Probst, los jóvenes estudiantes universitarios de la Rosa Blanca, organización pacifista de resistencia contra el régimen de Hitler, confirmaron su decidido rechazo al sistema. Pero, ¿qué podía hacer ella contra todo un Estado, apoyado, jaleado, sostenido por una gran parte de la población germana y apuntalado por una organización social, política y policial, en total armonía con el nacionalsocialismo? Ella era una persona normal, no una heroína. En esas circunstancias, como bastantes alemanes, optó por dedicarse a paliar, en la medida de sus posibilidades, el sufrimiento de las personas que estaban a su alrededor; lo único sensato que podía hacer. A este respecto, el cargo que ostentaba dentro del partido le permitía supervisar la actividad de muchas de sus compatriotas. Después de su estancia en Polonia, continuó destacada en el Frente del Este. Luego, al final de la guerra, ante el avance incontenible de los rusos y la ola de pánico que ello produjo, ayudó a la evacuación de la población alemana de Prusia Oriental.

En esta operación humanitaria, tenía órdenes de embarcar en el transatlántico Wilhelm Gusthoff. Este crucero fue detectado, torpedeado, y hundido en aguas del Báltico por el submarino ruso S-13, el 30 de enero de 1945, en lo que se ha calificado como la mayor tragedia naval alemana, estimándose más de 9,000 muertos y, entre ellos, miles de niños y niñas que huían de los ejércitos soviéticos. Sin embargo, el destino de Ilse no era morir en el mar. Una infección, que la mantuvo hospitalizada justo antes del embarque, evitó lo peor.

Al concluir las hostilidades, los aliados la desmovilizaron y volvió a Heidelberg con sus padres y su hermano Hermann, piloto de la Luftwaffe, que tuvo la suerte de sobrevivir a la guerra a pesar de haber sido derribado en varias ocasiones sobre el Canal de la Mancha. Pero pronto, el espíritu inquieto de Ilse y sus ganas de hacer algo positivo por los demás le llevaron a buscar empleo en el sector sanitario, valiéndose de su larga e intensa experiencia en la atención a los soldados heridos. Gracias a ello, le fue relativamente fácil ser admitida como enfermera de quirófano en el Hospital de Veteranos de Hamburgo, debiendo frecuentar por ello la sección de cuidados especiales, donde Willy Meinhof permanecía ahora inconsciente.

—¡Qué extraño! —exclamó la enfermera de planta que cuidaba a este último—. Según su ficha, no se ha detectado ninguna causa del coma. Sin duda, se trata de algo psicológico, de algún trauma. Consta que estuvo cuatro años en el frente, primero en Polonia, luego en Francia, y finalmente en la campaña de Rusia, donde en octubre de 1943 fue hecho prisionero. Después permaneció, ¡siete años en cautiverio!... No ha debido de ser agradable.

—¿Y sus familiares? ¿Te han comentado algo? —preguntó Ilse, impulsada por el interés y la curiosidad.

—Ayer, su madre estuvo aquí. Me ha confesado que, últimamente, su hijo estaba muy inquieto y nervioso; como si algo fuera a pasar. Lo cierto es que hace ya, ¡más de tres semanas!, que le encontraron inconsciente en una plaza de Karlsruhe y todavía no ha reaccionado.

—Esta guerra sólo ha traído muerte y desesperación a Alemania. *Herr* Meinhof ha tenido suerte: ¡ha sobrevivido! Cuando los campos de Europa están llenos de cementerios de soldados alemanes. Pero ¿qué dice el médico sobre nuestro paciente? —inquirió la enfermera de quirófano, renovando su interés sincero por el estado de Willy.

—Cree que se trata de una situación pasajera, pues a través de las radiografías y los análisis no se aprecia ninguna lesión en el cerebro. Dice que sólo es cuestión de tiempo que despierte del coma —explicó la enfermera de planta en tono optimista y luego, sonriendo abiertamente, añadió—: ¡Cualquier día, nos da la sorpresa!

—Espero que me avises cuando eso ocurra. Quiero hacerle unas cuantas preguntas. Seguro que ha tenido una vida muy interesante, ¡frenética! ¡Apasionante!, y creo que lo ocurrido se debe, en parte, a que no valora el hecho de estar vivo. No es consciente del privilegio que ello supone en nuestra generación.

—Pues anda que tú, Ilse, en cuanto a experiencias intensas, también has vivido lo tuyo.

—Sí, pero de modo muy diferente. Yo no he servido en la primera línea del frente. No tenía que estar exponiendo mi vida cada dos por tres, ni tampoco he pasado por un campo de concentración en Rusia, ¡*Gott sei Dank*! (¡Gracias a Dios!) —exclamó Ilse, dando por terminada la conversación.

**

El pronóstico de la enfermera de planta se cumplió. A los pocos días, el enfermo, por fin, reaccionó. Cuando abrió los ojos, la primera sensación que Willy experimentó fue la de una cierta tristeza por estar vivo: «¡Vaya! —pensó—, debería estar reunido con mis fieles camaradas. Parece ser que el tiro me salió por la culata y no lo entiendo; yo apreté el gatillo... y después, todo estaba oscuro». Luego continuó pensando: «¿Habrá sido una pesadilla?, pero parecía todo, ¡tan real!».

La segunda impresión fue menos dolorosa y estéticamente muy placentera. Frente a él no estaba la enfermera encargada de cuidarle, que había ido a comunicar al médico la buena nueva, sino Ilse, a quien acababan de avisar.

—¡Bueno, bueno, *Herr* Meinhof! —exclamó ésta sonriendo— ¡Ya ha vuelto usted a la vida!

—¿Usted cree? —le preguntó Willy con un hilillo de voz.

—No creo, lo afirmo. Por razones médicas, me han contado parte de su historial personal y le puedo decir que es usted un afortunado.

—Pues yo preferiría estar muerto.

—¡Qué tonterías dice! La guerra terminó hace años. ¿Qué se cree... que los demás no hemos sufrido? Yo he perdido un hermano en el Frente de Stalingrado. También he visto mucho sufrimiento; he servido 4 años como enfermera en hospitales de campaña y le aseguro que no ha sido un plato de gusto. No se lo recomiendo ni al peor de mis enemigos.

—¿Piensa entonces que soy un egoísta?

—Si quiere llamarlo así, ¡sí! No valora usted el hecho de estar vivo. Ese es el problema, y ese es el error. Su percepción de la realidad es nefasta ¡Piense en ello! Piense en la cantidad de personas a las que les gustaría poder disfrutar de su madre, de su hermana, de sus amigos, de sus novios y novias o simplemente de una buena comida, o de un paseo por el campo o por un parque. La vida es maravillosa si disfrutamos de las cosas normales, de esas pequeñas cosas que no valoramos por las prisas o por una educación errónea, pero que son las más importantes.

—Es usted un poco impertinente —se esforzó en decir Willy, que estaba deseando volver al coma, visto el recibimiento que se le hacía.

—¡Ni impertinente ni nada! —clamó la enfermera—, si no le gustan las pequeñas cosas, está usted muerto. ¿Pero, quién se ha creído que es? ¡Adiós! —Y se fue bruscamente, no sin sentir que quizás había sido excesivamente dura con un paciente que acababa de despertar de un coma profundo. «Un poco más y me lo cargo —reconoció Ilse en su interior».

En realidad, lo que había intentado era romper el patrón de pensamiento de Willy, para que éste reaccionara a la vida de una manera más positiva a como lo había hecho. No obstante, no pudo evitar el sentimiento de culpa, pensando que su comportamiento había sido incorrecto y que, en realidad, la egoísta había sido ella.

El efecto de la conversación produjo en el paciente un *shock* que, en un principio, en lugar de subirle la moral, le sumió aún más en la tristeza aunque también le hizo reflexionar. Con el paso de los días, Willy se fue restableciendo. Enteradas de la buena nueva, su madre y su hermana vinieron a verle lo antes posible, quedándose con él hasta convencerse de que ya no había ningún peligro. La presencia de sus seres más queridos contribuyó a levantarle mucho la moral.

En especial, quedó prendado de su hermana Erika, que ya era una mujer de 26 años, hecha y derecha. La vida tampoco había sido fácil para ella, sobre todo después de su vuelta de Francia. Willy conocía de sus experiencias en París, por lo que su madre y ella le habían contado. Eso le hacía quererla todavía más, al haber superado los prejuicios y valores erróneos que le habían inculcado, antes y al principio de la guerra, y de los que había podido desembarazarse, madurando rápidamente en su adolescencia. Estaba ¡tan orgulloso de ella!

Por el contrario él, con su alejamiento y su comportamiento destructivo de los últimos meses, había decepcionado a su hermana. Sin embargo, Erika no se lo echaba en cara. Había visto demasiado sufrimiento y sólo quería recuperar a su hermano. Le faltaban demasiadas personas a causa de la maldita guerra y ahora sólo deseaba rehacer la familia, contra viento y marea, triunfar profesionalmente, y fundar su propio hogar con su novio Wolfgang, que también había ido a Hamburgo a visitar al resucitado.

En 1942, al volver de Francia, Erika sólo pudo dedicar unos meses a sus estudios de ciencias económicas. En enero de 1943 fue movilizada como enfermera y prestó servicios en Italia, atendiendo a los heridos del Afrikakorps —el cuerpo de ejército expedicionario en África. Luego, en 1944, fue destinada a Francia, por su dominio del idioma. De nuevo en París, dos años después de su primer viaje, pudo enterarse de lo que les había pasado a los Goldenberg, a sus queridos David y Catherine, y a tantos otros desgraciados, masacrados por el fanatismo de los nazis. Eso le hizo odiar al régimen. Finalizada la guerra, reemprendió sus estudios y se licenció en economía, siendo contratada por la misma empresa donde seguía trabajando cuando su hermano volvió de Rusia. En resumidas cuentas, Erika había apostado radicalmente por la vida sana y responsable, la que su padre Gustav Meinhof habría deseado para ella.

Una mañana, cuando Willy ya era capaz de levantarse de la cama y dar un pequeño paseo por los alrededores de su habitación, Ilse se cruzó con él en el corredor de la planta. La enfermera no desaprovechó la ocasión para entablar conversación.

—Buenos días, *Herr* Meinhof, tenía la intención de hacerle una visita para presentarle mis disculpas por lo de hace una semana. Creo que mi comportamiento no fue el adecuado..., lo siento —dijo la enfermera con sinceridad y en tono compungido.

—Me hizo usted daño, ¡mucho daño! —le echó en cara Willy—. Quizás me lo merecía, pero no en ese momento, cuando volvía a la vida. Me alegro que rectifique. Sabe, no es tan fácil... A menudo los humanos nos obcecamos. La sensibilidad no es precisamente uno de los atributos de muchos de nosotros; menos lo es reconocer los errores. ¡Por cierto, no sé cómo se llama usted!

—Ilse, Ilse Zweig, soy enfermera de quirófano, trabajo en la planta de arriba. Precisamente ahora me dirigía a la sala de operaciones.

—¿Podemos platicar después? Me gustaría... Se lo agradecería. Mi madre y mi hermana Erika se fueron ayer y me siento solo.

—Si quiere, después de la última operación, a eso de las siete de la tarde, puedo estar un rato con usted.

—Gracias, *Fräulein* (señorita), la esperaré —concluyó Willy que se había fijado durante la conversación en las manos de la enfermera; para cerciorarse de que no llevaba ningún anillo de casada.

A la hora convenida, ella se pasó por la habitación del enfermo y estuvieron conversando largamente. Se contaron cómo habían sido sus vidas y, en particular, cómo habían pasado la guerra. Finalizada la entrevista, ambos se encontraron muy bien, sobre todo ella que se sintió aliviada, muy aliviada y liberada de su sentimiento de culpa. Despidiéndose formal y cortésmente, quedaron para hablar en otra ocasión.

**

En 1951, el Hospital de Veteranos de Hamburgo todavía recibía a los antiguos soldados alemanes procedentes de los campos de prisioneros soviéticos, y les prodigaba los mayores cuidados. A los enfermos que se hallaban en mejores condiciones, se les permitía ir al gran salón de la institución, durante dos horas por la mañana y otra hora y media por la tarde. El patio-jardín del edificio no era muy recomendable, pues corría el mes de noviembre y la mayor parte del día la temperatura era fría y el ambiente muy húmedo.

Una de las tardes, mientras disfrutaba de su régimen de libertad, Willy se fijó en un enfermo que estaba sentado en un cómodo sillón, frente a la gran biblioteca y la chimenea de mármol que, con pequeños troncos ardiendo, creaba un ambiente hogareño y acogedor en el salón. ¿Se trataba del cabo Walter o su vista le estaba jugando una mala pasada? Sigilosamente, se le acercó, y cuando estaba justo detrás de él, exclamó en tono de broma:

—Walter Schuhmacher, ¿dónde están su uniforme y sus armas? Voy a tener que dar cuenta de su indisciplina al *Oberkommando*.

El antiguo *Gefreiter* de la Wehrmacht se volvió y su cara brilló de emoción.

—¡Capitán Meinhof! ¡Qué alegría volver a verle! —exclamó al tiempo que se incorporaba con dificultad y se fundía con Willy en un caluroso abrazo—. ¿Qué hace usted aquí? Creía que había sucumbido en los campos de Rusia.

—No han podido conmigo, pero lo he pasado muy mal. Incluso los últimos meses, ya en Alemania, han sido un infierno para mí. De repente me vino todo el sufrimiento y de una forma, digamos, *extraña*... llegué a estar en coma. Como puede apreciar, ahora me voy reponiendo. ¿Y a usted, cabo? ¿Qué le ocurre? ¿Por qué se encuentra aquí?

—Tengo tuberculosis. Volví del campo de prisioneros hace casi dos años y ya me sentía mal. Gracias a Dios, parece que me han diagnosticado la enfermedad a tiempo. Estoy en tratamiento y bastante recuperado.

—¿Qué ha sido de los demás?

—En Rusia, junto al sargento Zimmermann y otros camaradas, me separaron del resto de la compañía. —Cuando Walter pronunció este nombre, a Meinhof se le iluminó la cara; para Willy, el *Oberfeldwebel* era el suboficial más admirado y querido de su unidad, teniéndole en gran estima.

— ¿El sargento Zimmermann? ¿Qué ha sido de él? ¿Ha sobrevivido?

—No lo sé. En el nuevo campo estábamos en barracones muy separados. La última noticia que tuve es que a él y a Hans Witzke les trasladaban de nuevo a otro lugar. Luego, ya no he vuelto a saber nada.

Al escuchar el nombre de Hans, Willy sintió un escalofrío. Recordó que en su pesadilla, antes de caer en coma, una de las formas espectrales que se le habían aparecido era la de este soldado. En ese momento, no quiso comentarle nada a Walter, pero algo en su fuero interno le hacía presentir que el soldado ya no... estaba con ellos. Repuesto de la impresión, continuó charlando:

—¿Y de los que se quedaron con usted, sabe algo?

—Desgraciadamente, Robert, Joachim y Stephan murieron. No pudieron soportar las penalidades. Los demás —cuyos nombres citó con alivio— ¡lo han conseguido! ¡Están de vuelta en casa!

—Tenía esperanzas de que todos hubiesen sobrevivido. Perdóneme un momento, Walter, ahora vengo —se excusó Willy, preso de la emoción mientras salía al gélido jardín durante unos minutos y recordaba a los camaradas muertos nombrados por su antiguo cabo.

Al volver, la conversación se reanudó:

—Tengo que decirle, capitán, que nos hemos acordado mucho y bien de usted. Los creyentes le han tenido presente en sus oraciones, y Klaus y yo le hemos echado mucho en falta. ¡Ojalá hubiera estado con nosotros! ¡Seguramente nos habríamos salvado unos cuantos más!

—No sabe lo que le agradezco sus palabras y lo que me reconfortan. Hasta hace poco no he vuelto a ser consciente de lo mucho que necesitamos darnos a las personas, para ser felices.

—Sabe, capitán, mis hermanos han estado aquí conmigo. Vienen a menudo a visitarme. Desgraciadamente, mi madre y mi padre ya han desaparecido. ¡Cómo se agradece que vengan a verte cuando estás malo!

—Desde luego, Walter. Lo importante son los afectos, los amigos, la familia... aunque a veces no toda, desgraciadamente. Le voy a confesar que estos últimos meses, antes de dar con mis huesos en el hospital, he vivido en un mundo superficial y falso. Lo que más importaba era la máscara y no el contenido; la representación y no el ser; el qué tengo, en vez del qué soy. Perdone que me sincere, pero necesitaba hablar con alguien como usted y que me escuchara.

—Capitán, siempre hemos tenido de usted una imagen de enérgica alegría, el mayor tesoro que puede tener una persona. ¡No lo eche a perder!

Mientras continuaba la conversación, Ilse, que había finalizado su turno de quirófano, bajó un rato al salón para descansar la vista y relajarse un poco. Cuando se dio cuenta de la presencia de Willy, se le acercó tímidamente. Éste se dio cuenta enseguida de la aproximación táctica de la enfermera:

—¡Vaya! —exclamó Willy—. El Bund Deutscher Mädel por aquí— y luego preguntó en tono socarrón—: ¿Pero no se ha extinguido ya esa organización nazi?

—Déjese de bromas, *Herr* Meinhof. ¿Con quién tengo el gusto?—Willy hizo de maestro de ceremonias y la conversación continuó:

—Cuando libramos nuestro último combate en Rusia, Walter Schumacher era cabo en la compañía. Acabamos de reencontrarnos y ha sido toda una sorpresa. Desde mi paso por los *campos* rusos no sabía nada de él, ni de mis soldados —reconoció Willy, enfatizando una palabra que le traía tan malos recuerdos—. Le tengo en gran aprecio. Él era, pero, ¿por qué digo era? ¡Es uno de los mejores! Valiente, decidido, y con una gran puntería; ¿no es así Walter?

—¡Gracias, capitán!, sólo cumplía con mi deber. Para mí ha sido un honor servir a sus órdenes. Casi me atrevería a decir que es por usted que estamos vivos, los que hemos quedado; pero si hubiese tomado la decisión de resistir, también habríamos luchado.

—Ésta es la mejor recompensa que puedo recibir, ¡más que ninguna medalla! Muchas gracias, Walter, y ahora, permítame que le devuelva la pelota: ¡Con ustedes, habría ido a luchar al infierno! —Luego, mirando fijamente a Ilse, que estaba esa mañana más guapa que de costumbre, añadió—: Pero creo que esta conversación no interesa a *Fräulein* Ilse.

—Al contrario —respondió la enfermera—, me interesa mucho y me quedo admirada. No es fácil ganarse un aprecio tan grande por parte de aquellos a los que mandamos, con todo lo que el mando implica de prejuicios, recelos e incomprensión.

—La *Kameradschaft* (la camaradería) es muy importante para nosotros los soldados, aunque ya no lo seamos —explicó el antiguo capitán—. Es un vínculo muy fuerte que se forja en las circunstancias más extremas y que hace que, en un momento dado, seamos capaces de ayudarnos aun a costa de grandes sacrificios.

—Sí —coincidió Walter—, en nuestra compañía no se hacían diferencias por el origen social o el nivel económico. Que nos lleváramos bien o mal dependía más de la química que de otra cosa; pero por encima de todo, estaba el sentimiento de la camaradería.

—¡Qué serios nos estamos poniendo, *Fräulein* Ilse! —exclamó Willy queriendo agradar a la enfermera y pensando que, a lo mejor, el tema empezaba a aburrirle.

—No importa. Me gusta platicar con ustedes. Nosotros, en la Bund Deutscher Mädel, también fuimos educadas con un fuerte espíritu de pertenencia al grupo y de trabajo en equipo. ¡Algunas cosas buenas debía de tener aquello!

—Sin duda alguna, éste es un gran momento —afirmó Willy con ímpetu—. Añoro a mis soldados. Me gustaría reunirme y saludar, uno a uno, a los supervivientes de la compañía.

—Lo que dice significa médicamente que está usted motivado para la vida y que su recuperación va por muy buen camino —diagnosticó la enfermera.

—Después de hablar con Walter y con usted no tengo

más remedio que adherirme a su pronóstico —confirmó Willy al tiempo que asentía con la cabeza.

—No sabe cuánto me alegro —dijo Ilse, a su vez, mientras su cara se iluminaba con una bella sonrisa. Luego dirigiéndose a Walter, añadió—: Nos ha tenido muy preocupados, tu capitán, todos esos días que estaba sumido en la oscuridad, sin reaccionar.

—He atravesado un vacío existencial durante demasiado tiempo y, al final, me ha pasado factura. Ni yo mismo soy capaz de explicar lo que me ocurrió. Los meses anteriores a *mi accidente*, me olvidé de mi propia individualidad, negándola, cuando es el mayor tesoro que tenemos. Todo lo demás es cambiante, furtivo, y no nos consuela, incluso puede matarnos. Ahora estoy deseando volver a casa.

«Esas palabras mágicas, *Home, sweet home* —Hogar, dulce hogar—, como dicen los ingleses, me convencen. Cada vez tengo menos angustia y me siento mejor, con ganas de trabajar. Ahora sí que podré aprovechar el tiempo y no emplearlo destructivamente para huir de un hastío que ya no siento.

—¡*Herr* Meinhof! Creo que le van a dar muy pronto el alta. No me cabe la menor duda. Pronto se encontrará usted con los suyos.

—Eso espero, pero ya no se dirija a mí de esta manera; me suena muy raro. Puede llamarme, Willy, a secas. ¿Puedo yo a usted llamarla, Ilse, *Fräulein* Zweig?

—Claro que sí —respondió ella con satisfacción no disimulada.

—De acuerdo, Ilse, a partir de ahora nos tutearemos. En cuanto a usted, Walter, haga el favor de ponerse bueno ¡lo antes posible! ¡Es una orden!

—¡*Jawohl*, mi capitán!

—Bueno, señores —finalizó la enfermera—, creo que ya ha llegado el momento de despedirse, por lo menos hasta mañana.

—Muy bien, mañana os espero aquí a los dos —concluyó también Willy, con cara de regocijo, por haberse reencontrado con un antiguo camarada y, por tercera vez, con la bella sanitaria.

En los días siguientes, la corriente de simpatía y admiración entre el ex oficial e Ilse fue creciendo. Casi sin darse cuenta, como suele ocurrir, los dos se sintieron cada vez más atraídos. Saltaba a la vista que él no era nada inmune a los encantos de ella. La recuperación física y psíquica que experimentaba, día a día, tenía un efecto muy positivo en su líbido, como por otra parte era lógico en un hombre joven, fuerte y sano, que volvía a tener ganas de vivir en todos los sentidos.

**

A principios del mes de diciembre de 1951, a los dos meses de su ingreso en el hospital, Willy fue dado de alta. Tras despedirse de Walter, de Ilse y las demás personas que tan bien le habían cuidado, retornó en tren a su querida Karlsruhe.

En el trayecto de vuelta se acomodó en uno de los compartimentos de primera del expreso del Deutsche Bundesbahn —los ferrocarriles federales—. En el exterior, la locomotora rugía y escupía rítmicamente humo negro, del carbón que todavía se extraía en abundancia de las minas del Ruhr. «Eso es lo que yo he escupido también todos estos meses —reflexionó Willy. He conseguido quemar el carbón negro de mi alma y de mi corazón, expulsar todo lo malo que llevaba dentro y que me impedía progresar. Tenía que pasar por este infierno para redimirme, pero nunca más dejaré que el desánimo o el vacío destructivo llenen de nuevo mi vida, ¡bajo ningún concepto!».

En el compartimento se encontraban tres personas más. Una de ellas era un hombre joven al que le faltaba el brazo derecho. La otra debía de ser su mujer, pues era también muy joven y acunaba a un bebé de pocos meses en su regazo. Willy, deseoso de entablar conversación y movido por la curiosidad, se dirigió a ambos:

—¿Les puedo preguntar hacia dónde viajan ustedes?

—Por supuesto, vamos a Mannheim. Allí viven los padres de mi esposa —le respondió el hombre, mientras miraba afectuosamente a la mujer, sentada a su izquierda en el asiento de la ventana.

—¿Es su hijo, verdad? —se atrevió a preguntar de nuevo, mientras, mirando al bebé, se le iluminaba la cara.

—Sí —respondió esta vez ella con decisión, al tiempo que en su cara se dibujaba una sonrisa de orgullo y satisfacción.

—¡Debe de ser maravilloso tener un hijo! —exclamó Willy, extasiado ante el bebé, y sin poder reprimir su instinto paternal.

—¿Usted no está casado? —inquirió el hombre con cara de asombro.

—No, no he tenido esa suerte. He vuelto hace unos meses del campo de prisioneros, después de unos cuantos años.

—Ha tenido usted que pasarlas canutas.

—No me he divertido precisamente, se lo puede asegurar. Pero soy un afortunado; estoy vivo y he vuelto a Alemania. ¿Y usted? ¿Dónde estuvo en la guerra?

—En Stalingrado, y le aseguro que puedo darme también por satisfecho después de todo lo que pasó y de todos los que murieron allí. La lucha de ratas, por debajo de las ruinas, fue terrible y despiadada.

—¿No siente rabia por lo que le hicieron? —preguntó Willy, dando por hecho que la mutilación procedía de esa batalla.

—¿De qué me sirve amargarme, si es algo irreversible? Me he adaptado a la nueva situación; tengo a Hanna y ahora al niño. ¿Qué más puedo pedir? Doy gracias a Dios todos los días y no tengo nada de qué avergonzarme. Peor están los que han muerto y los que tienen remordimientos. ¿No se ha fijado usted en las caras?

—¿En las caras? —inquirió Willy sorprendido.

—Sí, los rostros, las miradas... hablan. Son muchos los crímenes que se han cometido y por mucha gente. Tienen la conciencia negra de culpa. Eso les llena de amargura y se refleja en una mirada desconfiada y a veces insolente, pues también los hay que están muy orgullosos de las burradas que hicieron. Pero no olvide que las acciones que cometemos todos son de ida y vuelta. Siempre se pagan las culpas, de una u otra manera. Lo que pasa es que este principio no es automático ni directo. A menudo, en primera instancia, pagan justos por pecadores; eso es lo que me subleva.

«Por ejemplo —continuó— fíjese en Mannheim, la ciudad a la que nos dirigimos. Fue casi completamente destruida en la guerra, a causa de más de 150 bombardeos. Allí murieron hombres, mujeres y niños, ¡muchos seres inocentes! Pero no se puede castigar a toda una población de esa manera. Las culpas, ¡nunca deben ser colectivas! Los que cometen los crímenes son personas conscientes y capaces, con nombres y apellidos, e incluso en estos casos, no es correcto atribuirles el mismo grado de culpa. No son iguales el autor, el ejecutor o el inductor de un crimen, que el que presta su apoyo por miedo, por error o por engaño,desconociendo las atrocidades que se están cometiendo.

«En nuestra patria, bastantes personas no se podían ni imaginar lo que estaba pasando. Otros lo sabían pero se adherían por temor, por salvar su propio pellejo y el de su familia o por no parecer un traidor a la patria, pero en el fondo no estaban de acuerdo, aunque miraban para otro lado. Otros muchos, en cambio, ¡sí estaban de acuerdo! ¡Y participaban! ¡Todo hay que decirlo! A estos es a los que habría que castigar ¡con la mayor dureza!

—¿Y qué cara tengo yo? —le interrogó Willy intrigado.

—Usted está atormentado, pero de una manera distinta. Su mirada no es de las que rehúye, sino de las que afronta sin insolencia. Usted inspira confianza; seguramente era un oficial en la guerra, ¿no es así?

—Sí, no anda usted desencaminado. Perdone mi indiscreción, ¿pero cómo perdió el brazo? —preguntó Willy, ya con más confianza—. Si no quiere, no me conteste.

—No se preocupe, lo he superado. Nos hacemos a todo en este valle de lágrimas. Fue en octubre del 43, durante el asalto a los complejos de Djerzinsky y Barricades. Una granada de mano de los rusos iba a estallar en medio de nuestra escuadra. Entonces no me lo pensé dos veces: la cogí, corrí unos metros, y la lancé, pero ya era tarde. Perdí sólo la mano, pero luego la herida se gangrenó y tuvieron que amputarme el brazo, primero a la altura del codo, luego, una vez en Alemania, más arriba.

—Es un acto muy heroico, se requiere una gran dosis de valor y de sangre fría para hacer lo que hizo; con personas, con héroes como usted, los demás, nunca mejor dicho, estamos salvados.

—Le agradezco sus palabras. Sabe, he visto cosas admirables... también del otro lado.

—Sí, en cuanto a las burradas y los actos de heroicidad, las guerras no hacen distinción entre amigos y enemigos. Lo que hace falta es que la gran tragedia no se repita nunca más.

—Sí... Ya ha sido suficiente —asintió, a su vez, el desconocido—. Ahora tenemos que dedicarnos a reconstruir y ser felices, aunque no debemos olvidar; para que ¡nunca se vuelva a repetir!

—¡Qué razón tiene! —exclamó Willy—. ¿Saben? Ustedes son un ejemplo a seguir y les felicito. ¡Qué orgulloso se va a sentir ese niño de sus padres cuando sea mayor!

—¡Gracias, señor! Es usted una persona muy sensible, pero si me permite un consejo: Debe tener cuidado, ahí fuera acechan los buitres y en cualquier momento se abaten sobre nosotros. Es lo que suele ocurrir cuando estamos más ocupados o más relajados, ¿parece paradójico verdad? Siempre hay alguien que tiene que joderte cuando estás bien.

—Sí, así es la vida. Cuanto más confiado y tranquilo estás, surge el peligro, el infortunio o el engaño. También, cuando no tienes tiempo para hacerlo todo y te descuidas. Lo importante es no desanimarse y luchar siempre, levantarse de nuevo y... ¡luchar!, ¡luchar! Cualesquiera que sean las circunstancias.

—Esa es, sin duda, la táctica adecuada para superar las dificultades. Si además eres creyente, entonces las fuerzas se redoblan. ¿Es usted religioso?

—Sí, a mi manera —reconoció Willy—. Quiero decir

que no soy muy practicante, aunque lo que sí le puedo asegurar es que tengo una gran fe en Dios. No la exteriorizo mucho, se trata de un diálogo silencioso, soy de los que piensa que tenemos que tratar de conservar limpia el alma; pero a veces sucumbimos a las tentaciones. Somos humanos, algunos incluso muy humanos —añadió mientras se echaba a reír.

—Me gusta lo que dice. Seguramente no nos volveremos a ver. ¿Quién sabe?, pero sus palabras quedan en nuestros corazones —afirmó el desconocido, mientras él y su mujer sonreían sincera y abiertamente. —Después continuaron hablando sobre temas más mundanos. Cuando por fin, el tren se detuvo en Mannheim, el joven matrimonio descendió de él con su mejor trofeo, su bello y sano bebé, no sin antes despedirse de Willy y desearle lo mejor.

En la soledad de su cálido compartimento, reconfortado y relajado por la interesante conversación, el ex capitán empezó a entrar en el mundo de los sueños, poco a poco... plácidamente... hipnotizado por el traqueteo del tren cuyo ritmo le arrullaba. Recordó entonces al soldado Hans Witzke, su proverbial capacidad para dormirse en cualquier sitio, su simpatía, su generosidad con toda la compañía... y se durmió. Tras unas cuantas horas, el expreso, como era habitual en el Deutsche Bundesbahn, llegó puntualmente a Karlsruhe, donde alegres e impacientes, su madre y su hermana Erika, que estaba radiante de belleza, le esperaban en el andén.

Como el Ave Fénix, Willhelm Meinhof, pletórico de energías, había resurgido de sus cenizas. Y es que:

«El viento del Norte hizo a los vikingos».

FIN

Índice general